現代政治学叢書

14

利益集団

辻中 豊 著

東京大学出版会

編集刊行の辞

猪口　孝

本叢書はわが国ではじめての政治学叢書である。社会科学のなかでも経済学や社会学においては、その学問体系を不断にとらえ直し、新たな体系を構想することがわが国でも熱心に試みられてきた。しかしながら、政治学においては、その学問の全域を体系的に描き出し、さらなる発展のための土台を広範に整備するような努力はあまりみられなかったと言えよう。本叢書は、理論研究・実証研究の第一線で活躍している日本の政治学者を結集してこの学問領域の全体系を提示し、わが国における政治学の発展を促進することを狙ったものである。

全二〇巻の書き下ろしで構成される本叢書は、過去四半世紀にわたる政治学の主要な理論研究と実証分析を再編成し、今後の研究方法の展望をきりひらくための知識の集大成である。本叢書を編集するにあたっては、以下の三点にとりわけ大きな注意を払ったつもりである。第一に、理論研究と実証分析の均衡を保ち、経験的現実から遊離した観念論や理論的枠組みなき実証主義に陥らないよう心掛けた。第二に、各巻が自己完結的な体系論を成すように主題を設定した。にもかかわらず、第三に、各巻が独自性と相互補完性を発揮することによって、叢書全体として現代政治学の全貌を描き出すことを目指したのである。

本叢書は、次の五部から成り、各部は四巻から構成される。

マクロ政治学――政治体制の構造と動態を概観し、政治現象の本質を大局的にとらえて分析する。（第一巻―第四巻）

ミクロ政治学――個人や社会集団の意識と行動を政治体制との関連で分析し、理論化する。（第五巻―第八巻）

政治過程――政治の仕組みをそのプロセスを軸に把握し、実証的に分析する。（第九巻―第一二巻）

政治主体――政治の担い手の組織的な性格や行動類型に焦点をあてながら、政治力学を解明する。（第一三巻―第一六巻）

国際政治――国際構造や国家間の政治の展開を理論的視座の下に体系化して分析する。（第一七巻―第二〇巻）

第一四巻『利益集団』はさまざまな社会利益の保護・伸長を目的とした政治主体としての社会集団を扱う。本巻は先進工業社会の利益集団の歴史をあとづけた後で、現代日本政治過程のなかで果たす利益集団の役割を米国や西欧と比較しながら特徴づけ、さらに、近年重要性を増した、国の枠をこえた国際政治のなかの利益集団政治を分析する。本巻は利益集団が社会経済的変化とともに官僚制や政党などとならんで大きな役割を政治過程で果たすようになったことを現代日本からの事例研究によって鮮明に描きだす。本巻はわが国で最初の包括的な利益集団論であり、現代日本政治のありかたを考える際の信頼できる書物のひとつとなるであろう。

企画編集の責任者として私は本叢書がわが国の政治学のスタンダード・レファレンスとして活用され、政治学の一層の発展に寄与することを願ってやまない。

はしがき

離島で作られているパイナップルの値段が円高によって大きな打撃をうけ、神による救いを説く宗教法人に対する課税の強化が叫ばれる。政治は、とりわけ構造変革が全ての人々の生活を洗う一九八〇年代に入って、社会の隅々にまで染み込んできたように思われる。人々（そして人々のつくる企業・組合・運動・サークル）の仕事、地位、収入、生活、環境が自分以外の社会的力、時代の潮によって激変していく時、人々の憤り、意見、利害は不可避に政治へと噴出する。政治が民衆からのフィードバックを不可欠なものとして組み込むシステムにおいては――東西の体制の違いをこえて――、それは利益集団（団体）として現象する（cf. Lehmbruch & Hayward, 1983）。それは、社会と政治を結ぶ大切な媒介項なのである。

しかし、利益集団や利益集団論という言葉は、日本ではまだ馴染んだ言葉ではなく、しかも大きな誤解が存在するように見受けられる。利益集団は決して「利権」集団や邪な圧力行為集団を意味するものではない。利益の原語であるインタレストは関心、関係などの意味を含み、政治過程論の創始者ベントリーが、「集団は活動であり……、利益は評価された活動そのものだ」と述べ、集団、活動、利益を等値したように（Bentley, 1908, p. 213）、全ての政治的に活性化した活動の中にはその方向を示すものとしての利益、関心のベクトルが存在し、そうした活動を共有するものとしての集団が存在する。利益集団とはこのように社会の中で、政治的に活性化した人々の行動の集合を指し示す言葉なのである。

利益集団はそれゆえ人々が政治的に活性化する時期に鍵となる概念としてとりわけ重要なものとなる。即ち、転換期の一つのメルクマールである。利益集団論が二〇世紀初めに勃興し、第二次世界大戦後から五〇年代後半に広がり、そして石油ショック以後の現代において再び注目されているのには、このような転換期と利益集団の密接な関係が存在するからである。転換期においては社会の方向、産業の方向、職業の方向、生活の方向、意識の方向が転換する。それによって数多くの新しい人々の問題意識、即ち利益が発生し、それは組織を、政治を求める。旧来の利益集団や団体は、あるものは上昇気流に乗り、あるものは厳しい過酷な環境へと追いやられる。利益集団の理論と分析とはこのような社会変換と、それを政治の決定作成や執行の場へと媒介する集団や団体の存在に注目するものである。

本書では利益集団という言葉をこのような極めて広い視野をもった言葉として用いている。他方で利益団体という言葉は、恒常的な組織を持った利益集団にのみ用いられる。現実には分析の出発点として本書は、まず利益団体の形成やその配置状況の分析に力点を置かざるを得なかった。未組織の利益集団、また組織を形成中の利益集団の分析に関しては今後の課題であろう。労働団体などオポジションについては別の書物をまとめる予定であるので記述は最小限にとどめた。企業政治それ自体も大いに関心を払いつつも分析対象としえなかった。また比較の視座を持ちながらも分析対象は主として日本およびアメリカに限定されている。本格的な比較政治的検討も将来の課題に委ねられている。

本書は筆者の一〇年余のささやかな研究の成果である。システムの構造転換の起点となる年、一九七六年に大学院に入学し研究は始まった。出発点での問いかけは、我々の日常市民政治と政界政治・マスメディアの政治とは、何んと大きな隔たりがあるのか、市民政治と政界政治の「間」に何かあるものが在り、それにはそれ特有の事実と論理があるのではないか、ということであった。筆者はそれを追いかけ、累積的な知識を残すことを心掛けてきた。

筆者は関西と北九州の知的風土で鍛えられ、筑波大学の創造的で刺激的なフォーラムの中でこの小著をまとめるという幸運に恵まれた。この世界にいざない育てて下さったのは阪野亘先生の講義と寛容なお人柄である。その後関西の諸先生方から無限の教示を得ることができた。足立忠夫先生は経験研究のエトスを、山川雄巳先生は体系的研究の大切さを、村松岐夫先生は調査研究と理論的冒険の楽しさを、三宅一郎先生は科学的実証の厳しさと美しさを、山口定先生は政治学的有意味性の範を、それぞれ示された。安部博純、井田輝敏両先生をはじめとする日本で最もリベラルな（と私の信ずる）北九州大学法学部での六六か月間で、本研究の大部分は形を与えられた。以上の先生方に、そして学会や研究会（とりわけシステム論研究会）を通じて、また厚かましく抜刷りを送りつける小生にその都度ていねいな助言を下さった多くの諸先生方に、筑波政治学フォーラムに集う意欲あふれる先輩・同僚の先生方に、この機会に心から御礼申し上げます。

小品とはいえ多数のデータからなる本書は、数多くの筑波大学・北九州人学の院生・学生・職員の方々の協力なしにはとうてい陽の目をみなかった。更家順子（元村松研究室）、寺崎緑（北九大資料室）、平野こずえ（筑波大資料室）さんからゼミ生まですべての方の名を挙げきれぬことが悔まれる。直接本書作成に助力頂いたのは、高藤英樹、山田真裕（以上、筑波大院生、資料分析・電算処理他）、浅井里江、下地ますみ（テープ起し、入力作業）、松井和美（索引作成、資料収集）、井筒未桜（資料収集）（以上、筑波大学生）の各君である。本当にありがとう。

猪口孝先生には貴重な機会を与えて頂いただけでなく、自分の力を十全に生かすための研究生活の在り方についての助言といくつかの重要な内容に関するコメントを頂いた。そして東京大学出版会の竹中英俊氏との知的緊張感あふれる会話なしには本書が今完成することはなかった。御礼申し上げます。

今春、父武三郎は突然他界した。私にとって初めての単著は、この職人気質の父と母澄子に捧げたい。

一九八八年八月八日

辻中　豊

本書で、以下しばしば参照される団体調査について簡単に説明しておく。

（実施時期）一九八〇年四―五月。（調査責任者）村松岐夫（京都大学）。（対象）日本の全国規模の主要団体二五二。（面接対象）各団体の長（二五％）、事務局長等（二八％）、次長・理事等（三九％）、その他（九％）。（助成）トヨタ財団。（研究発表）高坂正堯編『高度産業国家の利益政治過程と政策―日本―』トヨタ財団助成研究報告Ⅱ―００６（一九八一・四）、村松岐夫・伊藤光利・辻中豊『戦後日本の圧力団体』（東洋経済新報社、一九八六年）。

目次

はしがき

序章　二一世紀型政治過程へ……一
一　システムの構造的転換と四つの課題……一
二　利益集団政治の変容……三
三　日本の利益集団分析の意義……四
四　本書の特徴とねらい……八

第一部　利益集団への接近

第一章　利益集団の現在……一三
一　一九八八年三月三一日、集団政治のひとこま……一三
二　利益集団、利益団体、圧力団体、ロビー……一四
三　団体の量的把握……一七
四　団体数の国際比較……一九

五　日本の団体のプロフィール……三
第二章　利益集団政治・団体の研究史……六
一　利益集団・団体へのさまざまなアプローチ……六
二　ヨーロッパの視点……二〇
三　アメリカの視点……三
四　日本の視点……二五
五　現代の利益集団分析……三九
六　利益集団・団体の分類学……四一
七　利益集団・団体をめぐる諸仮説……四四

第二部　利益団体の形成と発展

第三章　利益団体の形成……五〇
一　マクロ環境要因と利益団体形成……五〇
二　ミクロな要因と利益団体形成……五五
三　日本の利益団体の形成……五七

第四章　利益集団政治の時期区分と「新しい団体」の噴出……六六
一　日本の利益集団政治の時期区分……六六
二　戦　前　期……七〇
三　戦　後　期……七三
四　日本における新しい団体の噴出……七九
第五章　アメリカの利益集団政治の動向……八六
一　アメリカと日本——国際化・豊かな社会・脱工業化……八六
二　アメリカの非営利団体と財団……八八
三　アメリカの財団の歴史と現状……九〇
四　脱工業化の進展と集団政治の多元的デッドロック……九三
五　企業の政治化と保守的利益団体の台頭……九九
第三部　政治・政策過程における利益団体
第六章　利益集団のベクトル……一〇四
一　日米利益団体の基本構図……一〇四
二　日米両国の主要利益団体……一〇六

三　利益団体の要求……一二〇
四　利益団体の武器と戦術……一二六
五　利益団体の政治的ターゲット……一二九
六　利益団体間の連合と対立……一三二
第七章　政党・議会と利益団体の関係……一三五
一　日本における利益団体と政党・議会の関係……一三六
二　アメリカにおける利益団体と議員の関係……一三四
第八章　行政機関・諮問機関と利益団体の関係……一四〇
一　アメリカ、錯綜した行政と団体……一四一
二　日本、主務官庁と利益団体……一四三
三　予算と利益団体……一四四
四　行政との関係、相互作用……一四八
五　諮問機関と利益団体……一四九

第四部　日本の利益集団政治の流動

第九章　利益集団政治の転轍機としての行政改革……一五四
一　社会変容と改革のずれ……一五四
二　行政改革の理念と意味……一五六
三　臨調過程への参加団体……一五八
四　臨調過程各時期への利益団体の働きかけのパターン……一五九
五　事例分析……一六一

第十章　税制改革の集団配置……一七三
一　利益集団政治としての税制改革……一七四
二　税制改革の三つの舞台……一七五
三　売上税失敗の構図……一八一
四　一九八八年、消費税をめぐる利益集団配置……一八三

第十一章　国際政治の中での利益団体……一八七
一　国際化に直面した日本の利益団体の行動、一九八六年……一八八
二　アメリカにおける日本ロビー……一九一
三　日本における外国ロビー……一九六

四　国際関係団体の爆発的噴出、世界と日本……一九八
五　事例分析――ユニタリー・タックス問題へのロビイング……二〇〇
終章　利益団体の影響力と政治体制……二一〇
一　利益団体の影響力……二一〇
二　利益集団政治における三つのネットワーク……二一三
三　自民党長期政権と利益集団政治……二一五
四　日本政治のモデルと政治課題……二一九
付表　日本の政治・経済・文化団体の県別分布……二二四
文献案内……二三五
索　引

序章　二一世紀型政治過程へ

一　システムの構造的転換と四つの課題

一九八〇年代の日本がシステムの構造的転換期を迎えていることは、誰の目にも明らかであろう。日本の社会や政治の個々の要素だけでなく、それらを総合するシステム自体が急速に組み換えられつつある。そして日本が自由と参加を政治システムに組み込んだ民主体制である限り、この変換は利益集団政治の隆盛となって表面化するであろう。現に我々は、一九七〇年代の中葉以降、一万数千の新しい団体の噴出を経験しながら、他方で既成利益集団・団体の再編成を目の当たりにしているのである。本書の出発点であり、かつ主題の一つは、この構造転換と利益集団政治の変容の関係を明らかにすることである。

石油ショックを転換点として生じた社会変化は、単に世界的な不況、低成長への転換と疑似ゼロ・サム的状況の出現を意味するだけではなく、それまでの工業化を中心とした産業と社会の編成の方向を、情報、サービス、ネットワークを中心とした脱工業化の方向へと大きく変えることになった。同時に、二度の石油ショックを克服する産業転換を成しえた日本は、相対的にも絶対的にも豊かな社会の時代を迎えることになった。それは七〇年代後半と八〇年代中葉の為替相場の変動、即ち円高によって促進された。日本人、日本企業、日本の資産の海外進出と共に、数多くの外国の人々や情報が日本に流入し始めた。八〇年代の国際化の進展はまさに、第三の開国を日本に迫っている。

ハードな重化学工業から、ソフトな産業・職業、情報管理や、人、物の品質管理を中心とした仕事への転換は、産業構造、職業構造の変換だけではなく、そこで働く人々の関係、意識、さらには文化や人間の在り方自体をも急速に変えつつある。そしてそれとも深く関わり合いながら全く別のベクトルを持つ変化も可視的なものとなってきた。即ち、一方で日本の社会は急速に高齢人口が増え、他方で女性の社会的進出、参加も著しく進展してきた。高齢化、女性化という変化においても、おそらく二一世紀には日本は「欧州なみ」に追いつくと予想されている。これは家庭、家族問題にとどまるものでは決してない。家族というコアでの微妙な変化は、実は日本の超高度成長と低い社会保障の隠れた「鍵」であった「工業化と高齢化」のギャップの消滅を意味する（富永、一九八八、第一章）。つまり、これから日本は初めて本気で「福祉」政策に取り組まざるをえなくなる（前掲、第二章）。

単純化すれば、日本は八〇年代に入ってシステム転換のただ中にあり、この転換は四つの課題を迫っているということである。即ち、第一に国際化、国際協調さらに国際的福祉、第二に高齢化、女性化の意味する国内社会の福祉、第三にサービス、情報、ハイテクなど未来産業を中心とする脱工業化への対応、第四に従来型製造業、農業、専門職能などのゼロ・サム的状況の克服である（Tsujinaka, 1988）。

二　利益集団政治の変容

このように社会がこれまで一〇〇年以上続いてきた方向を転じる時、そこには地位や集団間の力関係の革命的な変化が伴う。一方で、これまで優位な状況を享受してきた集団の中から、システムから疎外され分解され孤立し、「行き詰まる集団」（階層、企業、人、団体）が出てくるし、他方でこれまで目立たなかった集団の中から、システムに明確な形で組み込まれ、参加し、競合し、増殖し、多面化し、「活性化してゆく集団」が生まれる。これは単に一国内での集団配置だけではなく、国際的な、また国家間での変化をも含んでいるといえよう。このような意味で、現在ほど集団や組織、団体が活性化し、政治化している時期はないように思われる。本書の第二のポイントは、構造転換期の中でどのような集団が「活性化する上昇集団」であり、どのような集団が「衰退もしくは停滞する集団」であるか、そしてその条件は何かを追求することである。

現代は、次々と新しい変化が積み重なって生じ、新しい集団や組織、団体、協議体が噴出する一方で、新しい集団や組織と、古い集団や組織との間での摩擦、不安定な関係が重要となってきている。こうした時に、まさに利益集団が政治の原動力としてその意義を増す。利益集団という言葉の「利益」の意味するのは単に経済的な利益だけではなく、原語のインタレストが含んでいるような、関心、関係者、事業、主義、利害、利子、権利、勢力といったさまざまな側面まで含んでいる。そしてそのようなインタレストを背景とした活動は常にその母体として特定の集団を有している。集団が恒常的な組織を持った時、それは利益団体と呼ばれる。このような利益集団や団体は、自由と参加を政治体制に組み込んだ先進諸国においては、民主主義の不可欠の要素としてまたその帰結として政治の「実質そのもの」であり、一方の主役である。本書は、ともすれば政治の表面から姿を隠そうとする利益集団・団体を白日のもとに引き出し、新旧の集団・団体の歴史や、それらの織りなす見えざる死闘、ドラマに幾分でも光をあてようとする試みである。

「利益集団」とはこのように現代政治の不可欠な分析対象である。と同時に一つの重要な分析方法の側面も有している。即ち、第一に利益集団論は、集団・団体を通じての民衆・企業・職能の政治参加や関与を扱うことから、民主主義の視角を有している。第二に利益集団論は、国家と社会の交錯や接点に注目する。利益集団は一方で社会変化や社会集団の利益を国家に伝え、他方で国家の意志や情報を社会へと流し、統制してゆく媒介項である。利益集団論はこのように民主主義論の側面と媒介過程論・分析の二面から成り立っている。それゆえ本書はシステムの構造的転換期における媒介過程の変容とその民主主義にとっての意味を考えることを究極的な目標としている。

三　日本の利益集団分析の意義

七〇年代中葉から八〇年代にかけての世界的なシステム転換は、世界的な利益集団政治の勃興をもたらしている。中でも日本の利益集団政治の変化はさまざまな観点から最も注目すべきものの一つとなっている。その意味は大きく二つに分けられる。第一は普遍的な変化の観点からの意義であり、第二は日本の特殊性を明らかにする観点からの意義である。即ち、第一に日本では脱工業化、情報化、国際化、高齢化といった変容が他の国と比べて同一の時期に集中して折り重なるように生じているため、利益集団政治の変化が極めて大きい。このうち脱工業化や情報化といった変化に関しては日本がアメリカと共に先進諸国の中では抜きんでており、両国の分析はそれに見合った新しい利益団体の動向を発見できるという点から意義深い。第二に、これまで日本政治の特殊性と考えられていたことを説き明かす鍵が日本の利益集団政治に存在すること。しかも、その利益集団政治自体が、八〇年代における公と私、国家と社会の関係の再編成の中で、大きな変化を経験しており、その方向を知ることは未来の日本政治の動向を知る上でも重要なこと。以上である。

少し補足しておこう。第一に日本に生じている大きな社会転換、例えば脱工業化やソフト化、情報化、国際化などの変化をとっても先進諸国に共通している側面があることは否めない。それゆえ普遍的な方向を見るという点でも日本やアメリカの変化は重要である。ただ両国はある意味で後発国型の近代化を経験しており、ヨーロッパ諸国と違って、三次産業が常に二次産業人口を上回るという三次産業優位型の社会での近代化を行ってきている。このことが、先に述べた高齢化、工業化ギャップの存在と共に、ヨーロッパ社会とは違い日米両国が労働組合を中心とした政権を持たず、福祉国家としての性格が弱いことのかなりの部分を説明する。逆にそうであるがゆえに脱工業化や情報化といった変化はこの両国において急速に進展し、社会全体のシステム転換をヨーロッパ社会よりも著しく早く生じさせたのである。注目すべきは、二度の石油ショックはこうしたヨーロッパ社会をも脱工業化、情報化の方向へと転じさせつつあることである。

後発国型の近代化パターンとも関連するが、日本の公私、国家と社会の関係、その媒体となる利益団体の役割は、日本の政治を理解する上で鍵となることはまちがいない。というのは利益団体を媒介として例えば天下りや行政指導が行われ、非関税障壁や業界内の協調的カルテル、企業と官庁の情報交換を中心とした協調などが生じるからである。日本の利益団体の役割の究明は日本の社会秩序における「競争を伴った協調性」を説明することになるだろう。企業内の協調や地域内の協調は、無数の公式・非公式の集団・団体を通じてなされているように思われる。そしてこれが日本の非政党的集団による社会統合の基礎なのである。これに対してヨーロッパ社会では近代以前からの亀裂と大きな二次産業人口を基礎とした強い労働の力を背景として組織政党が発展し、政党的社会統合が形作られた。

加えて重要なのは、こうした日本のシステム自体が社会変化とそれに対応した政治・政策の変化、即ち行政改革以降の一連の変革によって大きく変わりつつあることである。社会の変化に伴って日本の利益集団の分野ではさまざまな財団や各種のセンターや国際関係団体が噴出し、人や金、情報の新しい媒体となって出現している。他方で、工業化や国内問題を中心とする団体、例えば労働組合や重化学工業を中心とした業界団体、農業協同組合、専門家団体のうちの医師会や弁護士会などは、狭く限られた組織基盤の縮小化と、情報や人の枯渇化に悩んでいる。それらはまた国際化と脱工業化の中で組織的な変容を迫られている。

本書はこのような問題意識のもとに一九八〇年代の日本の利益集団政治の現状分析を中心として、アメリカや他の先進諸国との比較をも視野に入れて分析する。即ち社会構造転換と新旧両利益集団の動向に次第に的を絞りつつ、世界的な利益集団状況の一端を浮き彫りにしようとするものである。

そしてさらにもう一点、未来の政治を考える上でも本書の分析は重要である。後に述べるように、日本の利益集団政治の変化は、戦後に限って言えば、政治配置の変化に数年先行して起こる傾向がある。即ち、戦後直後の団体の噴出は経団連、総評による統合を経て数年後一九五五年体制の出現につながったし、五〇年代後半から六〇年代中葉にかけての団体の噴出は、業界秩序の整序と農業や中小企業部門の統合、さらに労組センターの分裂を経て野党の多党化を導いた。そして七〇年代中葉から現在にかけての新しい団体の噴出は、行政改革、税制改革など現在進行中の過程を経て日本の政治配置の変化をもたらすに違いない、と思われるからである。組織を持った利益集団の変化だけではなく、組織を持たない利益集団、市民運動や反体制運動の変化もこれに加味して歴史的な過程を振り返る必要があるが、利益集団政治の変化が政治配置の変化を引き起こすとすれば、現在の利益集団の分析、その性格の把握が、日本の政治の未来の把握につながる可能性がある。その意味で本書は単に利益集団や団体に関するコンパクトな知識を提供するだけではなく、今後の日本政治や先進諸国の政治の動向を考える上での一つの重要なヒントを提供するものといえよう。

具体的には、今後の日本の政治の行方は、利益集団政治の視角からみれば、一方での再編と変容を余儀なくされている旧来の利益団体と、新しく生じてきた財団やセンター、シンクタンクなどの利益団体という新旧二つの利益団体の動向と関係、それに加えて、マスメディアの動向、旧来の利益団体への帰属心を失いつつある、また新しい亀裂も生じつつある新中間大衆と呼ばれる人々の動向、この四つの集団配置にかかっていると言っても過言ではないだろう。そしてこの四つの集団配置が自民党や社会党などの政党とどのような関係を持つのか、そしてこのような政党がゼロ・サム化や高齢化、女性化、ソフト化、情報化、ハイテク化、国際化といった重畳的な社会転換に伴う課題に対してどのようなプログラムを出すのかという問題と密接に関連しているのである。

四　本書の特徴とねらい

次に本書の特徴とねらい、そして各章の構成について簡単に述べておきたい。

第一の特徴は、現在まで日本において利益集団や圧力団体に関する体系的な書物が殆ど著されてこなかったということから、本書ではごく基本的な事実やデータの収集及び分析に努めたことである。そして、利益集団を分析する際に必要なさまざまな概念、理論に関しても出来るだけ分かり易く体系的に述べるように努めた。日本においてはイーストンが「超事実主義」と嘆いたような事実研究の噴出の時期はいまだにない（イーストン、一九七六、第三章）。そのため累積的な研究をしてゆくための事実やデータの収集、概念の整備、それ自体が極めて重要な課題なのである。

第二に本書は、利益集団を分析の中心に据えるいわゆるグループ・アプローチをとる、日本では最初の体系的分析である。このアプローチは政治過程論、政治過程分析の基本的な手法の一つであり、政治の状況を記述するうえで特に優れている（ヤング、一九七二、一〇四頁）。しかしこれまでの日本では政治過程論のもう一つの重要な手法である、政策決定・執行過程分析にやや偏重していた嫌いがある。筆者は伝統的なグループ・アプローチをやや拡大し、政治過程と社会過程を結ぶ媒介過程にまで射程を拡大したいと思う。政治過程における集団や団体は日々その姿を変えている。とりわけ既に述べたような七〇年代以降の大きな転換の中で団体の内容、形式自体にも変化が見られる。そうした変化のベクトルを探るためには、単に政策過程の表面に現れた団体だけでなく、もう一歩社会過程に踏み込んだ媒介過程の団体を検討する必要がある。そこでは社会変化の影響がより直接的であるからである。そして現在進行中の公と私の関係の再編成、即ちグレイゾーンの在り方の再編成を知る上でもこの分析は極めて重要である。

第三の本書の特徴は、日本における利益集団・利益団体の形成や活動に焦点を当てる際、その歴史的形成と共に一九七五年以降の変化に注目し、さらに最も集中的に一九八〇年代の日本の団体状況に着目するということである。八〇年代とりわけ八六年前後の日本は、筆者の言う七五年社会転換の影響があらゆる方面において顕在化したのであり、八五年末から急速に上昇した円の為替レートもその一つの現れであった。

次に全体の構成について触れておこう。

まず第一部は、言葉の定義、各国での団体数、日本の団体数、団体指導者や団体職員の横顔といった「現在」の切り口から利益集団に接近する第一章と、これまでにヨーロッパ、アメリカ、日本でいかに研究され論じられてきたかを中心に「研究史」の切り口から利益集団に接近する第二章からなる。これによって利益集団の概観が得られよう。もっとビビッドな集団の姿は、第四部の行政改革、税制改革、国際ロビーの中での団体の動態にみられるから、第四部を先に読んで戻るという接近法も考えられる。

第二部は、利益集団の組織化の歴史つまり団体形成史である。第三章では理論的に仮説とその例証を行い、また日本の団体形成のパターンを抽出する。第四章では戦前から現在までを時期区分しながら、流れを叙述する。焦点は七〇年代後半以降噴出している「新しい団体」とは何かということである。第五章は、その新団体の意義をたずねて、アメリカの集団形成史を訪れる。

第三部は、政治・政策過程における日米両国の団体を比較分析する。第六章では、リソース、標的、連合関係等の比較、第七章では政党・議会関係の比較、第八章では行政機関・諮問機関関係の比較検討である。

第二、第三部の日米比較を通じて、政治構造的には相当異なる両国が、利益集団的には十分比較可能であるだけでなく、日本の未来を知るために、アメリカの状況は極めて示唆的であることが理解されよう。

第四部は既に触れたように行政改革・税制改革過程、国際政治の中での日本の利益集団政治の流動を扱う。重要なことは、「新団体の噴出」とともに四次元での社会変換の中で既存の集団・団体は組みかえと盛衰の時期を迎えていることである。

終章では団体の影響力、自民党長期政権の意味、政治体制モデルを、利益集団活動の観点からみて結びとする。

第一部　利益集団への接近

第一章　利益集団の現在

本章では、利益集団、利益団体、圧力団体といった概念の定義、そして日本や世界の先進諸国でどの程度そういった団体が存在するかといった問題を考えてみることにしたい。まず最初に、ある日の日本の新聞から集団政治、団体政治のひとこまを切り取ってみることにしよう。

一　一九八八年三月三一日、集団政治のひとこま

ここに一九八八年三月三一日付の新聞がある。そこでは数多くの記事が日本と世界のその日のニュースを克明に伝えている。

目につくままそうした記事を追いかけ、そこにどのような集団や団体がからんでいるのか、またその背後でどのような活動をしているのかをみてみよう。その日はいわゆる年度末にあたることから、さまざまな重要なニュースが盛り沢山に紙面をかざっている。

一面には次のような見出しが踊っている。すなわち「土地臨調13項目の第一次案出揃う」「生・損保の兼営問題含め保険業法全面見直し」「三兆円削除で減税問題決着」「来春の国立大分割入試」「牛肉オレンジ交渉、日米が第二回会談、輸入課徴金が焦点」「建設市場開放、火種を残した政治決着」。また二

面三面には次のような見出しが出ている。「一流選手の育成に重点、スポーツ振興懇が報告書」「北朝鮮渡航、総連幹部に認めず」「マル優、明日廃止」。

どの記事も集団や団体の名前が直接出てくるのは希である。しかし記事を一歩踏み込んで読めば、また記事の背後に一歩探りを入れれば、そこには無数の集団・団体が介在していることが明らかになる。例えば、土地臨調の答申に関しては不動産協会などの業界団体や経団連などの経済団体、保険業法の見直しに関しては生命保険協会や損害保険協会さらに都市銀行協会やさまざまの金融関係の業界団体が強い関心を持っている。日米摩擦を扱った建設市場開放の問題に関しては日本建設業団体連合会や全米建設業協会、ベクテル社などの日米建設業界団体が、牛肉オレンジ自由化に関しては農協中央会、畜産連合会、甘橘連合会、そしてアメリカ食肉輸出連合会やフロリダ甘橘相互組合団体が強い働き掛けを行っている。減税規模をめぐる与野党の話し合いも盛んに行われているがその背後にあるのは連合や総評といった労働センター、また自動車労連やゼンセン同盟、全電通といった単産と呼ばれる団体の意向がある。減税の問題は新しい税制度の問題と深く絡んでおり、それには経団連などの総合的な経済団体やチェーンストア協会、百貨店協会、商店街連合会などの小売商業団体、さらにさまざまな製造業の業界団体がそれぞれの立場から意見を主張し政治に圧力をかけている。四月四日に行われる自民党税制調査会には自民党各部会関連三三九の業界団体がヒアリングに招かれるという（第十章参照）。国立大学の入試に関してもやはり国立大学協会という大学の団体が、またスポーツに関しても、日本体育協会をはじめとするさまざまな競技団体が政策決定に影響を与えようと盛んに活動を行っている。

新聞の一面や二面を見るだけでもそこには数多くの集団や団体の存在が示され、集団や団体の意向と切り離してさまざまな政策や政治権力の動向を考えることができないことがわかる。後の章で行政改革、税制改革、ユニタリータックス問題などを素材にして我々は政治と団体の関係を事例分析する。ここでは、一日のニュースからも現代が集団と団体政治の時代であることが理解されればよい。集団は単に社会過程のレベルで相互に働き掛け、内部にさまざまな機関を作り社会的影響力を発揮するだけではなく、情報の交流や政治献金、選挙での票を交換材料として政治権力に直接的な影響力を発揮し、日々の政策形成において具体的な提案やまた反対意見を提示することによって自らの利益を実現しようとする。政治システムの入力の過程だけに団体の力が及ぶのではない。それは政治システムの出力の過程、即ち執行や実施の過程においても及んでいくのである。団体や集団の力は国内でだけ発揮されるのではなく、国際的な問題に関しても、また外国の政治や政策に関しても発揮される。二〇世紀のはじめに政治過程論の創始者、ベントリーがいみじくも言ったように「集団を語り尽くすことができればすべてが語り尽くされる」(Bentley, 1908, p. 208) のである。

二　利益集団、利益団体、圧力団体、ロビー

集団の政治を表す言葉は利益集団、利益団体、圧力団体、ロビー、ロビイスト、組織利益、政治団体、事業者団体などさまざまな観点からさまざまな概念が使われている。ここでは、以下の分析を混乱させないために本書での定義づけを与えておくことにしよう（定義については Salisbury, 1975 参照）。

集団と団体。集団や団体というのが最も基本的な概念であろう。集団は、当事者間には何の相互関係もないような人々の集まり、ただ一定の属性が似ている人々の集まり、即ち、属性集団や態度共有集団、階級などを指す場合から、具体的な特定の組織を指す場合まで非常に広範な使用例がみられる。さらには具体的な組織は持たないがいずれ組織化の可能性を持つ「潜在集団」といった概念すら存在する。集団であるかないかをめぐっては、さまざまな議論がなされているが、態度の共有や相互作用の存在、利益の共有などが主な基準であろう。本書でも組織化されているかいないかを問わず、特定の利益の共有が推定される人々の集まりを集団と呼ぶことにしよう。逆にいえば、継続的でかつ形式的な規則を有している組織のことを我々は団体と呼ぶことにしよう。経団連や連合、総評、主婦連といった固有名詞を持った組織はすべて団体と呼ぶ。

利益と圧力。何が利益であるのかということをめぐってもさまざまな議論がなされている。インタレストが多様な意味を含んでいることについては既に触れた。筆者は、公益、公共利益、集合財という概念や、イデオロギー、思想、意見、世論という概念で示される内容も含め、「利益」と捉えたい。人々と国家、社会と政治を媒介する活動がある限り、そこには利益があると考える。しかし実際の分析では、広い意味での「政府の決定・執行に対する活動」を想定することにする。

圧力や圧力団体という言葉は、しばしば強い政治的な含意を持って使われている。即ち正当なまた合理的な決定に対して横槍を入れるというイメージがそこには含まれている。またかなりポピュラーな用語でもある。先の利益の定義と集団や団体の定義を結びつけて、例えば「利益団体とは政府の決定と執行に関心を持つ活動にたずさわる組織された人々の集合体である」とするならば、全ての利益団体は何らかの意味で政策決定に影響力を行使しようとする集団なのである。圧力という言葉を影響力の行使というふうに考えれば全ての利益団体は圧力団体である。圧力を特定のやり方での影響力の行使、例えば政策決定過程のアクターに対する強引な働きかけ、とみる立場を本書ではとらない。圧力の内容には、共鳴や共感を呼ぶような説得や情報の交換から、大衆集会やデモンストレーション、手紙、電報などさまざまな方法での影響力の行使が含まれると考えるべきであろう。

まとめれば、政治がさまざまな集団に影響を与えるような現代政治においては、大部分の利益集団は、利益団体、即ち組織を持ち、その利益を実現しようと努めている。そして利益団体は政府の諸決定と執行に影響を与えようとしていわば圧力団体の機能を果たすのである。

アメリカを中心として欧米諸国では、こうした利益団体の利益を直接政策決定とりわけ法案作成過程に伝達する活動をロビイング、専門的集団やエキスパートのことをロビー、ロビイストと呼ぶ傾向がある。ジャーナリズム用語としてはこれが最も多用されているようである。

しかし忘れてはならないのは、利益集団、利益団体、圧力団体などの諸概念はいずれも分析や集合に命名するために用いられる概念であって、現実に存在するのは協会、会や組合やセンターといった言葉を語尾につけた個々の団体なのである。個々の団体は利益団体や圧力団体、ロビーとしての機能を果たす、と考えるべきである。具体的に利益団体、圧力団体とは何かを探ろうとするとき、我々は操作的定義を必要とする。現実には多様な団体しか存在しないのであるから、分析の目的にあわせて圧力団体的な団体を抽出しまた利益団体的な団体を抽出するための基準をその時々で考える必要があるのである。そうしたことも考えに入れながら、次に具体的に日本における利益団体、圧力団体の量的把握を考えてみよう。

三　団体の量的把握

日本にどの程度の数の団体が存在するのか、そのうちどれを利益団体と考えて分析していくべきであろうか。

最もたくさん存在する団体はいわゆる会社（営利法人）である。これは一八〇万を超えている。続いて宗教団体が二三万、労働組合が七万、中小企業関係諸法に基づく組合が五万、農協が九千、生協六〇〇、漁協二千、森林組合二千、ボランティア団体が一万、社会福祉法人が一万二千、政治団体が中央五千、地方五万六千、となっている（日本統計年鑑の他、文献案内の年鑑類を参照）。

その他、団体の数を知る手掛りになるものとして、人々を雇用する事業所の国勢調査にあたる「事業所統計」や私的独占禁止法に基づいて公正取引委員会に届けられる「事業者団体届け出数」なども存在するし、何種類かの団体名鑑や団体名簿も公刊されている。

独禁法上の事業者団体の届け出数は独禁法の改正や解釈の変遷によってここに含められる団体の数が変化するので、この数をもって利益団体の数を代表させるわけにはいかないだろう。また各種の団体名鑑は、一般ビジネスの用途に用いるという使用目的から、その範囲に偏りがあるが、一つのヒントを与えるものではある。後の節で他の国々の団体名鑑の比較をしてみることにしよう。

本書において、団体の統計的検討にあたって重視するのは、事業所統計における政治経済文化団体という中分類項目、そして経済、労働、学術文化、政治、その他という小分類項目の数値である。これも事業所統計の性格からして偏りや歪みがあるものの、およそ四〇年にわたる通年的検討が可能であるということと、ほぼ同一の基準で選ばれていることから重要なデータである。

事業所統計によれば、一九八六年現在の日本の団体数は三万三六六八、内訳は経済一万三三八六、労働四八一六、学術文化六七九、政治七九〇、その他一万三九九七となっている（表1-1）。また団体で働く人々の数は一七万八五四一人であり、経済八万一八三一、労働一万九七五〇、学術文化七四三三、政治四四五七、その他六万五〇七〇となっている。なおやや異なる観点からなされた国勢調査（一九八五年）では政治経済文化団体に就業する人の数は二二万九〇〇人となっている。

政治資金の規正という観点から自治省が出している政治団体名簿も重要なデータであるが、大部分が後援会や政治資金の団体であり、その中に利益団体のダミー的な団体も含まれている。これによると中央レベルで四六〇一、地方レベルで四万六七四五（八六年）の政治団体が存在する。

先に触れた事業者団体の届け出数も八四年末現在で二万三〇七九であり、また民間で編まれている団体名

数の推移

a/h	(a－c)/h	a/g
‰	‰	‰
3.15	2.46	11.3
3.25	2.62	13.0
2.38	1.81	10.0
2.82	2.39	12.0
3.57	3.11	15.5
4.00	3.55	17.4
3.58	3.23	15.9
3.71	3.36	16.8
3.73	3.32	16.7
4.26	3.64	19.1
4.58	3.91	20.1
5.07	4.34	21.0

表1-1　団体（民間）事業所

	団体計 a	経　済 b	労　働 c	学術文化 d	政治 e	その他 f	サービス（百） g	民営（農業除く）事業所総数（千） h
1951	10,127	5,433	2,212	333	201	1,948	8,983	3,211
1954	10,754	5,922	2,073	100	129	2,530	8,247	3,309
1957	8,476	3,350	2,014	111	131	2,870	8,472	3,561
1960	10,357	4,698	1,572	147	169	3,771	8,641	3,669
1963	14,345	6,855	1,845	170	209	5,266	9,260	4,014
1966	17,413	8,623	1,966	216	287	6,321	9,996	4,352
1969	17,129	8,892	1,693	247	360	5,937	10,742	4,780
1972	19,442	10,052	1,796	278	471	6,845	11,603	5,244
1975	20,614	10,027	2,268	455	532	7,332	12,323	5,524
1978	25,494	11,465	3,682	470	612	9,265	13,352	5,990
1981	29,381	12,783	4,308	566	802	10,922	14,637	6,416
1986	33,668	13,386	4,816	679	790	13,997	16,044	6,641

（資料）　事業所統計.

鑑での団体収録数も協同組合を含めおよそ一万七千であることから、日本の団体数はほぼ事業所統計によって把握された三万四千程度であるということができる。ただし、就業者のいない団体、一時的に形成された団体でしかも恒常的な事務所を持たない団体や地域団体は、こうした統計の数の中には含まれていない。ちなみに地域団体、サークルはおよそ一二〇万存在するといわれる（経済企画庁、一九八五）。さらに市民・社会運動と呼ばれるものの大部分もこうした統計から抜け落ちてしまう。

四　団体数の国際比較

日本の事例で見たように、利益団体を把握することは極めて難しい。利益団体に関する統計が存在しないからである。それで国際比較も難しいわりだが、ここでは各国で民間の手によって発行されている団体名鑑(directry) に収録された団体を比較することによって

表1-2　各国の団体数と分布(%)

分類	イギリス	アメリカ	カナダ	日　本
経済・業界	36.8	19.2	19.1	37
農業	9.0	4.4	5.5	4
政府・法・軍事	4.4	3.4	3.7	4
科学技術	7.4	6.5	8.8	15
教育文化	9.8	14.6	15.4	16
社会福祉	2.1	7.8	8.5	6
保健医療	10.7	9.9	10.5	6
公共問題	3.2	10.7	3.7	1
民族・外国	0.5	2.6	4.1	2
宗教	1.9	4.9	2.5	1
退役軍人	0.0	1.6	0.2	0
趣味	2.6	6.8	0.9	1
スポーツ	5.3	3.9	9.0	4
労組	0.1	1.1	2.2	2
商業会議所	3.7	0.8	6.0	2
ギリシア文字社交	2.3	1.7	(0.1)	−
計(%)	100.0	100.0	100.0	100
団体数	7,645	20,076	8,321	約12,000

(資料)　*Directory of Association in Canada*, *Directory of British Association*, *Encyclopedia of Association*, 団体名鑑（文献案内参照）.

各国の団体状況の大まかな姿をみてみることにしたい。表1-2はイギリス、アメリカ、カナダ、日本の団体名鑑に収録された団体数を団体分類ごとに数えあげたものである。この分類はアメリカのディレクトリーに基づいている。団体名鑑は大抵の場合ビジネスへの関心から編まれることが多く、労働組合やさまざまな社会運動はあまり収録されていない。そうした偏りを念頭に置いたうえでこの表をみてみよう。

この名鑑に収録された団体の数はアメリカが約二万、日本が一万二千程度（協同組合以外）、イギリスが七六〇〇、カナダが八三〇〇となっている。名鑑の性格からして厳密なことはいえないが、各国の人口を考慮に入れるなら、ほぼ同じ程度、団体の組織化がされているように推定される。

団体の分類ごとの数に関しても同じような傾向がみられる。ビジネスが最も多く、次いで教育文化や科学技術、もしくは保健医療や社会福祉などの団体が続いている。またいくつかの違いも見られる。イギリスや日本の場合、ビジネスの占める比率が四割近くでありアメリカ、カナダのおよそ二倍となっている。また日本の科学技術関係の団体数は研究所も含めたこともあって、各国の二倍程度になっている。イギリスでは社会福祉関係の団体数が少ない。またアメリカでは公共問題や趣味の団体、宗教の団体などの比率が他の国々よりも多くなっている。アメリカとカナダは集団的多元性が反映しているようにも推定できる。日本は全体としてはイギリスとよく似た分布で、表の公共問題以降のさまざまな団体の数が少ないように思われる。

団体に参加する人々の割合に関しては、一九六六―六七年にシドニー・ヴァーバや三宅一郎が世界的な共同研究で行ったサーベイの分析結果がある。そこではアメリカ、日本、オランダ、オーストリア、ナイジェリア、インドという六か国が比較検討されている。六か国中、日本は団体加入率では七二%と、アメリカの六一%をしのいで第一位となっている。三宅一郎の分析結果でも日本の団体参加の率は高いと結論されている。団体分類別にみた特徴では日本人の参加は地域団体、近隣互助団体といわれる団体が非常に多く、五二%の人々が参加している。次いで職業団体、労働組合の三〇%などとなっている。オーストリアやオランダでは職業団体、労働組合が第一位、ナイジェリアでは宗教的、人種的団体が第一位、アメリカでは職業、労働組合、学校関係の組織、友愛団体などがほぼ同じ比率で並んでいる（ヴァーバ他、一九八一、第六章）。（やや異なる結果が、一九八一年になされた日米欧七か国比較調査（余暇開発センター、一九八五）で報告されている。そこでは日本の団体所属は、伊、仏とともに低く（三二・

五％、七か国中五位)、労組(一〇・八％、五位)、宗教(七・八％、五位)、同業・職業団体(六・八％、五位)、教育・芸術(三・八％、六位)、政党・政治(二・八％、六位)、福祉慈善(一・六％、七位)、青少年(一・四％、七位)、消費者(一・二％、四位)、人権擁護(〇・三％、七位)、環境・資源保護(〇・二％、七位)となっている。)

もうひとつの日本人の団体参加の特徴は、参加率が高い割には、政治的な議論をする団体の加入率がインドに次いで低いということである。日本の地域団体は必ずしも任意の組織ということはできず、加入者の数の多さの割には組織力や政治力は劣るものといえよう。例えば、地域の婦人団体や消費者団体、農協や労働組合の婦人部など広い意味での消費者団体を調査した経済企画庁(一九八七)の消費者団体調査では、一九八六年末で二一八一万人が消費者団体に加入し、二九八〇万人が生活協同組合に加入する、と報告されている。しかし、そうした組織の最も頂上に存在する団体の一つである消費者団体連絡会は、伝統ある組織ではあるが、年予算はおよそ五百万円、職員数は三人という小さな組織なのである。

五　日本の団体のプロフィール

日本の団体のプロフィールを知るためには、一九八〇年に村松岐夫、伊藤光利それに筆者も参加して行われた団体調査があり、そこでは日本の主要な二五二の団体についてのさまざまな特徴が把握され分析された(村松他、一九八六)。経済団体から労働団体、市民団体、専門家団体など八つの団体分類に網羅的になされた調査である。そこでは職員数や予算などのばらつきが大きかったが、ここでは最も典型的な利益団体であり圧力団体の一つの型である業界団体について別のデータに基づいてそのプロフィールを紹介してみよう。資料は経団連の会員一一九の業種別団体名簿である。そこでは団体の予算は五千万から四億円程度、とくに一、二億円程度が最も多く、働く人々は一〇人から二〇人程度、団体の会員となる企業数は二〇企業から四〇企業が最も多くなっている。そして大多数の団体は戦前期においてその前身となる団体をもっていた。

もうひとつの団体のプロフィールとして地域的分布を事業所統計に基づき考えてみよう。一つの特徴は東京都区部しかも千代田、中央、港の三つの区に日本の大きな団体は集中している、ということである。東京都区部には四四二二の団体事業所、四万四六七九人の団体従業者が存在する。それはそれぞれ、全国の一三・一％、二五・〇％にあたる。そのうち先の三つの区に二九六〇の団体、三万一〇七五人の団体従業者が集中し、都内の三分の二はこの三つの区に集中している（八六年）。規模の大きな団体の東京への集中はもっと著しく、八一年の調べでは、五四六の三〇人以上の就業者を持つ団体事業所のうち四六％、二五三の団体が東京都区内に存在した。ただしこれは絶対数のことであって、一万人あたりの団体の数という点では、東京は三・九七という値を示しており、島根県の五・七二など一〇以上の県に値の上では抜かれているのである（付表参照）。この問題に関しては終章で再びふれよう。

次に日本の団体の指導者の横顔を見ることにしよう。団体の指導者については比較的大きな団体二二五二に対して行った一九八〇年の団体調査に基づいて、情報を抜き出してみよう（村松、一九八一も参照）。

まず指導者の出身地から考えてみよう。東京を別格とした各ブロックごとに団体指導者の出身を見てみると、一般市民の出身比率よりも多いのは東京と中国地方だけである。東京出身への偏りは官僚（二七・八%）や政治家（二一・八%）にもみられるが、東京出身の比率一八・七%というのは官僚よりも少なく、政治家よりも多い数字である。中国地方が多いというのは、政治家や中堅官僚には見られないが、上位官僚に見られる傾向と同じである。もう少し県別にみてゆけば、県の人口比率よりも多い比率で団体指導者を輩出しているのは、石川、大分、山梨、長野、岡山、岩手、東京、広島である。これらの県では、ほぼ人口比率の二倍以上の団体指導者を生み出している。このうち山梨、長野、広島、東京などは官僚出身の比率も高いから、一定の政治志向の高い県と呼べるのかもしれない。逆に少ない県をみてゆくと、埼玉、大阪、愛知、愛媛などが目立っている。これらの県は逆に非政治性、もしくは反中央の傾向が強いのかもしれない。また多くはないが、朝鮮や満州出身者も六人が含まれている。

団体指導者の学歴について検討してみよう。まず大卒以上は六三%、旧制高校や短大高専卒は五%、旧制中学・新制高校卒は一七%、旧制小学校・新制中学校卒は六%、その他・不明合わせて八%となっている。もう少し細かく見てみよう。大卒六三%のうち最も大きな比重を占めるのは東京大学卒の二一・〇%（対全体）、次いで京都大学（六・〇%）、早稲田大学（五・二%）、慶応義塾大学（四・四%）、明治大学（三・二%）となっている。この比率を官僚や自民党、野党の国会議員の学歴と比べよう。東大卒の比率でいえば、官僚の八割、自民党の三割がそうであることと比べるとやや低く、野党の八%よりは高い。また他大学への分布という点からみても、かなり分散的であることがわかる。大学別では、明治大学や日本大学の比率が官僚・政治家と比べてやや高い。団体の分類毎に検討すれば、行政関係や福祉、経済などの団体では東大卒の比率が高い。また専門家、教育、市民政治団体では大卒の比率が高いにも拘らず東大卒の比率がそう高くない。大卒の比率が五割を切っているのは労働団体だけである。

次に団体指導者の出身階層を知るために、父親の職業と父親の学歴を検討してみよう。この両設問とも無答やわからないと答えた比率が高く、信頼性はやや劣る。団体指導者の父親の職業で最も比率が高いのは、農業等の二二%、次いで管理職の一六%、専門・準専門職の九%、事務職の五%、などとなっており、生産工程の労働者三%や販売労働者一%などは極めて少ない。これは一般市民の父親の職業比率と比べると、農業の比率は二分の一以下、管理の比率は二倍、専門も同じく二倍となっており、販売や熟練はかなり少ない。しかし官僚や政治家の場合と比べると、官僚の場合は管理職や専門職の比率が極めて高い（七割近く）。政治家の場合は、農業出身の比率は団体指導者と同じくらいだが、管理職の比率がずっと高い（五割弱）。

父親の学歴は半分がその他・無答となっており、より信頼性は低い。大卒以上が一四%、旧制高校、高専、短大が三%、旧制中学、新制高校等が八%、旧制高等小学校が一四%、旧制小学校が四三%であり、大卒比率も一般市民よりは高く、官僚よりは低く、ほぼ政治家と同じような水準となっている。

このように本人の学歴や父親の職業、学歴などの点からみると、団体指導者の経歴は、官僚よりは政治家にかなり近いものであることがわかる（官僚・政治家の数字は、村松、一九八一に基づく）。

では団体で働く人々はどのような横顔を持っているのであろうか。八五年の国勢調査によれば政治経済文化の団体に働く人々の数は約二二万一千人、うち役員は二万四千人、雇用者は一九万七千人を占め、六割は男性である。事業所統計によれば総数は一七万八千人となり、経済団体八万二千人、労働団体二万人、学術文化団体七千人、政治団体四千人、その他の非営利団体六万五千人が働いている。これらの人々への体系的調査はされていないようなので、仕事編纂委員会（一九八八）のインタビュー（二八団体）によって浮かび上がってきた団体で働く人の横顔をまとめてみよう。まず出身や経歴について「何かのいきさつでそこに入ってしまって俺には団体が合っていたのだな、と結果として思う」（三八、以下同書頁数）という発言や、「ここにいる人間はいろいろな経験をしてきた人達です」（三五）という言葉、そしてさらに「何でも屋なんです団体職員は。……ですから第二の職場であって第一の職場ではないなとつくづく最近は思ってきましたね。天下りの人達には最高の職場ではないでしょうか。」（一〇三―一〇四）このような発言から窺われるのは、団体という職業がまだまだ目に見えにくい職業であるということである。しかし団体で働く人達は、大部分がそれに誇りを持っており、「権力への反抗意識」や「参加型民主主義」、「ヒューマニズム」、「真面目さ」、「ボランティア」といった言葉がしばしば登場する。「団体屋には独特のはったりがありますね。団体でメシを食っている人間の持つ独特の雰囲気がありますね。これも団体特有の権力との関係と自主性に基づくものです」（一四〇）という発言、「この仕事は孤独との戦い、そして意地で頑張る縁のしたの力持ちですね」（九二）といった自負も見られる。

理念や建前、感情やイデオロギーをしっかり持った人がいる一方で、見逃してはならないのは、団体がサービス業としての性格を強く持っていることである。事業所統計でもサービス業に分類されており、いわば政治と社会を結ぶ政治的媒介サービス業なのであろう。インタビューからも「団体はサービス業」であるとか、「あくまで秘書的業務をきちっと」(六七)、さらに「調査活動」や「本部機能」、「何でも屋」といった言葉が次々と飛び出してくるのである。このサービス業の性格から団体の曖昧で複雑な性格も証言されている。「半官半民(で)……役所と会社の悪いところを併せ持っている」という発言や、「業界なんか行政官庁からの天下りが来るのが慣例となっている。」「行政関連と業界とのパイプ的位置づけを団体はしている。」(八三―八四)そして団体は数多くの人々、アクターを結びつける「ネットワークを目指している」という発言も目に付く。サービス業という性格も関連するが、媒介に加えて調査や頭脳活動をする所である、という発言も多い。「下手な○○関係の研究所よりはここの方がずっと勉強になる」(三七)、啓蒙普及活動や翻訳活動、情報収集活動に力点を置く、という発言も多い。

問題点としては、このような機能にも拘らず、またその媒介性ゆえに、企業や官庁その他の組織からの制約を受け、希に非常に形骸化してしまう組織もある、ということであろう。現在が団体の噴出期であると同時に、過渡期であるという認識も見られる。「これからいろんな団体があってそれがどんどんつぶれていくと思います。そんななかで良いものは残ってゆくんじゃあないかな。」(一〇六)変革期が今後も続き、そしてその中で集団と集団がせめぎ合い、集団が組織化し、政治へ働きかけ、また政治や国家の側から団体を通じて働きかけがなされる、このようなメカニズムが重要なものである限り、団体はますます増殖してゆくであろうし、そこで働く人々は次第に人々にとって可視的なものとなってゆくであろう。二一世紀になる前に、日本でもこのような団体を職とする人は、アメリカでロビイストがそうであるような専門的職業としての正統性を獲得してゆくのではなかろうか。

第二章　利益集団政治・団体の研究史

一　利益集団・団体へのさまざまなアプローチ

アーモンド（1983）やバッセンベルグ（一九八六）によれば利益集団研究は三つの波を経験してきたという。第一の波は一八七〇年から九〇年であり、第二の波は一九二〇年から四〇年、そして現在第三の波が一九七〇年代から現代を覆っている（バッセンベルグ、一二一―一二二頁）。アメリカや日本においてもこの波から少しずつ遅れて、第一の波は一九二〇年代に、第二の波は一九五〇年代に、そして八〇年代に入って第三の波が訪れている（Almond, p. 245）。利益集団や利益団体は政治学の他の対象と同様に各国の歴史性や文化性を色濃く反映しており、研究史もそれに応じて内容を異にしている。簡単にいえば、アメリカ的な流れとヨーロッパ的な流れ、そして日本の流れが区別できるのである。それぞれ後に見るように、利益集団や団体を民主主義、国家や階級、そして近代化と重ね合わせながら分析し論じてきたのである。ここではこの三つの大まかな研究の流れを追いかけ、その後に第三の研究の盛り上がりの中で、次第に融合しつつある利益集団研究の現代理論における分類と主な仮説をみておくことにしたい。

利益集団や団体を分析し理論化する上で、いくつかの視角や傾向を識別することができる。即ち、研究のレベルにおいてマクロやメゾ、ミクロ、また研究態度における理論志向、記述志向、実証志向、そして規範的問題を含めるか経験的分析を中心にするかという方向性である。以下の三つの研究史の流れでもそれぞれどの志向、どのレベルに力点をおくかが異なっている。また伝統的な研究では、法制的な結社の自由や選挙制度との関連（地域代表と職能代表）が重要なテーマとして分析されてきた。

利益団体や集団の研究は筆者の考えでは、時代の分岐点において重要になるのであり、言葉を変えて言えば、新しい「現代」が問題化する時まずそれは新しい集団や団体として登場するのである。現代の利益団体研究が、一九世紀後半以降の労働運動、協同組合の誕生、同業組合の近代的再編成、友愛団体や国際的な諸組織の登場といった現代的団体の登場と共に始まった事は明らかである。集団の政治化や大衆政治、大衆民主政の問題と利益集団研究は不可分に結びついている（松下、一九六九）。グループ、プロセス、コレクティビズムやコーポラティズム、インタレストグループやプレッシャーグループといった言葉はいずれも一九世紀末から二〇世紀の初めにかけて登場している。

先進国では確かに二〇世紀の初めに、大衆民主政の時代に入っていく。とはいえ、社会過程と政治過程をつなぐ、媒介項としての利益集団・団体は、各国の社会および政治の個性的な特徴によって規定されずにはおれない。さまざまな要因のうち、筆者は社会過程の特徴としては、社会的亀裂の存在（民族、宗教、言語などに基づく亀裂）および階級関係が、政治過程の特徴としては、政党制とりわけ組織政党の発達の程度と国家官僚制の発達の程度、以上の四つの要因が、各国の利益集団や団体の性格を規定するうえで重要であったと考えている（猪口、一九八八、岡沢、一九八八参照）。

ここではこのような四つの要因を中心とした各地域での利益集団の状況と、それに対する研究の歴史を骨太にスケッチしてみることにしよう。

二　ヨーロッパの視点

ヨーロッパを一つにくくるのは無謀であり、少なくとも東西南北中の五つの地域に分けて考察することが必要だろう。しかしここではアメリカや日本と対比するうえでヨーロッパの国々が重要な利益集団とその研究の特徴を共有していることを指摘してみたい。即ちヨーロッパ諸国では利益集団を規定する要因としての社会的亀裂、階級関係、大衆組織政党、官僚制のいずれもが相当程度発展している、という特徴を共有している。絶対主義国家の時代以降、ヨーロッパ各国では国家官僚制が順調に発展し、他方で社会的亀裂や階級のラインに沿った形で政党が発展し、それは後に階級関係の影響を受けて大衆組織政党になってゆく。また政党や官僚制だけではなく、利益団体の組織化も相当早くから進んでいる。イギリスの圧力団体の資料集を編纂したウットン(1975)が、その出発点を一七二〇年に置いていることからもそれはうかがわれる。民族的な亀裂や階級の存在が、中世の封建制や身分と一定の連続性を持つように、ヨーロッパの利益団体は中世の団体と一定の連続性を保ちながら発展してきた側面がある。

中世的な残滓を有した社会と政治の過程は、一九世紀から二〇世紀にかけての大衆民主政と組織化の時代に直面して大きく揺らぐことになる。第一次世界大戦後のヨーロッパに噴出したのは、アーネスト・バーカー(一九六八)によれば人種、国民、階級という全体主義的集団であり、それらは強大になりつつある国家を掌握しようとして争ったのである。

中世からの連続性を保ちながら緩やかに着実に政治社会の組織化が進んだヨーロッパでは、利益集団の組織化は社会的亀裂や階級関係に沿った形で早くから行われ、しかもそれは政党と緊密な連係を保つことが多い（ドーア、一九八七参照）。そして民族や階級さらに国家というシンボルと結びついた利益団体は強いイデオロギー性を帯びる。

かくて利益集団や団体の研究は、国家、階級、民族との関係でイデオロギー性、規範性を帯び、また政党研究とも結びついて行われることになった。一九世紀後半に、階級関係とりわけ労働運動などの社会運動の研究は、一方で社会集団論としてデュルケム、ジンメルらの社会学的業績を生み出し、他方で社会主義、無政府主義、労働組合主義、協同組合主義などのさまざまなコレクティビズムの潮流を形作った。いうまでもなく、国家と階級の関係をどう見るかは、コレクティビズムの諸潮流それぞれによって見解が異なる。

国家への対抗を強く意識し、自由主義の立場から集団や団体を論じたのは、多元的国家論、哲学的多元主義などと呼ばれるに至る人々である。国家の絶対性に対抗するものとして集団や団体の意義が規範的に論じられる。法理論におけるメイトランドや、政治理論におけるフィギス、バーカー、マッキーバーなどを挙げることができる。

階級性の要素と多元性の要素を組み込んだ国家を構想したのはコーポラティストである。コーポラティズムの歴史は古く、中世に起源を持つが、一九世紀末から一九四〇年代までヨーロッパ各国で数多くの論者、例えばマノイレスコ（1934）やケインズ（一九八一）などが輩出した。そして最後に民族と階級とコーポラティズムの要素を組み込んだ、ファシズム、ナチズムが登場し、利益集団・団体の研究は、一層規範性、実践性を増すことになる。

戦後のヨーロッパにおける利益集団の研究も、国家、階級、民族の要素を失っていない。しかし戦後の研究は、ヨーロッパの大多数の諸国で社会民主主義政党や社会的亀裂を背景とした政党が、大連立政権や単独政権によって政権を獲得したため、様相を変えた。即ちそれらの国々では、良く組織された利益団体の影響力のもとに強い政府が成立し、政府と巨大な利益団体間の協調による政策決定、執行を行うという体制が発生した。民族的・言語的亀裂を背景とする国家の体制は多極共存型民主政と呼ばれ、労働と経営を背景とする体制はネオ・コーポラティズムと呼ばれるに至る。前者の研究者としてはレイプハルトやダールダー、スタイナー、ノードリンガー、後者の例としてはビーア、コーソン、レームブルフ、シュミットなどがいる（山口、一九八二、辻中、一九八四ａ、シュミッター、一九八四、八六を参照）。

このようにヨーロッパの研究では、国家、権力、民族、階級といった概念と不可分な形で利益集団の研究はなされてきており、その結果としてマクロな体制論との関連、そしてその政治状況の記述という役割を利益集団研究も担ってきたのである。

三　アメリカの視点

それに対してアメリカの利益集団・団体の研究は、国家と階級、民族ではなく、アメリカ民主主義との観点から常に問題化してきた。アメリカでは国家と階級の概念が発見されたのは、極論すれば、一九七〇年代なのであって、少なくとも利益集団研究の端緒においては国家も階級も否定的な意味以外では意識されることはなかった。ヨーロッパの政治学を死せる形式主義と完全否定したA・F・ベントリーや、国家なき大衆運動に基づく民主主義政体を夢にみたアメリカ革新主義者達が、利益集団研究の創始者なのである。そこではアメリカン・デモクラシーへの疑いなき信念を背景に、個人ではなく集団が政治主体となった時期での民主主義を記述することから分析は始まったのである（辻中、一九八五b）。

このことの背景には、アメリカの社会が移民と移住、社会的流動性の高いものであったために、社会的亀裂や階級関係が充分発達しなかったことがある。またそれとの関連で、組織政党も発展せず、統合された官僚組織も発展しなかった。アメリカの利益団体が一貫して無党派戦術を標榜するのは、決して政党との関係がないことを意味するわけではなく、組織的に結びつく相手が不在なのである。実際は議員を通じて利益団体は政治と関係を持っている。移民と移住の国であるがゆえに、建国当初から数多くの集団が存在したが、二〇世紀に入り、巨大社会、巨大組織のもとでの団体の意味が問われるようになる。ここでの問題は、それまでのアメリカの民主主義、自由主義と、巨大な団体を含む利益集団との関係はどうか、である。アメリカの視点では、利益集団は善か悪か、利益集団の総計は果たして公益になるのか、利益集団政治にはバイアスがないのか、という点が常に問題になってきた（内田、一九八八）。

アメリカの利益集団理論には二つの流れが存在する。政治学的には一九〇八年に「社会的圧力の理論化の試み」という副題をもつ『政治過程』を著したA・F・ベントリーに始まるグループ・セオリーの流れが第一のそれである（Greenstone, 1975; Garson, 1978）。この流れは一九五一年にデイビッド・B・トルーマンが同様のタイトルの書物『統治過程』を著すまでは潜在していたが、その後レイサムやダールのポリアーキー論へと発展してゆき、それの批判としてではあるが、マッコネル、ローウィらが続く。この流れの主たる課題は、数多くの利益団体の存在が相互に重複し、また相互に圧力をかけあう結果互いの影響力が相殺され、また多元的個人の中で調和し一種の政治的均衡が集団を通じて生まれると論じたところにある。ただし、均衡の偏り、独占的寡占集団、大規模団体による偏りの問題は意識されており、それを押さえる担保となるのがベントリーにおいては「背景としての習慣」の顕在化による「人民によるコントロール」であり、トルーマンにおいては「潜在集団」、またV・O・キィにおいては「潜伏意見」といわれるものであった。ダールはこうした多元的社会政治秩序をポリアーキーという形で定式化しその社会経済的条件及び手続き的要件を理論化した。いわばアメリカン・デモクラシーの分析的理論化によって社会主義や社会民主主義に対する多元的民主政の規範モデルが形成されたのである。それは政治的近代化論や比較政治学における引照基準として重要な存在となっていく。また集団の団体化やそれを通じた意見の表出・集約の過程、利益の圧力による動力学は、イーストンによって政治システム論へと発展し、アーモンドはそれを比較政治分析へと展開した。シャットシュナイダーやマッコネル、ローウィなどの批判的集団論者は、先の潜在集団などに基づく自動的均衡過程が自動的でないと分析し理論化した。そこでは政党や公共的利益団体、政府の役割が重要視されはじめた。

この集団理論と密接な関係を持ちつつも区別される第二の流れとして、圧力団体分析がある（内田、一九八〇)。これは主として個々の集団や団体の記述的な分析に力点をおく事例研究であって、オデガードやヘリング、さらにアメリカ政治全体を論じたV・O・キィ、バウアー、イシール・デ・ソラ・プール、デクスターらの研究、ミルブレイスのロビイスト研究や現代のさまざまのロビー研究へとつながっていく流れである。この流れは極めて根強く、量的には先の集団理論を圧しているといえよう。そして集団理論の基礎を提供したのもこの流れである。

アメリカの社会科学には経済学や社会学においても集団理論や圧力団体分析を支える流れが存在している。トルーマンがベントリーを発掘し潜在集団理論を主張した頃、制度派経済学者ガルブレイスはコモンズらの労働組合を中心とする圧力団体民主政の理論を念頭に置きながら、巨大な独占資本の市場支配に対抗する、拮抗的権力として大企業労組や政府を措定し対抗力理論を構想した。また社会学の領域ではリースマンが拒否権集団の理論をほぼ同様の民主主義に対する含意を含ませながら展開している。現代でもウィルソン(1980)やマックファーランド(1987)らの三元権力理論として装いを新たに再登場している。

四　日本の視点

後の章で日本の利益集団の問題は詳しく分析するが、ここでは日本の団体の発生自体はかなり早くから行われ、しかも多様に存在したことを指摘しておくに止める。江戸時代に既に近代的な団体の原形の多くが存在し、それが明治以降の団体の結成につながったものと考えられる(間、一九八一)。ヨーロッパやアメリカとの対比でいえば、日本の社会は民族や宗教、言語などによる亀裂は小さい。階級関係に関しては、後発の資本主義国であること、また一貫して第三次産業人口が第二次産業人口を上回り続けたこと、先進諸国の状況に学んだ支配層が早くから階級関係の表面化を抑制しようと努めたことから、それが表面化し意識されるのは遅れた。社会的亀裂や階級関係の表面化の遅れは、それらを基盤とする政党、とりわけ野党の発達を遅らせた。以上の三つの要因が弱かったのに対して、国家官僚制だけは早くまた体系的に整備され発展した。日本の利益集団や団体を考える場合、それゆえ国家官僚制からの影響の要因が最も重要なものとして残る。官僚制は、自生的に発生してくるさまざまな団体を次々と自らの傘下に組み込んでいったのである（ペンペル・恒川、一九八四）。

上からの権威主義的なコーポラティズム体制のもとでの利益団体の研究は困難を極めた。一九二〇年代から始まった研究の大部分は、西洋諸国の理論の輸入に終始し、唯一それを免れた大山郁夫らの研究は、その後大山がアメリカに亡命を余儀なくされることに象徴されるように、抑圧されていくのである。

戦後の日本の利益団体の研究は、一九五〇年代に集中的になされ、それはこれまでの日本の政治学界が誇りうる大きな業績の一つである。五〇年代の研究の背景となった日本の利益集団政治の現実をごく簡単に述べてみよう。それまで抑圧されていた階級関係やそれに基づく政党の形成、組織化は新憲法によって初めて可能になった。一九四五年から四八、九年まで続く労働運動、農民運動、その他さまざまな自立的な社会運動の興隆は、ひき続いて社会党、護憲的市民運動への結集をもたらす。急速な戦後復興、工業化と共に日本においてはじめて階級関係と政党の発展が始まったのである。このような時期に同様にさまざまな形で噴出した集団・団体を分析した研究者たちの問題意識は、このような団体をいかに近代化（＝西洋化）し、西洋的な意味での自由民主主義を確立するかというものであった。

丸山真男、辻清明（一九五〇）に始まる研究は岡義武編『戦後日本の政治過程』（五三年）から六〇年の『日本の圧力団体』までの団体分析に結晶した。そこでは石田雄、田口富久治、升味準之輔、永井陽之助、阿利莫二、松下圭一、篠原一、小林直樹らの人々が多様な力強い論文を執筆した。とりわけ、石田雄『現代組織論』（六一年）、田口富久治『社会集団の政治機能』（六九年）、篠原一『現代の政治力学』（六二年）などの書物が代表的な研究である。ここでは、①日本の政治過程や利益団体体系における本系列と別系列の二系列の存在の指摘、②日本の団体や政党における役割の代替性や役割構造の欠如の発見、③組織成立時点における既存集団の丸抱え構造の存在、および団体内部における下駄預け的リーダーシップの存在や地位の政治の重要性、さらに統制団体化の危険性、④団体の行政官僚制志向、政治家（議員）の従属性、⑤諸団体の構成する政治過程を究極的に支配する者としての高級官僚、自民党、財界の三者による三角同盟もしくは三すくみ状況、三頭制パワー・エリートの存在の指摘がなされた。

以上のように五〇年代の研究はかなり明確なモデルを結晶させたのである。しかし、そこでは体系的な比較という方法的手続きをやや欠き、実証的な研究も綿密ではあるが対象に偏りが存在し、戦前と戦後の連続性の要素が強調され、実証的基礎が弱いままに三頭制モデルへというエリート主義的モデルを提出したという点で、近代主義的なエトスが存在した（大嶽、一九七九b）。すなわち日本の政治の近代化にとって、戦後噴出してきた圧力団体がどのような問題性を持ちどのように変えられるべきであるかという規範的問題意識に先導されながら、実証的研究さらに理論的まとめがなされていったように思われる。

五〇年代に集中的に行われた圧力団体の研究は、六〇年代の初めに保守と革新の配置が確定し、そのなかで戦後五五年以前に形成された団体の政党関係が決定し固定化するにつれて、後続の研究を得ることなく終わる。というのは、もはや圧力団体・利益団体が日本の近代化やその変革主体という関心からは重要なものではないように思われたからである。関心は次なる近代化の主体と客体を求めて、地方自治体や市民運動へと移っていく。

確かにその後、日本の利益団体の多くは官僚制の管轄のラインに沿って秩序付けられ、官庁クライエンテリズムと呼ぶべき団体と官庁そして関連議員を中心とする共生関係が形造られていく。七〇年前後から台頭する族議員の基礎の形成である。とはいうものの利益団体の形成は、六〇年代中葉まで工業化団体を中心に続き、その後一端停滞した後七五年頃から脱工業化的団体を中心として急増する。このような高度成長期および低成長期の団体の大増殖、またそれによる利益集団政治の変容は、大部分の政治学者の分析の対象とならなかった。その間なされていたのは、内田満（一九八〇、八八）、中野実（一九八四）などを中心とする理論的検討であった。日本において利益集団研究が復興したのは、七〇年代末に大嶽秀夫が大企業の政治権力を、村松岐夫が官僚制、圧力団体の研究を実証的に再開した時からである。

五　現代の利益集団分析

以上のようにヨーロッパの流れ、アメリカの流れ、日本の流れはそれぞれ個性を持った研究の流れを形成している。しかしこうした別々の流れも、七〇年代以降の第三の研究の流れの中で次第に融合し交差しながら新しい利益集団分析・研究が形成されつつあるように思われる。その契機となったのは次のような現実世界の変化と三つの理論的流れである。

まず指摘できるのは、研究対象である利益集団政治自体が世界大に拡散すると共に、その性格にもさまざまな共通点が増えたことであろう。かつて圧力団体やロビーはアメリカに固有のものとして扱われてきた。それがヨーロッパや日本においても共通の概念で研究が始まったのは戦後五〇年代のことである（Ehrmam, 1967）。さらにそれは六〇年代の世界的高度成長、工業化を経て、南米、アジア、アフリカ、さらには社会主義諸国にまでおよぶようになった。権威主義的コーポラティズム（Malloy, 1977）や社会主義的多元性・利益団体という概念がそれである。

七〇年代中葉以降の世界経済のゼロ・サム化、相互依存の増大、世界政治経済の一体化は、国際関係諸組織すなわち国際利益団体を噴出させ、国内外における利益団体の姿を一層明確なものとして浮かび上がらせた。七〇年代末以降、さまざまな雑誌特集や学会の共同討議において初めて世界の利益団体が共通の平面で議論され始めたのは、こうした現実世界での収斂があったからである。以上のような現実の変化に加えて、三つの意味での理論的契機があった。

第一にアメリカの利益団体論において経済学、公共選択論の立場からマンサー・オルソン（1971, 一九八三）が今までの殆ど全ての利益集団・団体の理論を否定する問題提起を行い、それをきっかけとしてさまざまなミクロ集団理論すなわち集団の成員と集団の関係を中心とする分析が進んだことである。社会学的な交換理論を導入したソールズベリー（1970）、最近では社会学的ネットワーク理論を取り入れようとしているデイビット・ノーク（Knoke & Burleigh, 1986 a b）なども含めてよい。

第二に、ヨーロッパのパースペクティブからはヨーロッパの歴史的経験およびヨーロッパの第三世界としてのラテンアメリカ世界の分析からネオ・コーポラティズム理論が誕生した。そして、このネオ・コーポラティズムの理論は単にヨーロッパだけではなく、アメリカ、日本、さらには社会主義世界まで含む利益媒介の一般理論を目指そうとした（シュミッター、一九八四、八六、Lehmbruch, 1983）。

第三の契機は、メゾレベルにおける実証的分析の進展である。端的に言えばサーベイ・アプローチをもちいた比較国家的な研究が頻出し、それをもとにした利益集団分析が盛んになってきたことである。例えば、プレッサス（1974）のアメリカとカナダの分析やベリー（1977）の公共的利益団体のサーベイ分析、シュロッツマンとティアニー（1986）のサーベイ分析などを上げることができる。

ミクロでの合理的・数理モデルと、マクロでの歴史的・国家論的利益集団体系の分析という二つの理論的刺激、それに実証方法の革新とあいまって、新しい現代利益集団分析の地平が開かれたのである。ここでは、従来のパースペクティブの違いを乗り越えて、国家を視野にいれること、そして政治過程における入力だけではなく出力過程をも考慮にいれること、特定の集団だけではなく体系的に利益団体を分析することなどの理論的合意が形成されつつある。

六　利益集団・団体の分類学

次に利益集団・団体の分類について考えてみよう。すでにふれたようにヨーロッパの政治学では階級的《セクショナル》理論の影響を受けて、労働やビジネスといった階級的な団体と、信念や大義を主張する価値推進《プロモーショナル》団体との区別が一般的であり、アメリカでは従来、農業や労働、ビジネス、職能といった社会経済部門別の記述的分類が一般的であった。我々が八〇年に行った団体調査も後者と同様の記述的八分類に従った。

このような記述的分類は、団体の大まかな活動や性格を知るうえでは手掛りとなる。しかし階級的性格や職能の分野が基本的に団体の活動を規定するという仮定を含んでいる、という点に注意を要する。

利益団体の活動を学問的に分析するうえで重要な着眼点としては、次のようなものが考えられる。即ち、第一に設立や運営の資金源、第二に設立時の事情、イニシアティブ、第三にその団体の基礎となる利益集団の性格、第四に団体の持つ法人格である。

第一の資金源に着目する分類（仕事編纂委、一九八八を参照）としては、①小口の献金・会費など大衆的な資金収集に基づくもの。例えば野鳥の会といった市民団体や労働組合、宗教団体など。②自己資金に基づくもの。例えば農協や生協などのように団体として事業を営み、それによって活動資金を捻出するもの。③大口の献金・会費に基づくもの。この場合会費は上納金といった性格を持つ場合もある。ここには日本製薬工業会といった業界団体や経団連などの中央団体、さらに医師会、労働センターなども含めてよいかもしれない。④企業や業界からの補助金に基づく団体。業界団体のまわりにある二次的な団体、センター、協議会などはそうである。またしばしばそれは財団法人という形で誕生し、運営される場合もある。⑤政府からの補助金に基づく団体。各省庁の外郭団体と呼ばれるセンターや財団法人がそうであるが、さらに消費者や環境保護の団体などにもこうした性格を持つものがある。

第二の分類基準である設立時のイニシアティブも、①純粋に個人に基づくもの、②他の団体や学会などの呼び掛けによるもの、③企業や業界の呼び掛けによるもの、④政府や自治体の呼び掛けによるものを分けることができ、ここでの分類は資金源の分類と密接に関連する。

第三の分類基準である、母体となる利益集団の営利性に基づく分類は、①業界団体を中心とする営利的団体、②教育、福祉、医療、放送さらに政府自治体関係、役職員の横断的組織などのような専門的・非営利的職能の団体、③そしていずれの性格も有した混合的な団体および④市民団体、の四つに分けられる。アメリカでこの分類基準によって調査団体を分けたジャック・ウォーカーは、営利三二%、非営利三七%、混合一二%、市民二一%と報告している（1983）。

第四の法人格による分類は、政府との法制を通じた関係を示唆している。日本における分類としては、特殊法人、認可法人、財団法人、社団法人、中小企業協同組合、労働組合、生活協同組合、農業協同組合などに加えて、法人格を持たない任意団体、（その他に学校・宗教・社会福祉・医療の公益法人）が考えられる。

以上は分析的な分類方法の一端を示したものだが、これ以外にもっと理論的な観点を押し出した分類方法も用いられている。そこにはオルソンの主張した大規模集団と小規模集団という分類、団体内の個人と団体との交換過程に注目した交換便益による分類、さらには団体が関心を持つ政策領域との関係をおさえた分類が重要である。

オルソン（一九八三、原書は六五年初版）が主張したのは、規模の大小による違いである。規模の大きな弱い多数の利益を要する集団と、規模の小さな集約された利益の集団とでは、集合財の獲得、「ただ乗り」の発生という点で大きな違いが生じるのである。

社会学的な交換理論の影響を受けたソールズベリー（1975）は組織内のリーダーとフォロアーの交換過程に着目し、三つの分類を設けた。一つは物質的・経済的便益、第二は連帯的な結社の喜び、第三は意見を表出することによる満足の三点であり、そのそれぞれを主たる便益とする集団が区別される。

セオドア・ローウィ（1972）の政策類型論の与えた影響も大きい。ローウィは規制政策、分配政策、再分配政策、体制構成的政策の四つを区分した。このそれぞれに関連の深い集団化に基づいて団体を分類することもできる。我々は『戦後日本の圧力団体』において職域自律的な主として規制政策と関連の深いセクター団体、分配というものに敏感に反応する政策受益型の団体、再分配や体制全体を問題とする価値推進型の団体、の三つを区分した。

以上オルソン、ソールズベリー、ローウィの三つの分類法が、理論的にも重要な分類法である。それ以外に構成単位に基づく頂上団体、第二列団体、基本運営団体という分け方や、会員資格に基づく開かれた団体と閉じられた団体という分け方がある。

表 2-1　利益集団と関連分野の論文数推移
（『世界政治学アブストラクト』掲載分）

年	73	74	75	76	77	78	79	80	81	82	83	84	85	86	87
コーポラティズム	1	6	0	4	5	9	3	11	12	5	14	14	16	20	16
（　）内ネオ関係	(0)	(1)	(0)	(2)	(5)	(5)	(2)	(8)	(8)	(5)	(13)	(12)			(2)
多元主義	2	5	8	7	16	5	10	7	6	7	8	13	12	6	10
権威主義	6	2	4	8	3	4	11	9	5	16	6	7	7	6	7
利益集団			14	27	18	17	18	11	14	22	21	18	31	26	24
（各国別）				(15)		(12)	(12)	(11)		(14)	(17)	(12)	(24)	(20)	(13)

七　利益集団・団体をめぐる諸仮説

表２－１にみられるように、七〇年代に入って利益集団・団体の研究は第三の波を迎えている。利益集団研究はミクロのレベルでは経済学、社会学の影響を受けながら、数理的モデルの構築という方向で発展をみせているが、多元主義、ネオ・コーポラティズム、権威主義などというマクロな理論との関連を踏まえて、体制論としても大きく発展しているのである。

このような第三の波の中で重要となった諸仮説、本書の分析・記述の背景となる仮説について簡単にまとめておくことにしよう。大きくいってそれは三つに分けられる。一つはミクロレベルの仮説であり、利益団体の形成と成長をどう説明するかという問題である。第二はそうして形成された利益団体が政治的なアクターとの間でどのような相互作用や関係を持っているかという問題である。第三はその帰結として、利益団体は政策の決定・執行過程においてどの程度の影響力を持ち、また政治体制や社会体制の変動に対してどのようなインパクトを与えているかというマクロなレベルでの仮説である。

(1)第一の問題に関しては、かつての正統説はデイビット・トルーマン

(1951) による次のような論理であった。利益団体は近代社会において利益が多様化し専門化し分化してゆくなかで、人々の間の接触関係が相互作用へと発展する。それを妨害もしくは攪乱する動きも当然存在する。そのなかで、一定の集団が他の集団の妨害により同じような影響を受ける人々として特定化されてゆく、すなわち相互作用と共有態度が強化されてゆく。その帰結として団体が結成されるのである。ここでは利益団体の形成を導く基本変数はマクロな社会的変化であり、集団は不利な状況の下で組織され、その組織力によって他の組織との相対的地位の改善を図ろうとするのである。集団の安定は、集団間の均衡の回復であり、他の集団に対して要求や主張が成就することによって達成され、その大きな手段の一つとして政府への働きかけがある、というものである。

ここに含まれる仮説（Salisbury, 1975）としては、工業化・産業化に伴う社会的分化が利益団体の自然的増殖を導くという増殖仮説（proliferation）がある。工業化が都市化や職能の専門的多様化、マスコミュニケーションの発達、価値と利益の多様化といった現象を導き、それがさまざまな団体を生み出す、というものであり、この直線的な考え方はトルーマン、キィなどの政治学者だけではなく、マッキーバー以降の多くの社会学者によっても共有されている仮説である。第二の仮説としては、もう少し短期的な期間を対象として、マクロな社会変動に伴って既存の社会勢力間の均衡が崩れるとき、不利に傾いた社会集団の側から均衡回復のために組織化や圧力活動の活性化が起こるというものである。この均衡化仮説（equilibrium）はさらに、よりミクロな過程に力点を置く対抗的組織化、もしくは連鎖反応仮説（wave or chain reaction）と結びつけて考えられることが多い。ある分野での強力な組織化がそれによって不利益を被る集団の対抗組織化を連鎖反応的に引き起こすというものである。現代の組織化の口火を切ったものとしては、しばしば労働者集団の組織化（労働組合）が指摘されている。

トルーマンとは立場が違うが、階級的集団形成の論理もよく似た集団形成に関する理論であって、マクロな社会的変化（階級分化・窮乏化）と団体形成の合理的・合目的的性格を強調している。そのことによって、多元的な団体や階級的組織の民主性や正当性が主張されたのである。

これに対抗する現代の仮説はミクロレベルを理論化する。即ちオルソンによる仮説である。功利的人間を前提とする限り、多様な社会集団は組織化することが困難であり、法などによる強制や、他の人と区別される自分だけの便益といったものの存在抜きでは、「ただ乗り」への誘因をもつ人々は組織されないと論じたのである。即ち、団体形成の副産物理論の提出である（功利的人間像を前提とせず博愛的人間像を前提とすれば、オルソンの仮説はあたらない、とオルソン自身も指摘している）。この仮説を受けて、ソールズベリーは正統説のように合理的・自動的に団体が形成されるのではなく、特別なリーダー、組織者が重要であることを指摘した。組織者はいわば経済市場における企業家であり、団体が組織されてゆくには企業家と組織をするための資本そして、会員が構成するところの市場が存在しなければならないのである。

オルソンもソールズベリーもマクロなレベルの問題と個人の問題では「ずれ」があり、ミクロな論理が重要である、もしくはミクロな論理とマクロな論理との接合が必要であると主張したのである。

オルソンが言った強制の問題、ソールズベリーが言った資本の問題を強調しながら、それらが実は国家によって、大衆社会において大衆の操作を必要とする政府によって提供されるのであると論じたのはネオ・コーポラティストである。ネオ・コーポラティストは、国家による規制、義務的会員制、財政誘導などの要因を強調した。

このように団体がどのように形成され発展してゆくかは、功利的な個人および集団市場の論理によって、また国家の論理によって挑戦されているのである。

(2)第二の仮説の領域は団体間の関係をめぐってである。集団理論以前の政治学の正統説は団体間関係は政治制度によって説明されるとした。集団理論においては、単に利益団体だけではなく官僚制や軍隊、政党なども含めて全てが同様に圧力団体として過程を構成するものと考えられた。

しかし実際には官僚制組織、大規模政党にはそれぞれ独自な性格があり、また多様な性格の団体が存在する。このことから、政治的アクターと団体の間の関係をめぐって共生的関係や協調的関係があるのか、物理的動員や圧力はどの程度効果があるのか、それらの間の代表性はどの程度のものかなどの疑問が生じ、さまざまな仮説が提出されている。例えば政党や議員と団体との関係と官僚制や審議会と団体の関係は異なり、前者は政党「家族」関係（parentela）を発達させ党の一部に組み込んでいくという仮説、後者は「顧客」関係（clientela）を発展させ官庁と一体化させていくという仮説、さらに団体・政治家・官僚間に小規模な「鉄のトライアングル」という単位が形成（「族」現象、下位政府）されるのか、頂上エリートによる「パワー・エリート」司令部が形成されるのか、という仮説などがそうである。

(3)最後に利益団体の影響力、インパクトをめぐる仮説がある。個々の政策執行過程において利益団体が、また個々の団体分類のどの団体が、どの程度影響力を持つのか、というのが基本的な問題である。団体がどの程度、またある特定の団体がどの程度影響力を持つかによってさまざまな政治体制論が生まれてくる。また団体政治か社会集団政治かさらには国家政治かによっても大きく体制モデルは変化する。利益団体自由主義やネオ・コーポラティズム、権威主義体制といった体制論はどれが妥当であろうか。

さらにそうした体制において利益団体はシステム全体の秩序を維持する方向で働いているのか分裂させる方向で働いているのか、またそれぞれの条件は何か、という問題。これはトルーマン、ダール、イーストンなど正統説に共通の意識である。

筆者は利益団体の影響力やインパクトを分析するには利益媒介過程論へと利益集団分析が進む必要があると考える。そこではマクロな社会の変化の中で、団体が政治と社会をいかにつないでいるか、という交錯領域が焦点となる。分析対象となる団体の幅は、従来の利益団体だけではなく、財団や特殊法人などとともに、運動として把握される発生期の団体にもおよぶ必要がある。この媒介過程論は集団理論と階級理論をつなぐ媒介環となることが期待できる。というのは、かなり大きな仮説を集団アプローチの記述能力を生かしながら分析してゆくため、高度な数量的・数理的分析ではなく、低いレベルでの行動科学的方法を援用することになる。状況説明的な集団と団体、そして社会変容を結ぶことによって、現代政治分析に欠けがちな「有意性」「歴史性」を回復する手法となるであろう。本書はそのささやかな第一歩である。

第二部　利益団体の形成と発展

第三章　利益団体の形成

本章では現代の政治構造において重要な一部を占めている利益団体の配置がどのように形成されてきたのかを、利益団体の形成に関する仮説を念頭に置きながら見ていくことにしたい。端的に言えば、工業化の時期における利益団体の形成を分析する。

本章は先に述べた仮説を直接実証することを目指すものではない。ただ、世界の各国での利益団体の形成の状況を先の仮説と関連させながら例証的に見ていくという手法をとりたい。また、後半では日本の利益団体形成に注目し、そこでのパターンの存在を指摘する。

一　マクロ環境要因と利益団体形成

1　工業化のインパクト

工業化やそれが引き起こしたさまざまな社会の変容、都市化やマスコミュニケーションの発展などが、どの国においても現代的な利益団体の形成において基本的な重要性を持つことは否定できないように思われる。ただ、利益団体に関する統計が存在しないことから、我々が提出することができるのは間接的な証拠に過ぎない。

図 3-1　職能利益団体の設立状況，スイス（2年毎の平均）

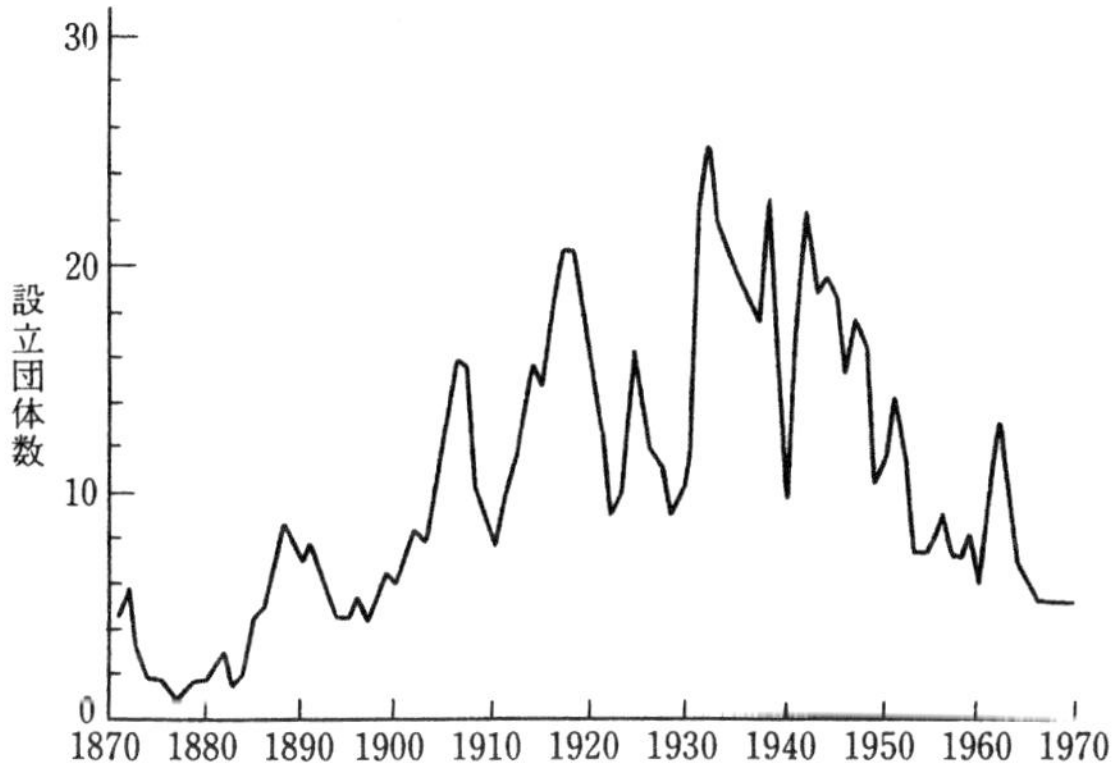

（出所）　Sidjanski, 1974, pp. 102-04, Figure 1.
（原資料）　*Liste des associations professionnelles et économiques de la Suisse*, 12th ed. (Bern: OFIAMT, 1968).

イギリスの圧力団体に関する文献を歴史的に網羅し、利益団体の理論化に努めているウットンの書物(1975)は、一七六〇年から一九七〇年までの一〇一の利益団体の結成宣言や関連法規などを所収している。イギリスの産業革命や工業化が極めて早いことから、ここに納められた文献のうち三九件が一八二〇年から七〇年代の文献である。イギリスの工業化およびそれに伴う社会政治運動の盛んになった時期である。次にスイスにおける職能団体の形成のグラフに目を向けてみよう。図3-1から明らかなように二〇世紀初頭から次第に増加し、一九四〇年頃にピークを迎えている。これはほぼスイスの都市化の進展の時期と重なりあう。図3-2のブラジルの各種の団体の形成のグラフもブラジルの工業化の時期と並行に団体形成が進んだことを示している。

以上は印象的な例示に近いものであるが、トルコにおける社会変容と団体の形成を体系的に検討した

図3-2　ブラジルにおける利益団体数の推移

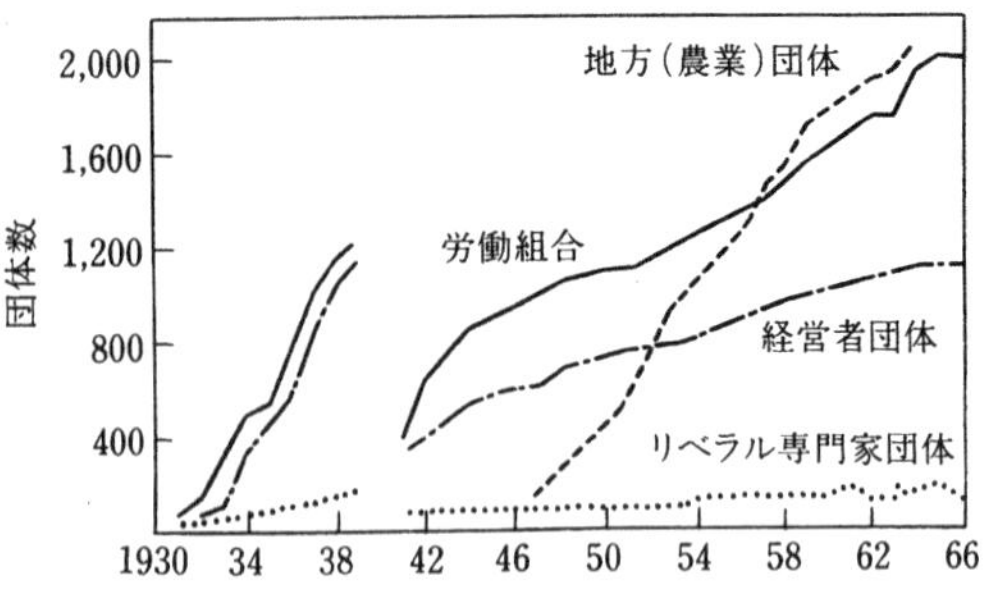

（出所）　Schmitter, 1971, p. 152.
（原資料）　Brasil, IBGE, *Anuário Estatístico—1937/38-67*.

ものにバイアンキ（1984）の研究がある。彼によれば、工業化や都市化、コミュニケーションメディアの発展と共に地域団体や階級団体の結成が進んだのである。トルコの各州における団体組織化の程度とさまざまな社会要因との相関関係の検討も興味深い。工業化と団体組織度の相関係数は戦後一貫して〇・五以上であり相当高い。マスメディアの発展や文盲率との相関係数はさらに高い。都市化に関しては徐々に相関が低くなる傾向にある。後に検討するように日本の各県別の一万人当たり団体数と各県の第二次産業比率との相関も一九五〇年代においては正の値（〇・三四）を示していた。このように、地域別にみた相関分析においても、工業化と団体の形成との間には相関関係があることが窺われるのである。以上は団体を総体として見た場合であるが、各分類、類型ごとに見れば多様な形成の様子が浮かび上がってくる。

2　対抗組織化による連鎖反応

ある集団の組織化がそれと対抗する集団の組織化を促すという対抗組織化を検討してみよう。まずブラジルの団体形成の図を振り返ってみよう。ここには四種類の団体のグラフが示されている。労働組合、経営者団体、リベラル専門家団体、地方団体である。このうち労働組合と経営者団体の組織化は戦前においては驚くほど平行した関係、戦後においても相当程度平行した関係を保っている。地方団体が戦後急速に結成されたのも労働と経営という二つの組織化に対抗するために、農村での組織化が進んだ結果である。労働組合の組織化が経営、農業等の部門の対抗組織化を引き起こしたことは、ヨーロッパの諸国でも一般に観察されている。

トルコの分析においてもまず労働組合や公務員の団体が戦後直ぐに急速に形成され、続いて経営者の団体が急増し、また最近では再び労働組合や公務員の団体が増加するという対抗組織化のサイクルが発見されている。

日本においても県別分析において、第二次産業比率や第三次産業比率と正の関係にあった一万人当たりの団体数が高度経済成長期を経るなかで関係が逆転し、八〇年代初頭においては第一次産業と正の関係（〇・四四）になり、第二次産業とは負の関係（▲〇・四四）にあるという状況がある。このことは経営者団体や労働組合などの、都市を中心とする組織化が先行したために、それに対抗するかたちで地方や農村での組織化が高度成長期以降に行われたということを示している（終章参照）。

一九二〇年代から三〇年代にかけての労働組合や市民団体の組織化の噴出や、一九六〇年代後半から七〇年代にかけての消費者団体や市民団体の組織化の噴出も、それ以前の工業団体の組織化に対する対抗的組織化の例としてあげることができるかもしれない。

最後に、アメリカにおける全国的な組織の結成をみてみよう（図3－3）。一九〇〇年前後に労働組

図3-3　アメリカにおける全国的利益団体の形成

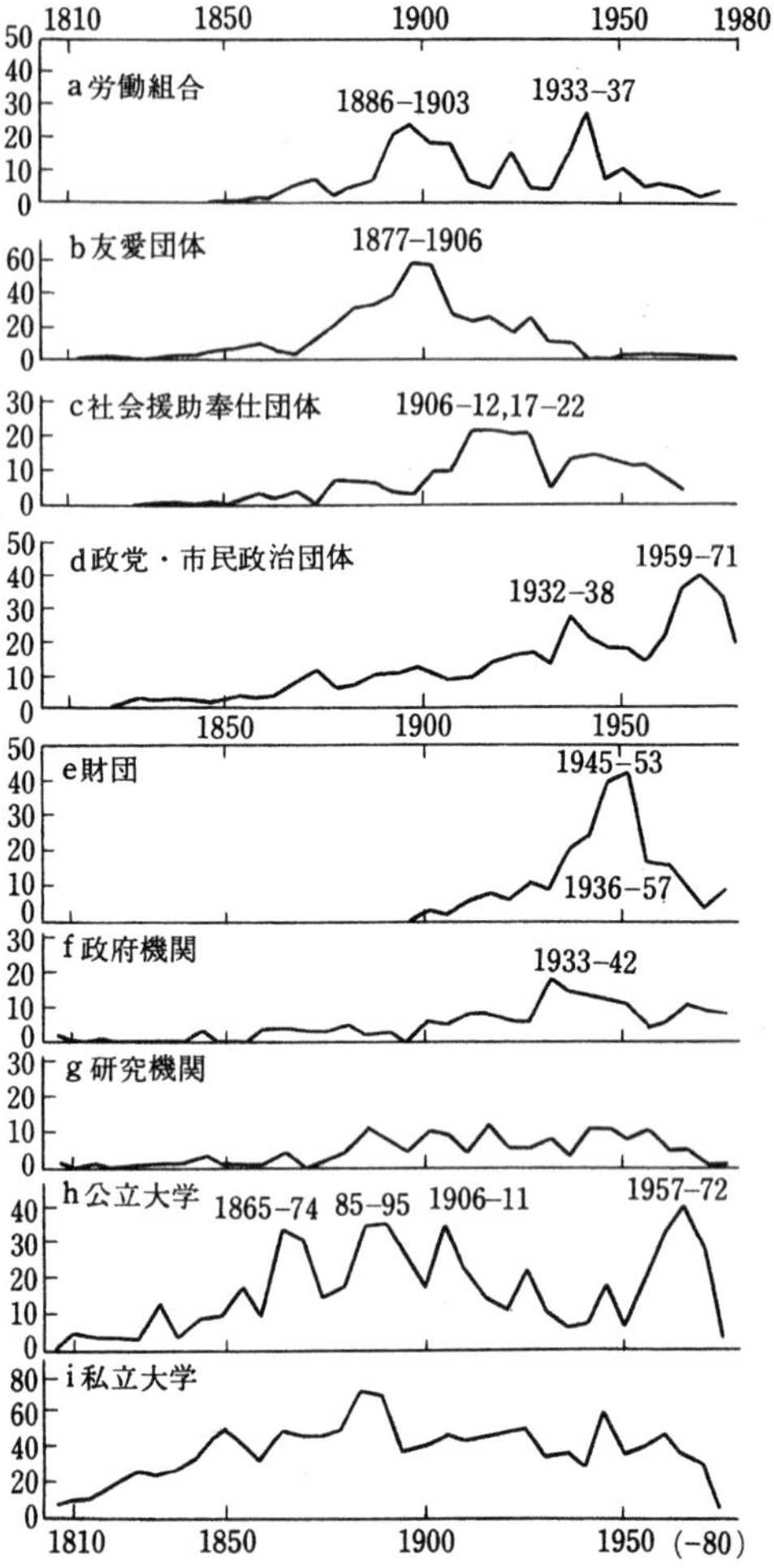

（資料）　*The Greenwood Encyclopedia of American Institutions.*

合が多数結成され、それに少し遅れて社会援助奉仕団体が多数結成されている。これはしばしばアメリカの論者達によって大規模なトラストの結成に対する対抗的組織化の例として引かれるものである。

3　他のマクロ社会的要因

それ以外にもさまざまな環境的・社会的要因が考えられるが、図3-3からは一九世紀後半から二〇世紀初頭にかけての猛烈な移民の増大が同じ時期に多数の友愛団体を生み出したことをみてとれる。第五章で詳しく検討することであるが、一九四〇年代後半以降のアメリカの団体（財団や市民団体）の噴出は、その時期のアメリカが国際政治のセンターとしての機能を担いはじめたことや、世界で最初にいわゆる「豊かな社会」に突入したこと、そして「工業化以後」という新しい社会へと移行しつつあったことなどと関係するのである。

二　ミクロな要因と利益団体形成

ミクロな要因の団体形成に与えたインパクトを知るためには、団体に対するサーベイを行うか事例研究を行わなければならない。ここではそうした研究はまだ数少ないことから、主として国家の行動すなわち団体形成に正の影響を与える法律、補助金、制度などの整備や、逆に抑圧の方向で影響を与える同様の行動についてみておきたい。

ただし例外的なサーベイとして前述のジャック・ウォーカーの研究（1983）がある。彼の研究は利益団体を職業的団体と市民的団体とに分け、また前者を営利的団体、混合団体、非営利的団体に分けて分析するというものである。彼の研究によればどの類型においても、戦後形成された団体ほど政府や財団の寄付に依拠する比率が高まっている。営利性の低い団体ほど他からの資金援助に依拠する比率は高いのであるが、とりわけ非営利的職業団体が国家からの補助金に依拠する比率は高い。こうした、国家から資金を受けているかどうかという関係は、そうした団体の国家の介入に対する態度の違いになって現れている。予想どおり、資金援助を受けている団体ほど、より一層の介入を望む比率は高いのである。八〇年の日本の団体調査では二一％の団体が公的補助金を得、専門、教育、農業、福祉団体で四割を越えている。社会活動団体調査（経企庁、一九八五）では、「行政からの呼びかけ」で設立されたものが三八％、活動資金で補助金等を受けるものは四九％、平均依存率は三五％と記録されている。

続いて、体系的な分析ではないが、歴史的な検討を行っておくことにしよう。国家の制定した法律、裁判所の行った判決、政府のさまざまな政策・制度の変更などが団体の形成に与える影響は極めて大きい。国家が「結社の自由」に対してどのような態度をとるか、労働組合法や協同組合法といった法律をどの時点でどのような内容で制定するか、さらに消費者団体やさまざまな社会的ボランタリー団体などにどの程度どのような形で補助金を出すか、などが決定的な重要性をもつであろう。先の図3－3において、一九三〇年代中葉に労働組合結成の第二のピークが存在するのは、ニューディール政策下においてワーグナー法などの産業別労働組合の結成を奨励する法制度が整備されたためである。

戦前の日本において、労働組合やさまざまな市民団体が工業化に平行した形で充分発展しなかったのは、政府のさまざまな抑圧的治安立法のゆえであることは自明である。また逆に戦後の一九四六年から四八、九年にかけての爆発的ともいえる労働組合の結成は、一九四七年の労働組合法の成立、及び占領軍の指導に基づいてなされた日本政府の労働組合に好意的な政策のゆえであることはいうまでもない。

一九五〇年代後半以降、数多くの業界団体が形成されたのは、通産省を中心する経済官庁が日本の産業強化と、自由化に対抗するために行った行政指導の帰結でもあることは多くの論者が指摘している。

任意団体として発足した業界団体は、一年から数年後に社団法人化するのである（建設省、一九八六）。

中小企業や協同組合の結成組織化が法制に決定的な契機を置いていることも言うまでもない。戦前の工業組合法（一九二五年）や工業組合中央会法（一九三二年）、さらに戦後では中小企業団体法（一九五七年）、環境衛生組合法（一九五七年）、商店街振興会法（一九六二年）などの法律による組織化を待って初めて中小企業という大集団は組織化することができたのである（由井、一九六四）。

先に述べた六〇年代中葉以降の消費者団体の爆発的増加も単なる対抗的組織化というだけではなく、消費者団体を顧客とする経済企画庁、各地方自治体の消費者担当部局、とりわけ革新自治体の各部局がそのような団体の育成に努めたことはよく知られた事実である。業界団体から市民団体まで、ありとあらゆる利益団体は、多様な内容のものを含んでいるとはいえ、ほとんど全てが官庁のクライエント組織であるという点で共通している。

オルソンの言う小集団の有利さに関しては実証的なデータを示すことは難しいが、政府の産業政策に各分野で強い力を発揮する業界団体が実はその規模が極めて小さい（三―三〇程度の企業で構成、例えば板硝子協会（三）、証券団体協議会（五）、電機事業連合会（九）など）ということも、一つの証拠であろう。

三　日本の利益団体の形成

次に日本の利益団体の形成過程を記述し分析することによってそこでの形成パターンを抽出してみる

ことにしよう。筆者の仮説によれば、これまでに四回の団体噴出期が存在した。即ち一九二〇年代から三〇年代、敗戦直後、五〇年代後半から六〇年代、そして七〇年代後半から八〇年代である。はじめの三つの波は工業化過程への対応という意味で共通の性格をもっている。他の先進諸国ではスイスで見たような一つのゆるやかな波となって現れたようである。これがいくつかの波に分断されたところに日本の団体形成の一つの特殊性が存在するであろう。国家もしくは政治の領域から団体形成を抑圧する力が戦前期（三〇年代）において働き、その結果として押さえつけられた形成エネルギーが戦後すぐに噴出したのである。こうした、いわば利益団体の多難な歴史は他の先進諸国と比べて特定の偏りのある利益団体配置を作り出すことになったであろう。すなわち極めて自然に発達し整った利益団体の部門と、そうでない部門が存在するのである。

このような筆者の仮説は日本の利益団体形成に関する、各団体分類ごとのパターンの抽出によってある程度は裏付けられるであろう（詳細は、辻中、一九八六c、村松他、一九八六参照）。

1　戦前期日本の利益団体の形成

戦前期における日本の利益団体の形成過程は、一方での自生的利益団体の着実な組織化と、遅れて噴出した団体の未成熟さ、さらにそれに対する抑圧、そしてそうしたエネルギーを吸収する形で現れた上からの団体分野の再編成とみることができるであろう。

政党政治の動向と団体状況の関係を分析すれば、一九二〇年代から三〇年代にかけて日本の利益団体の噴出があったこと、さらにそれが抑圧されたこと、こうした過程全体は政党政治の動向と密接な関係があることが示唆される（辻中、一九八六c、六五—七〇頁）。

衆議院の政党会派出身の閣僚の比率からみれば、大隈政権以後次第に政党の力が内閣に浸透し、大正期の原内閣さらに加藤高明内閣以降、政党政治期と呼ばれる時期が出現した。そして斎藤内閣以降、阿部内閣までは、軍部の影響力が政権に浸透し政党の力は次第に衰えてゆく、いわゆる中間内閣の時期である。それ以後は政党そのものが、活動を休止する。また衆議院において受理された請願の数の推移（渡辺、一九八〇）からみても、一九一〇年頃から二〇年代前半、三〇年代中葉と盛り上がりが見られ、政党、利益団体という議会制的利益表出のパイプの作動の発展を見出すことができる。

政党政治の定着が利益団体の形成と活動を可能にしたのであり、その終焉は利益団体状況の変質をもたらした。図3-4をみればわかるように、抑圧され表出していったのは労働組合（市民運動団体も同傾向）である。というのは一九二九年、三五年、四一年にそれぞれ調べられた団体の設立年のグラフにおいて、労働以外の団体からなるグラフは同じ形のグラフとなり、連続性が保たれるのに対して、労働組合を含むグラフは、四一年には労組が姿を消すことからその形状が著しく異なるからである。

次に戦前期における団体分類ごとの団体形成パターンの違いについてみてみることにしよう（図3-5）。そこには三つの資料に基づくグラフが示してある。それぞれ設立各時期において各分類の団体が占める比率を示したグラフである。Aは一九四三年のデータを、Bは一九二五年のデータをもとにしている。A、B共に全国的な団体の形成パターンを示している。Cは戦後に編まれた『北九州地方社会労働史年表』から団体の設立年に関する項目を抜き出しまとめたグラフである。A、BとCの間には全国

図 3-4　戦前期の団体形成と抑圧

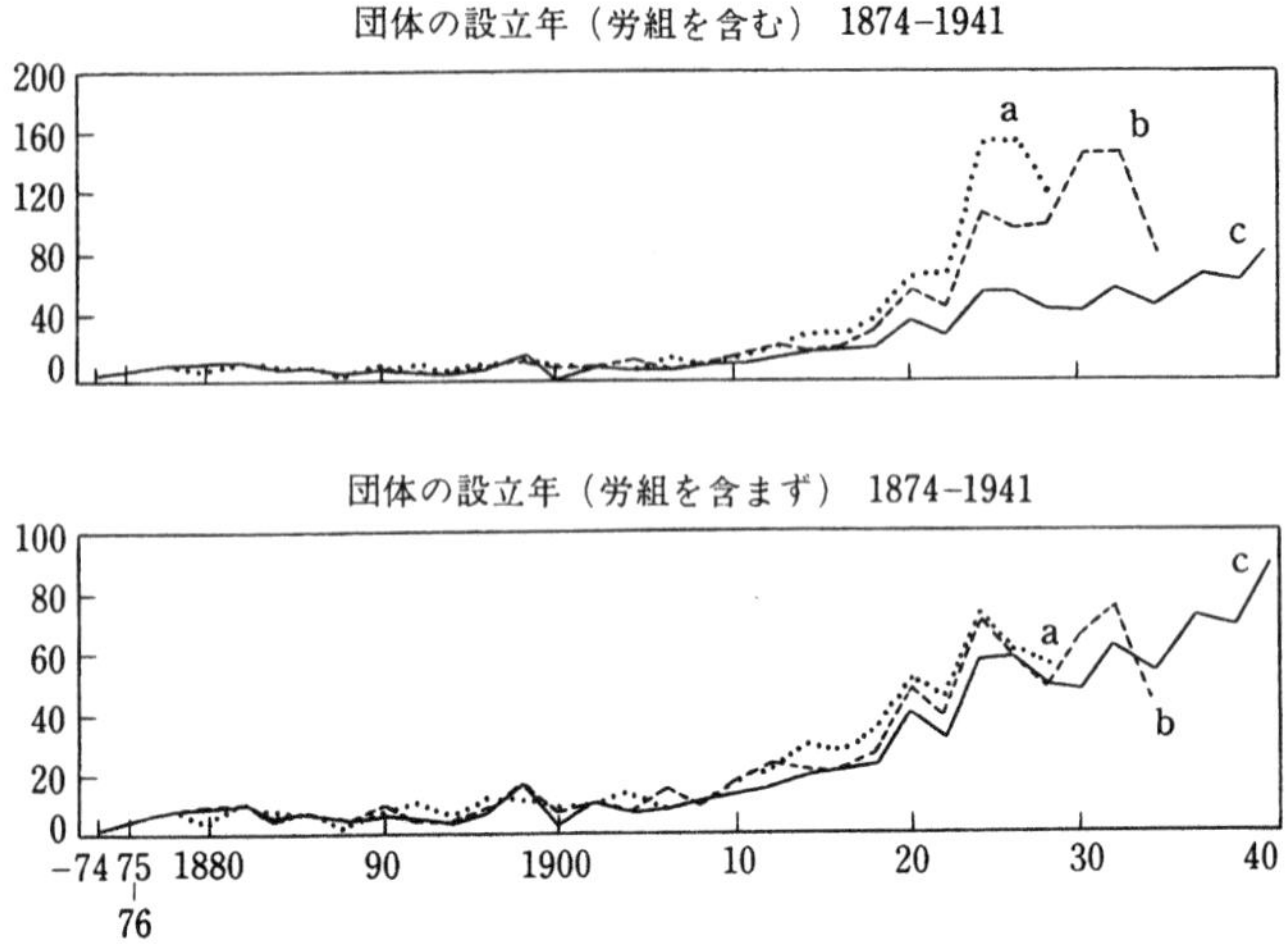

（資料）　a：『時事年鑑』昭和5年版（1929年調）.
b：『時事年鑑』昭和11年版（1935年調）.
c：『同盟時事年鑑』昭和17年版（1941年調）.

と一地方という違いだけではなく、時期区分の違いも存在する。Aにおいて労働運動や思想団体の一部が消失し存在しないことを除いて、この三つのグラフは驚くほど共通のパターンを示している。即ち日本の団体形成は大正期以降にかなりの団体噴出期があったこと、そして団体分類的にいえばまず社交団体や職業団体、学術文化団体、農業団体の一部などエリートを構成員とする団体（実質的には経済団体）を中心に形成が始まり、さらに交通通信や社会事業の団体、行政関連団体などの形成が続く。そして経済産業団体や労働組合、市民消費者団体など多様な団体が花開く時期があり、その後対外団体、中小企業団体の組織化がすすみ、最後になって文芸・美術・芸能などの団体まで組織化の手が及ぶとともに、今までの団体が統制会や翼賛会系の動員団体

図 3-5　団体の形成パターン（日本，戦前期）
設立各時期において各分類のしめる比率

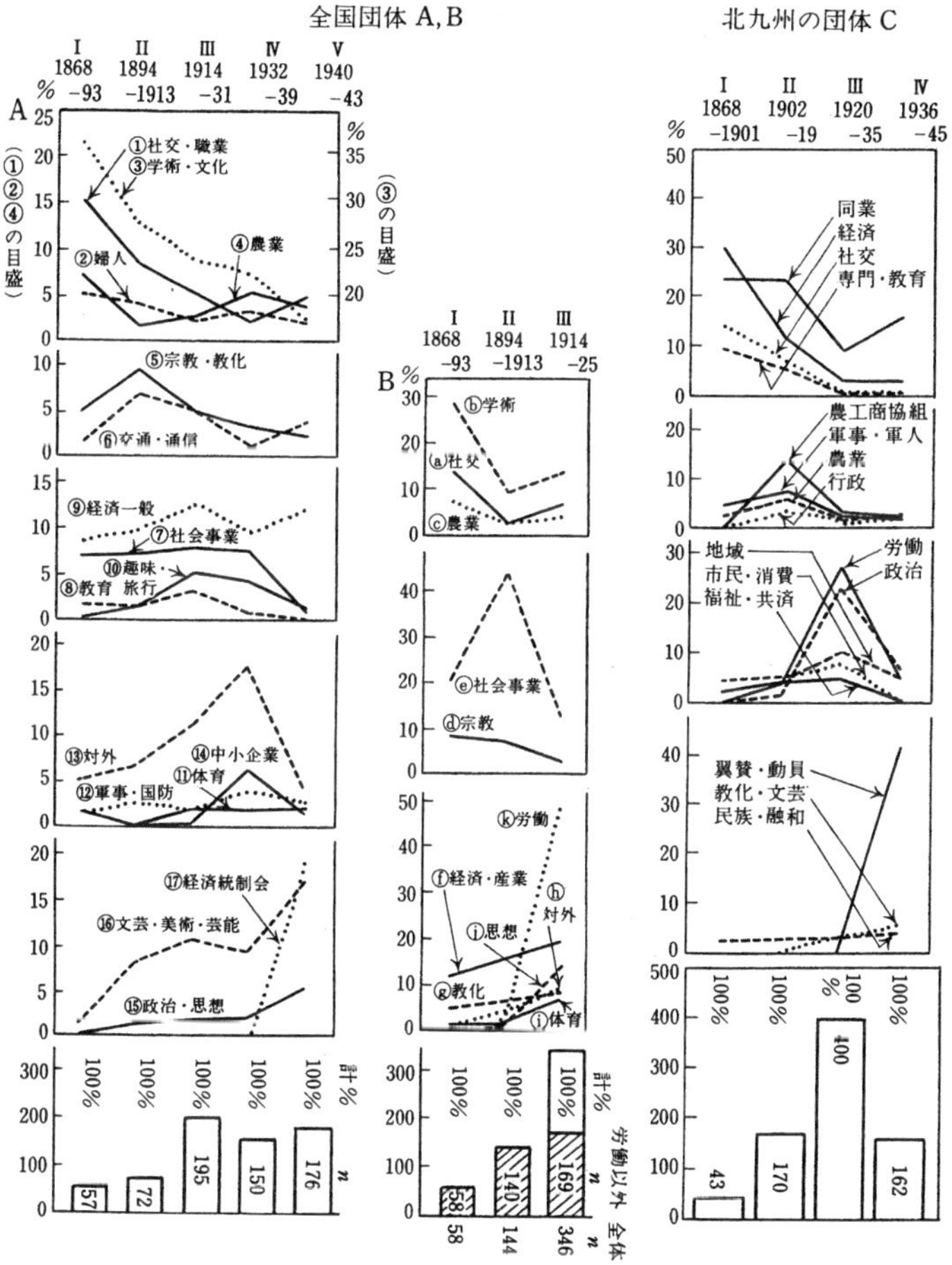

（資料）　A：『同盟時事年鑑』昭和19年10月調査.
B：『毎日年鑑』大正15年版（1925年7月調査).
C：古賀良一編『北九州地方社会労働史年表』.

へと衣替えされてゆくのである。我々が行った分類でいえば、セクター団体から政策受益・行政関連団体へ、さらに価値推進団体へという流れがあり、最後に統制・動員団体への再編成が行われたのである。

他のさまざまな記述的資料を踏まえて考えれば、日本の団体形成は、労働と市民団体以外の分野では、他の先進諸国とほぼ同様の着実な展開をみせていたと推定することができる。そして、一九三〇年代に日本の政党政治が変質し利益集団状況が再編成される以前に日本の社会過程に根づいていた団体と、そうでなく二〇年代に急造された団体との間には、決定的な違いが生じることになった。戦前期において日本の利益団体は二つの層を形成することになった。

2　戦前と戦後の連続と断絶

敗戦後、占領、新憲法制定に伴う体制変動が生じ、政党政治は憲法的に完全に定着し、その下において利益団体もほぼ完璧な自由を保障された。翼賛体制から新憲法体制への急激な自由化によって日本はまさに団体の噴出を経験し団体の時代を迎えた。同じく団体という言葉で表現するにしても、簡単にいえば戦前期の団体は社会過程において集団の利益を防御し確保することに力点がおかれた。経営に対抗する労働組合、地主に対する農民運動、過当競争に対するカルテル組織（業界団体、中小企業団体）などがそうである。財界の一部や専門家団体の一部は政策過程にも参入したが、その地位は不安定であった。それに対して戦後は正統性が議会に移り、官僚制の力が相対的に低下するとともに財政構造も本格的な変革を遂げた。財政投融資の発達拡大や各種補助金の増大である。利益団体は積極的に政治過程に進出し政党や官僚制に働きかけ「分け前」を奪い取る土俵が設定されたのである。戦後多数設けられた各種の審議会も、利益団体に政策過程への参与の道を開いた（辻中、一九八六ｃ）。

戦前と戦後の利益団体の設立における連続関係を調べてみよう。全事業所、即ち企業組織においては一九五七年（三二・九％）および八一年（九・九％）のいずれの調査においてもかなりの比率が戦前の設立を報告しているのに対し、団体のレベルでは五七年調査で一四・五％、八一年ではわずか三・〇％しか戦前設立の団体は存在しない。これは一九三〇年以降戦争期にかけて、日本の利益団体の大部分が再編成されたため、戦後憲法体制の変革によって解散、再出発する必要があったためである。既に述べたように戦前期に基礎を確立していた団体は戦後ただちに再設立し活動を開始する。それに対し充分な基礎（とりわけ頂上団体における経験）を持たない団体セクターでは再設立が遅れ、また分裂が生じ易かった。

以上の仮説は一九八〇年の団体調査での設立時点分析においても裏付けられている（辻中、一九八六ｃ、九〇―九四頁）。戦前に基礎の確立されていた経済団体や農業、行政、専門家などの団体は戦後すぐの時期に相当数の再設立を行ったのに対し、中小企業団体や労働団体、福祉、市民団体などはそのようなパターンはみられない。戦後の設立時期において各分類の占める比率を検討すれば、行政関係団体や専門家団体、農業団体、教育団体などのように早い時期に設立を終えその後設立がないグループと、同じように早い時期に設立が始まり、その後も設立が続く大企業団体、六〇年代前後に集中的に設立される中小企業団体、分散的に団体設立が続く労働団体、そして六〇年代後半以降に団体の設立が集中する福祉、市民政治団体、というように戦前の分類パターンと同じではないが、かなり特徴的な設立パター

図3-6　全国的団体の分類別設立時期と他の変数の比較（%）

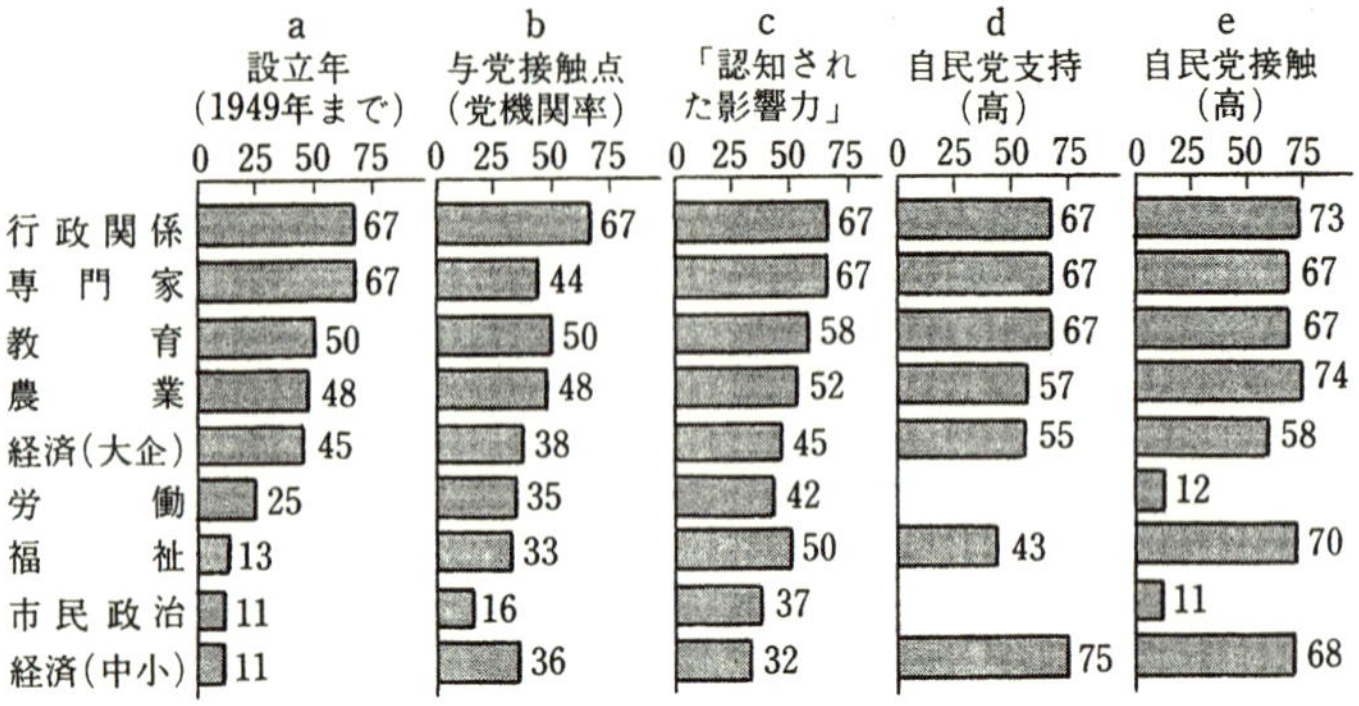

（注）　bの党機関率とは，与党接触点の第1位に「総裁」「三役」「政調部会役員」をあげた割合.
（資料）　団体調査 Q1，Q28，Q45，Q23，Q25．詳細は，村松・伊藤・辻中，1986，ch. 2.

ンが戦後においてもみられる。

　戦前と戦後の団体状況の間には団体を包む環境における決定的な違い、また団体数やその多様性における違いが存在するとともに、戦前期における先発組と後発組という二層性がはっきりと歴史の痕跡として残っているのである。このことは各団体分類ごとに設立年の古いものの比率と、他の変数との関係を示した図3－6によっても明らかであろう。この図は一方で設立年の古い団体の多い分類ごとに与党との接触点において自民党内の機関を示した比率、また各団体関係者が示した自らの団体の影響力の評価、自民党への支持や接触の程度が高い団体の比率を順に並べたものである。古い団体比率が高い団体ほどさまざまな変数における比率も高いという傾向がみてとれる。

　しかしもう少し微細にみれば、設立に関しては大企業以上の古い分類とその他の新しい分類のコントラストが明白なのに、党機関率や影響力ではそれがやや崩れ、自民党との関係では労働と市民政治以外ではほぼ同じという形になっている。これは、後の章で検討する自民党と利益団体の関係が戦前の歴史的痕跡に対して一定の変化要因となったことを示している。

3　設立年の規定力

既に触れたように設立年の古い団体の多い分類と新しい団体の多い分類の間には一定の違いが見出された。ここではもう少し一般的に団体の設立年、即ち組織年齢と団体のリソースや行動様式との間にどのような関係が存在するかについて分析を加えておきたい（詳細は辻中、一九八四b）。

まず、設立時期と団体のリソース、即ち会員数や職員数、財政規模との関係を見てみよう。八〇年の団体調査によれば、団体の職員数と設立時期については、全団体、大企業団体のどちらにおいてもきれいな連関が見出される。古い時期に設立されたものほど多数の職員を有する傾向がある。一九四五年以前に設立された団体は、七割以上が二五人以上の職員を擁しているのに対し、五六年以降に設立された団体においては二分の一以上が一〇人以下、若しくは職員なし、となっている。団体の財政規模と設立年の間にもほぼ同じような関係が見出される。三億円以上の比較的財政規模の大きい団体は、一九四五年以前では六割以上を占めるのに対し、五六年以降では半分以上がそれ以下である。団体事務所の規模についても、ビルのワンフロアー以上の規模を有する団体の割合は、四五年以前では八割近く占めるのに対して、六六年以降では三割程度となっている。このように、設立時期と組織力の間には一定の連関を推定できる。とりわけ、一九四五年以前と以後、一九五五年以前と以後の間にやや大きな開きが見られる。

表3-1　「行政からの協議もちかけ」と「設立年」の連関

	「協議もちかけ」								
	(全団体)					(経済・大企業)			
設立年	高	中	低	NA	*N*	高	中	低	*N*
-1945	14	4	5	—	23	5	—	—	5
	60.9	17.4	21.7		100.0	100.0			100.0
46-50	39	23	8	1	71	9	6	2	17
	54.9	32.4	11.3	1.4	100.0	52.9	35.3	11.8	100.0
51-55	24	18	9	1	52	4	4	—	8
	46.2	34.6	17.3	1.9	100.0	50.0	50.0		100.0
56-65	25	20	36	—	71	8	1	4	13
	35.2	28.2	50.7		100.0	61.5	7.7	30.8	100.0
66-	10	12	13	—	35	4	2	2	8
	28.6	34.3	37.1		100.0	50.0	25.0	25.0	100.0
計	112	77	61	2	252	30	13	8	51
	44.4	30.6	24.2	0.8	100.0	58.8	25.5	15.7	100.0

(資料)　団体調査 Q20，Q1．上段は数，下段は%．

同じ調査に基づき、設立時期と自民党や行政機関との関係の違いを見てみよう。自民党との接触頻度においてかなり以上と答えた団体の割合は、一九四五年以前で七割存在するのに対し、六六年以降では四割未満となっている。また、大臣との接触頻度に関してもかなり以上と答えた団体は、四五年以前で三五％あるのに対し、五六年以降では一八％、六六年以降では六％となっている。

また行政機関との関係においても、団体の中に行政機関出身の役職員がいると答えた団体の比率は、四五年以前で六五％存在するのに対し、六六年以降では三四％に過ぎない。最もきれいな連関関係が出ているのは行政からの協議もちかけの頻度を聞いた設問と設立年との間のクロス表である（表3-1）。「行政からの協議もちかけ」頻度がかなり以上の比率を示す団体の割合は、四五年以前で六割、五五年以前で五割程度存在するのに対し、五六年以降では三割程度に減少している。

以上の結果には無論、既に触れたような団体分類ごとにおける古い団体の占める比率の違いが大きな影響を与えている。即ち、古い団体の多い行政や専門家、経済団体などの持つ性質と、新しい団体の市民、消費者団体、福祉団体の持つ性質が先の数値に反映していると見ることができよう。とはいえ、一九四五年と一九五五年を画期として、それ以前と以後とで団体一般においてリソースや自民、行政機関との関係に違いが見られたことは示唆的である。戦前にしっかりと社会過程に根を降ろしていたかどうか、また、戦後の政治構造が明確に定礎される五五年以前に社会過程にしっかりと根を降ろしていたかどうかが、団体の力や行動を考える上で大きなポイントとなるということを示すからである。

第四章　利益集団政治の時期区分と「新しい団体」の噴出

この章では前章の形成パターンの分析を受けて、日本の利益集団状況、集団政治の時期区分を最初に行い、続いて一九七五年以降、社会の構造転換の中で生じている日本の団体状況の新しい変化、即ち新しい団体の噴出を分析する。

一　日本の利益集団政治の時期区分

集団状況を団体に焦点をあてて分析する場合、大きく二つの方法が区分できる。一つは全国的で著名な団体に着目し、分析する方法である。前章で主として用いた戦前の年鑑所収の団体設立年の分析や八〇年に行った団体調査に基づく分析はこの方法に基づく。いわば、圧力団体の分析に近い。もうひとつの方法はかなり小さな団体まで含んだ網羅的な統計データのなかに利益団体に対応する項目を見つけだし、その動向を探るという方法である。既に触れた事業所統計や国勢調査のなかにも「政治・経済・文化団体」や「非営利的団体」に関する項目があるからそれを中心に分析することができる。

本章では、前章の分析に末端の団体の動向を示す統計的データも加えて集団政治の時期区分を行ってみることにしたい。

筆者は先に戦前の集団政治を五ないし四つの時期に分けて団体分類ごとの設立パターンを把握した（戦後については、辻中、一九八四b、二五〇―七三頁）。ここでは、もう少しマクロに検討してみることにしよう。

まず、国勢調査から得られたデータを見てみよう。図4―1は、政治・経済・文化団体従事者数（a）、それに協同組合等従事者数を足したもの（b）、さらにそれに研究所等の従事者数を足したもの（c）の全従事者に対する比率を一九二〇年から八五年まで示したものである。但し、戦前から一九四七年までの国勢調査においては、先の三つの分類は必ずしも明確に区分されていないし、また他の項目との関係もあいまいな点が残っているので厳密な連続性は得られない。おそらく四七年以前のグラフの軌跡は五〇年以降の（c）のグラフの軌跡と連続するものであると推定できる。

図4-1　「団体」従事者数の比率の推移，1920-85

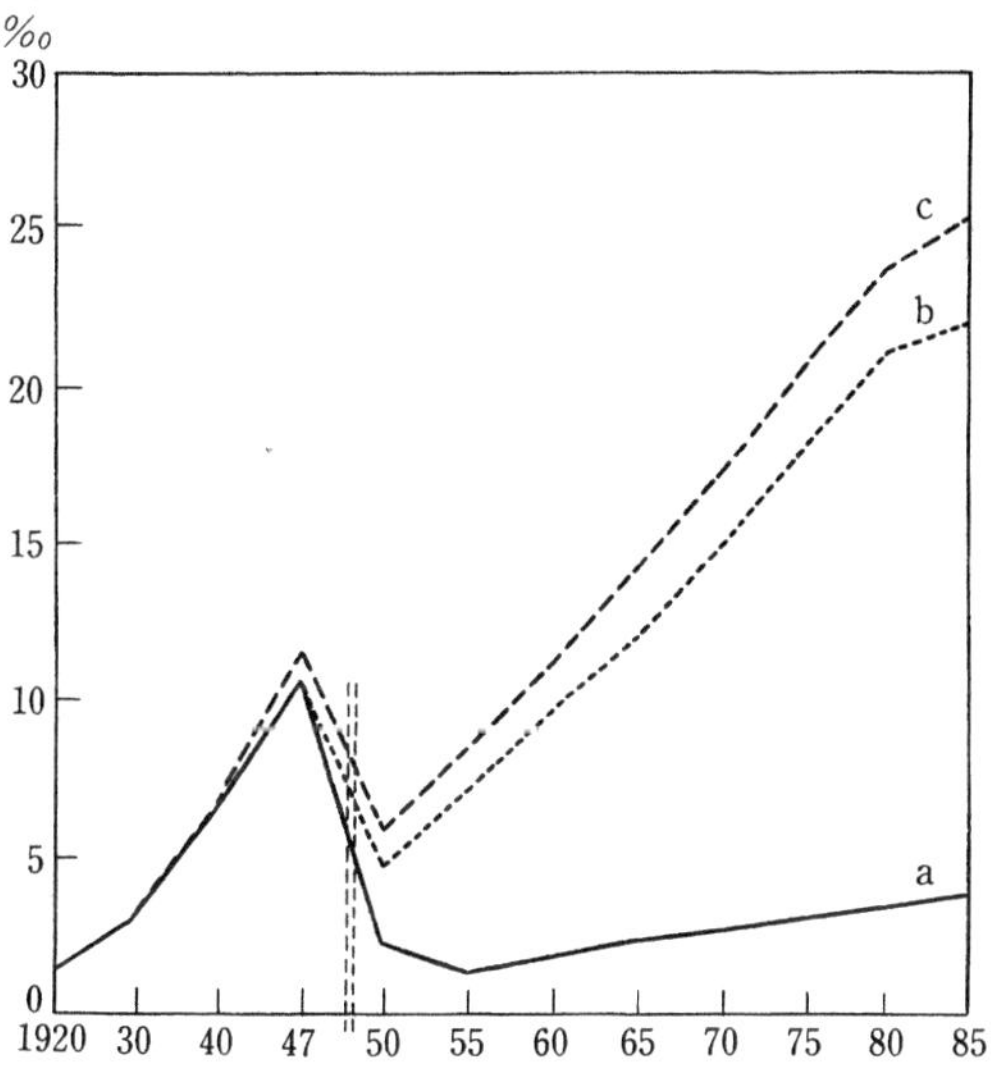

（資料）　国勢調査.

このグラフからは少なくとも戦前期、二

○年代から四○年代前半において戦後を上回る猛烈な勢いで広い意味での団体従事者の数が増えていたことが窺われるのである。四七年の値は戦後の値というよりも戦前の遺産を示す値と考えた方が合理的であろう。

次に事業所統計の示す値に目をむけよう（前掲表1－1）。この統計は戦後始められたものであるので、戦前との関係を見ることはできない。戦後に関しては一九五七年、六六年、七五年をそれぞれ契機として団体状況に変化が生じたように思われる。団体の事業所数に注目すれば停滞、増加、停滞、増加というサイクルがみられる。これは全事業所に対する比率を見る時、より一層明らかになる。五一年には事業所千当たり三・一五であった団体数は、五七年には二・三八と減少し、次いで六六年の四・○○まで上昇、再び七五年の三・七三まで停滞し、八六年では五・○七と急速な上昇を続けている。団体従事者の比率においても同じような傾向が窺われる。

団体事業所の年平均増加率からも同じ傾向が読み取れる。五七年まではマイナスであり、六○年から六六年までは五―一○％の成長、七五年までは再び五％以下の停滞、七五年以降は五％以上の成長というような具合である。

前章の形成過程でのパターン抽出に際しての時期区分をも考え合わせて集団政治の時代区分を行ってみよう（辻中、一九八六c、村松他、一九八六参照）。

二　戦前期

第一期　萌芽期（一九二〇年頃まで）　第一次大戦が終わる頃までの時期を細かく分けることも可能だが、存在する（近代的）団体自体が基本的に少なく、またその種類からみても一部のエリートを中心とする団体か、政府の政策的意図を代弁する団体が多いから、一まとめにしておこう。とはいえ日本の団体の形成は意外に早く、また継続性も強いようだ。例えば帝国学士院（一八七八年）、帝国教育会（八三年）、交詢社（八〇年）、東京弁護士会（九三年）、大日本農会（八一年）、紡績連合会（八二年）、大日本仏教会（一九一二年）、造船協会（一八九七年）、帝国鉄道協会（一八九八年）、日本キリスト教連合会（一九〇七年）などが次々生まれている。社交団体や一部の社会事業団体、学術文化団体、そしてかなりの数の同業組合（伝統産業）や経済団体が第一次大戦が終了する以前に誕生していた。一九一七年に日本工業倶楽部という日本で初めての本格的な財界団体が設立されたことは記憶されておいてよい。ペンペル・恒川の研究（一九八四）によれば、全国農事会（一八九五年）や商法会議所（東京、大阪ともに一八七八年）は、それぞれ地主や商人、企業家の自発的な利益団体として発生したが、政府はこうした団体と政党との結合を恐れて直ちに農会法（一八九九年）、商業会議所条例（一八九〇年）という法や補助金の網をかぶせた。同様の国家への「組み込み」政策は商業組合法、重要物産同業組合法（一九〇〇年）にも見られるとしている。また問宏（一九八一、四五頁）は、政府側の要因だけでなくこの時期には団体の側でも、組織内部の統制力が弱いことから、政府に依存して内部統制強化を試み、進んで自立性を放棄したものも多いと指摘している。

第二期　団体の離陸期（一九二〇年頃—一九三一年まで）　第一次世界大戦の終了から一九三〇年代の中葉

まで日本は初めて団体の噴出を経験することになる。図4－1が示すようにこの時期から四〇年代の戦争期まで日本の団体従事者の数は飛躍的に増大している。しかし団体従事者は急増したとはいえ一九三一年と三八年の二つの時点を境にして集団政治状況は変質している。それゆえ三一年までを第一の団体噴出期もしくは離陸期と呼ぶことにしよう。この時期には日本経営者連盟の前身である日本経済連盟会（一九二二年）や日本商工会議所（二八年）などの主要な経済総合団体と共に、業界団体、教育団体、趣味・旅行などの団体、体育団体など多様な団体が数多く噴出している。この時期に特徴的なのは製鋼労働組合（二六年）、日本交通労働総連盟（二四年）、全国水平社連盟（二二年）などの労働組合、社会運動団体なども同じく爆発的な増加を見せたということである。高橋亀吉の資料集（一九三二）はこの時期に商工会議所や農業団体、労働・農民組合などが数多くの建議や決議を提出したことを裏付けている。「未完の団体噴出期」と呼んでもよい時期である。

第三期　団体の発展と抑圧変質期　一九三一年から三八年にかけての時期は政党の力が次第に衰えると共に、軍部の力が台頭していった時期である。一九二五年に成立した治安維持法は労働組合や社会運動を抑圧し弾圧する方向で働きはじめる。この時期には労働組合などの第二期に設立された団体のかなりのものが抑圧され変質すると共に、他方で第二期同様に数多くの団体が結成されている。特徴的なのはまず化学工業や鉄鋼業、機械業などの近代産業の業界団体が一斉に結成されはじめたことである。一九三〇年から三六年の間に、年平均一七の業界団体が誕生した。戦前期に誕生した業界団体の過半数を超える一一九の団体がこのわずか七年の間に結成されたのである（Kikkawa, 1988, table 3）。業界団体以外でも国家が上から組織化に力を入れた工業組合（同法二五年、三一年）や商業組合（同法三二年）の結成が相次ぎ、工業組合中央会（三三年）、商業組合中央会（三八年）も結成されている。農業団体への国家コントロールは全国米穀販売購買組合連合会（三一年）や米穀統制法（三三年）によって急速に進んだ。対外関係の悪化や、国防政策への重点の移動に伴って日満中央協会（三二年）などの対外団体、国民体力振興会（三八年）や大日本傷病軍人会（三六年）などの軍人団体も数多く誕生している。

第四期　団体統合統制期　一九三八年に産業報国会が誕生し、一九四〇年には大政翼賛会が成立する。本格的な業種別団体の総合団体として四一年、重要産業協議会が誕生している。四一―四三年の間には二四の統制会が誕生し、四三年には工業・商業組合を傘下に納める。こうした団体はいずれも新しく生まれた団体というよりは、前の二つの時期に誕生した数多くの団体を再編成したものと考えることができる。三四年の農業団体法は産業組合と農会を一本化し農業会とする。前の期から進んできた国家コーポラティズム化は急拡大する。この時期には今まであまり組織化されてこなかった社会集団も全面的に組織されるようになった。例えば新日本漫画家協会（四二年）、大日本舞踏連盟（四〇年）などを挙げることができる。産業報国会という形での「労働」の組織化、統制会による産業の組織化、さらに全面的社会組織化が刻んだ跡は、戦後に持ち越されてゆく。

三　戦後期

第一期　戦後復興期（一九四五―五七年頃）　この時期の初め数年はこれまで経験したことのないような

利益団体の噴出期であった。そして後半はそうした多数の団体が整理統合されていく時期である。既に戦前と戦後の連続性で検討したように戦前から戦後に継続して存在する団体の割合は極めて少ない。しかし戦前の各時期において団体が設立・運営経験を持った意味は大きい。一九三一年以前、つまり国家の団体への本格的介入が強まり、政党政治が変質する以前に団体設立を終え、さらに頂上団体を持った団体の分類では、戦中期における国家統合にもかかわらず、戦後すぐにかつての（戦中期以前の）団体の復活が相次いだ。もう一点見逃しえないのは一九三〇年代以降、国家コーポラティズムのもとで労働組合の産業報国会への統合・変質なども含めて、これまでほとんど組織化されていなかった社会の分野が強制的に組織化されたことの影響である。その結果、図4-1が示すように一九三〇―四七年にかけて急速な団体従事者数の増加（全従事者に対する比率〇・一三から一・一六へ）がみられたのである。このことは、工業化に対応する団体形成は、自立性という点以外では、かなりの程度完成されていたことを意味する。

戦後の急速な団体の形成のうち、戦前の衣替えなどが大部分を占めるのは大企業や専門家団体、教育団体などの分野である。経済団体連合会（経団連）が一九四九年に発足した時点で九七の業種別団体を含んでいたが、一九八七年になってもその数は一一九団体に増えたに過ぎず、この分野では戦後すぐに、つまり実質的には戦前期に団体設立がすまされていたと考えられる。

戦前期に前身となる団体を持つものの、戦後新しく自立的な団体として法制度も整備され発足したものに農業協同組合（前身は産業組合）や各種の中小企業協同組合（前身は工業組合や商業組合等）がある。農協は一九四八年に農業協同組合法によって、中小企業協同組合は一九四九年に中小企業等協同組合法によってそれぞれ法的根拠を得ている。戦前期の前身団体に比べて民主性、自立性が強められている。全く新しく法的根拠を得たものとして労働組合がある。労働組合は戦前期においても何度か法認問題が生じたが、結局産業報国会という形で経営者団体と一体化した官制の団体としてしか容認されることはなかった。一九四七年の労働組合法によって法的根拠を得た労働組合は、戦前においては九九三組合、四二万人、推定組織率七・九％（戦後の尺度では四ないし五％）が最高であったのに対し、一九四六年には一万二〇〇六組合、三六八万人、推定組織率三九・五％、それが一九四九年には三万四六八八組合、六六六万人、推定組織率五五・八％まで猛烈な勢いで組織されたのである。この猛烈な組織化の力は占領軍や日本政府の政策、法的根拠といった環境的要因だけではなく、戦前、戦中期において既に相当程度団体の経験が積み重ねられていたという事実が重要であろう。

新しい団体や復活してきた団体がさまざまに入り乱れて、四〇年代後半は政治状況の混乱とともに団体状況も混乱していたように思われる。それが朝鮮戦争を契機として急速に日本の政治状況も固定化、安定化へむかう。それを促したのは団体状況の固定化、安定化であったと思われる。具体的には、中小企業団体連盟、ついで日本商工会議所をその傘下からはずし、日本産業協議会を解消した一九五二年の経団連再編。および一九五四年の農業委員会法改正、農業協同組合法改正。この両改正は農業団体の中央組織である農業会議所および農協中央会（全中）を生み出した。労働部門でもそれまでの産別会議対総同盟（いずれも一九四六年設立）という対抗の図式は、一九五〇年の日本労働組合総評議会の結成によって崩れ、続いてその中核部分を成す公共企業体等労働組合協議会（一九五三年）が誕生した。五〇年代の数年間は、国勢調査や事業所統計の数値からは、下位レベルの団体では猛烈な整理が進んだことが推定される。一九四七年の国勢調査や事業所統計もしくは以前の統計と一九五〇年代以降の統計との連続性が薄いので、確実なことはいえない。しかし団体数では約半減、団体従業者の数では三分の一以下になったと推定できる。このような整理を経て、五五年体制を利益集団レベルで支えた経団連対総評の対抗配置が形成された（日本現代史研究会、一九八八も参照）。

第二期　高度成長型工業化期　一九五〇年代後半から七〇年代前半までは日本経済の高度成長に伴って工業化型の団体が整備され発展していった時期である。工業化型団体の完成期である。

五七年から六六年までの事業所統計による団体の増加率は六％から一二％程度の高度成長であるが、とりわけ経済団体ではその増加率は高く、五七年から六〇年は一一・九％、六〇年から六三年は一三・四％の増加率を記録している。

まず特殊法人に注目してみよう。特殊法人はこれまで戦前を含めて一六一の法人が設立され七七が廃止されている。そのうち一九五五年から六七年の間に設立は集中し、この期間に九五の法人（全設立数の五九％）が設立され、廃止されたのはわずか七（全廃止数の九％）である。特殊法人の設立も通産省や運輸省などの経済官庁（原局）による経済政策への介入の一つの表れであるが、この時期には経済官庁の行政指導によって、貿易や資本の自由化に備え、産業基盤を強化する一つの手段として業界団体の整備と結束強化が行われた。それは厳密にではないがほぼ産業分類に沿った形で行われていった。日本の産業における上位八社の平均集中率は四八・三％であり、このことは一〇社程度の大企業が結束すれば当該産業（分類細目規模）の意向を左右できる業界団体を結成できるということを意味する。業界団体の結成の進展は通産、運輸、建設などの認可した社団法人の数の推移によっても知ることができる（綿貫、一九七九、広瀬、一九八一も参照）。

戦後の第一期において末端団体の法制が整った中小企業の団体でも一九五二年の経団連の再編以降、中央団体設立の必要が生じ、中小企業団体中央会（一九五七年）、環境衛生同業組合連合会（五七年）、商店街振興組合連合会（六二年）がそれぞれ特別法によって発足している。

こうした経済団体の着実な整備に対して、労働組合は疾風怒濤の中設立された総評が、朝鮮戦争後の混乱期に政治力の強い官公労系労組が主導権を握ったために、民間レベルでは必ずしも充分な対抗的組織化を完了できなかった。一つの組織的努力の現れは、一九五九年以降毎年おかれた春闘共闘会議（時限設置）である。総評に対抗する大企業労組を中心とする民間労働組合は一九六四年には日本労働組合総同盟（同盟）や金属労協を結成し新しい全国センターの設置へと運動を開始する。総評から離脱し設立された新組合はそれらに加盟していく。一九六七―七三年にかけて起こった第一次労戦統一運動は、工業化期の対応としては自然なものであった。この運動の挫折は、結局、労働界が工業化期に工業化型のセンターを持つことに失敗したことを意味した。

一九六六年から七五年にかけては、団体の増加率はマイナスを記録した期間もあるなど、停滞する。しかし他の資料によれば六〇年代の後半から若年層を中心とするさまざまな学生運動組織や市民団体、消費者団体など専従職員を持たない団体が噴出してきたことがわかる。消費者団体は、六〇年代までは毎年平均六九団体の設立から七〇年代には平均一八四の設立となる。ピークは七四年で二四六である（経企庁、一九八七）。これは経済団体、労働組合といった工業化団体への対抗的組織化とみることもできよう。六〇年代の中葉以降、さまざまな団体が噴出することによって、日本の利益集団政治は多元的になっていった。しかし経済団体の動向は完全に国家から自立的な団体形成や活動ではなく、国家との協調やその権威を利用しつつ自らの部門の弱さを対外的および対内的に克服するということにおかれていたようである。いわゆる日本株式会社論の根拠の一つである。その意味でこの時期は一方で業界団体や中小企業団体、農業などの部門で、社会的コーポラティズム化が進んだとみることもできるのである。

第三期　工業化以後（ソフト化型と国際関係型）——一九七五年以降　先の第二期の後半頃から新しい団体の動きが目につくようになってきた。そしてそれは一九七三年末の第一次石油ショックの影響、不況の到来や社会的構造調整の必要などをうけて次第に顕在化し、八〇年代に入って行財政改革が主たる政治的争点となることによって促進されていった。この時期は経済的には、不況期、低成長期、中成長期が交互に到来する不安定な時期である。団体の側面からみれば団体増加率は七％台から二％台へと次第に減少しているものの、サービス業や全産業の事業所もそれ以上に停滞していることから、全事業所に占める団体の割合は上昇していく。すなわち着実な第四の比重の増大期である。

そして重要なのはこの時期は前期とは異なる種類の団体の増加が目立つことである。高度成長期の誘導に使われた特殊法人は、この時期には三九が廃止され、設立はわずか一三である。社団法人の設立もやや停滞気味である。ではどのような新しい団体が登場しているのであろうか。前掲表１－１によれば、七二年から七五年、七八年から八一年にかけては学術文化団体が、七五年以降は「その他」と分類される非営利団体の増加が目立っている。また七八年から八一年にかけては政治団体の数の増加も著しい（三二％増）。しかし最も注目すべきなのは、法的には各種の財団法人の増加、内容的には情報型や国際関係型団体の増加であるようにおもわれる。財団の問題については次の節で、国際関係団体については第十一章で詳しく分析することにしたい。

この時期は戦前期から戦後の第二期まで続いてきた工業化に関連する団体の噴出という傾向が変わり、新しく工業化以降のソフト化社会、情報化社会といわれる新しい社会変容に対応した団体の噴出が生じているように思われる（辻中、一九八五ｃ）。それに対し、工業化型団体、工業化型対抗団体は厳しい環境に直面している。労組の組織率の低下傾向は七五年（三四％）から始まり、八六年には二八％へ落ち込んだ。消費者団体も七〇年代前半から設立数、職員数とも減少傾向が著しい（経企庁、一九八七）。医師会などの専門家団体や農協なども国際摩擦や行政改革などの打ち出す措置、転換などの対応に苦慮している。経済団体は、新団体と深く関わり合い適応しているものもあるが、本体の団体自身はさまざまな問題点を抱えている（例えば、経団連首脳の二次産業への著しい偏り）（第九章参照）。

四　日本における新しい団体の噴出

この節では新しい団体の噴出の問題を財団に着目しながら分析してみることにしよう。

1　「その他」の非営利団体

既に見たように、事業所統計において急速な伸びを示していたのは「その他」の団体であった。その他の団体は七五年以降、五％以上の成長を続け七五年の七三〇〇あまりから八六年には一万四千へと約二倍に急成長した。はじめて経済団体を追い越し、第一位になったのである。もうひとつ数は少ないが、急成長したのは学術文化団体であり、七二年の二七八から八六年には六七九にふえている（前掲表1－1）。この学術文化団体は日本学術振興会や日本文芸家協会、国際文化協会などを含んでいる。では、その他の団体とはどのような団体なのであろうか。

事業所統計では学士会や納税者協会、日本育英会、ロータリークラブ、消費者団体連絡会、野鳥の会、交通安全協会などが例として示されている。三〇人以上の従業者を擁する団体の名簿からその他の団体を拾ってみても、皇居外苑保存協会、日本気象協会、日本交通文化協会、日本電気協会、東京安全交通協会、東京都警察職員互助組合などさまざまな団体が含まれていることが分かる。名簿をながめていけば、財団法人が多いことや公益性を帯びた公私のグレーゾーンに属する非営利団体が多いことが理解される。

その他の団体がこのようなものだとしても、では、どのような団体が新しく増えている団体なのだろうか。一九八五年から六年にかけて筆者が新聞記事から団体の新設に関する記事を拾い出したおよそ九〇の団体にはさまざまな団体が含まれている。金融情報システムセンターやニューメディア開発協会、コミュニティーマートセンター、高分子素材センター、河川情報センター、日本健康食品協会などその種類は実に多彩である。しかし、やはりここでも財団法人が多い（二〇）ことが目につく。財団法人が多いこと以外にもこのリストからはさまざまな新しい団体の特徴を読み取ることができる。ニューメディアや衛星通信のように新しい技術や素材、新しい科学技術・産業と関係する団体（二四）、また国際交流や国際的友好を視野に入れた団体（一一）も多い。さらに、名前にセンターと付くものも多く（一三）、情報センター的役割を担っているものが多いようである。

新しい団体に財団が多いかを確かめる別の素材を探してみよう。一九八〇年代に入って行政改革が叫ばれ、その影響を受けてさまざまな特殊法人や公益法人が監査の対象となり、研究されるようになった。公益法人には民法に基づく社団法人、財団法人と、特別法に基づく宗教、学校、社会福祉、医療の各法人がある。特別法に基づく公益法人は目的が限定されているために先の統計の「その他」には入らないが、中で伸びが著しいのは社会福祉法人である。

公益法人協会（一九八二）や総務庁行政監察局（一九八五）の調べによると、一九七一年に社団は二〇五一、財団は二三五七であったのが、八五年には社団三〇五八、財団二九〇九となっている。他方で都道府県所管の公益法人についてみれば、七一年に社団、財団合わせて九八七二であったものが八五年には社団七二四六、財団八二二二の合計一万五四六八になっている。別の調査（大橋、一九八七）によれば財団法人よりもやや社団法人の伸びの方が著しいようである。公益法人全体としてみれば、国レベルではこの一四年間に一・三五倍、県レベルでは一・五七倍になったことになる。ここでの分析からは一九六五年から七四年にかけて公益法人の設立はピークを迎えたことになる。また、社団法人の伸びの方が財

図4-2　財団設立の増加，日本

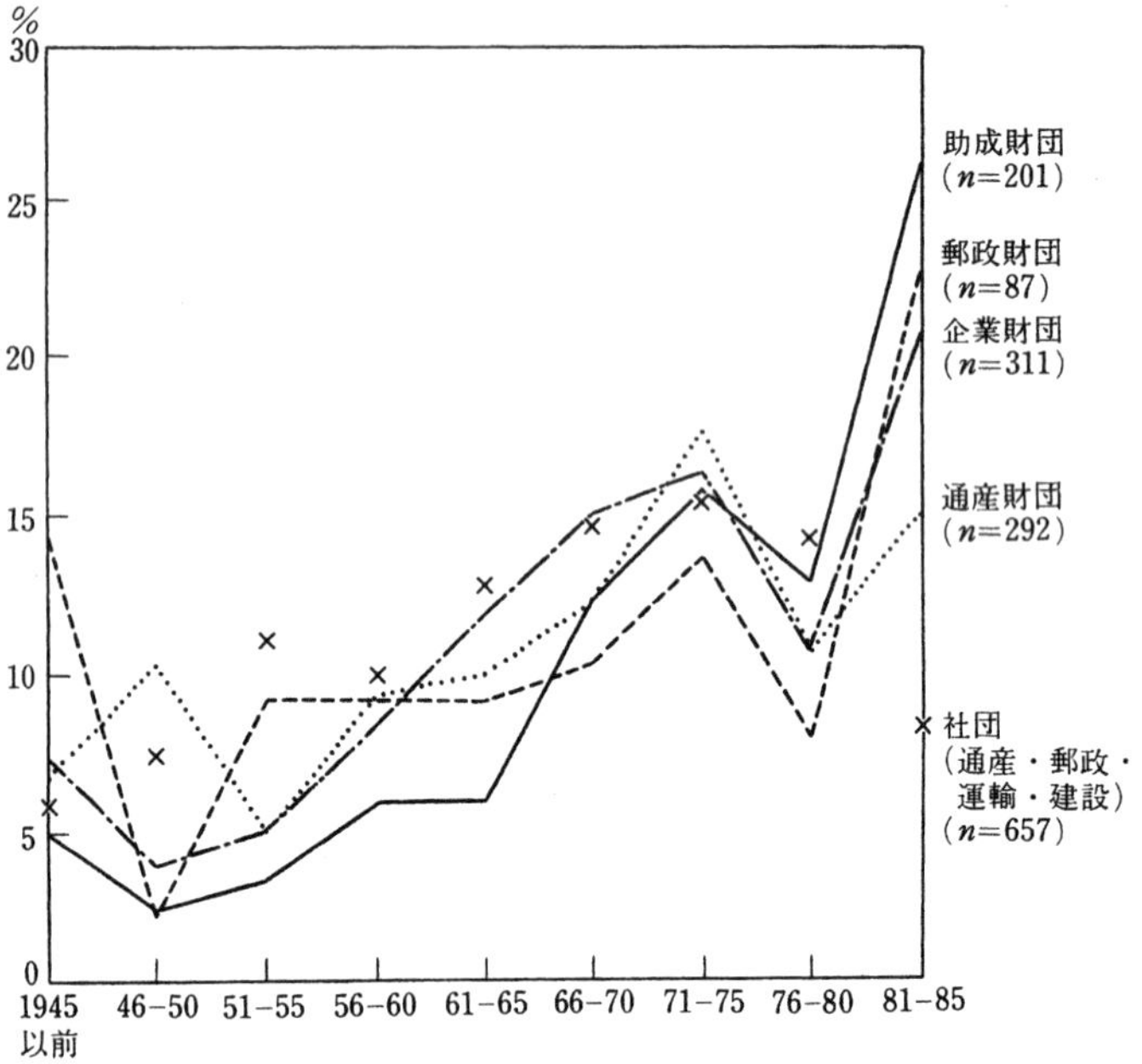

（資料）　助成財団資料センター『助成団体要覧 1988』1987. ㈳通信研究会『郵政省所管全国公益法人名鑑 '86 年版』1986. ㈶通商産業調査会『通商産業省関係公益法人便覧 1987 年版』1986. ㈶公益法人協会『日本の企業財団 '88』1988.『建設産業団体要覧 1986 年版』.

団法人よりも多く我々の仮定とやや異なる結果となっている。これをどのようにとるべきであろうか。

2　ディレクトリーの分析

次に財団法人や社団法人に関するディレクトリーを分析してみることにしよう。分析対象としては、通産省、郵政省、運輸省、建設省がそれぞれ発行している関係公益法人名簿からそれぞれ財団法人と社団法人を抜き出し、設立年を集計したもの、さらに企業財団（その基本財産や運用財産を主として企業が出資し、その後の運用財産を毎年寄付することによって事業している財団）、さらに助成財団（学術研究、社会福祉、国際交流事業などへの資金助成、各種の表彰、奨学事業などを主目的とするものであり、事業型財団と区別される）の名簿を分析してみよう。通産、郵政、運輸、建設の四つの省庁に関連する公益法人では、社団法人に関しては一九五〇年から八〇年までかなりコンスタントに設立が進んだことが理解され、財団法人に関しては一九六六年から七五年そして八〇年以降に多数が設立されていることがわかる。また企業財団に関しては六六年から七五年にかけても相当の設立が成されるが八〇年代の方が数は多い。助成財団に関しても六六年以降の設立が多いが八〇年代の設立が最も多い。各省の関係の財団法人に関しても、郵政省に関しては八〇年代に入ってからの設立が群を抜いている（図4－2）。

このようにみてくれば、比較的大規模な全国的な公益法人に関しては我々の予想したように財団法人の方が社団法人よりも八〇年代にはいって伸びが大きい。先の新聞からの抜き出しでもわかるように、社会的に大きく注目されているのも財団法人である。企業中心の助成型の財団やニューメディアに関連する郵政省と関連の深い財団法人が目だっているのである。

企業財団法人に関してもう少し詳しく分析してみることにしよう（公益法人協会、一九八八）。銀行、保険などは、一九五〇年代からほぼコンスタントに多数の設立を行っている。それに対し石油化学などの重工業は五〇年代から六〇年代にかけて、海運、陸運などは四〇年代から六〇年代にかけて、電気、機械に関しては六〇年代後半から七〇年代中葉にかけて集中的に設立されている。最近の一〇年に関していえば、銀行や食品、製薬、服飾、電子産業などが多い。

3　新しい団体の意味

以上のような検討から、最近増えている新しい団体の動向に関してどのようなことが言えるのであろうか。一つは団体に及ぼす官僚制の力が直接的なものから間接的なものに移っていることである。すでに見たように特殊法人の設立は近年激減し、相当数が廃止されるようになっている。それに対し、多くの公益法人が設立されている。企業に資金を求めた企業財団の台頭が官から民への典型的な移行を示している。行政代行・補完型法人の数も極めて多い、との指摘もこれを裏付ける。雨宮孝子（一九八七、二七三頁）の指摘によれば、「行政改革の名のもとに民間活力の導入の一手段として公益法人制度を利用」したものが多く、例えば「国の示す基準の資格認定や検査業務（例えば（財）日本海事検定協会、（財）日本罐詰検査協会等）をやらせる法人や行政の一部を行わせる法人（例えば（財）防衛施設周辺施設整備協会、各県の下水道公社など）や公共団体の有する公園やスポーツ施設などの管理運営をさせる法人（例えば（財）アクアポリス管理財団、（財）大阪府公園協会、等）などがあげられる」と述べている。

先の公益法人協会の調査（一九八二）によれば省庁別にみて公益法人の数が急速に伸びているのは大蔵省、労働省、建設省関連、次いで通産省、科学技術庁である。運輸省、郵政省なども伸びてはいるが、比率はかなり低い。団体の目的としては、調査研究、普及、方法、指導、育成などがあげられることが多く、情報センターや広報センターとしての目的をもつものが多い。企業財団に関していうなら、国際摩擦の緩和や文化、福祉の推進、企業の社会的役割の追求などをあげているものが多い。

以上のように我々は一九七〇年代に入って、とりわけ八〇年代に急速に台頭してきている新しい団体の中核的な部分に、財団法人を発見し分析してきた。ではこのような財団法人等の台頭は利益集団政治の流れの中でどのように位置づけるべきであろうか。利益集団政治はこうした財団法人の台頭によってどのような変容を受けるであろうか。このような台頭はどのような社会変容と関係しているのであろうか。筆者の仮説では序章で述べたように日本の社会が一九七〇年代中葉以降、国際化やゼロ・サム化、脱工業化、高齢化社会化、女性化など四つの次元で根本的な変革、即ちシステムの構造的転換を起こし始めたことと関係する。このことをより一層明確に見るために、次に我々は目をアメリカの利益集団政治の動向に転じてみることにしよう。

第五章　アメリカの利益集団政治の動向

一　アメリカと日本——国際化・豊かな社会・脱工業化

我々は、日本の新しい団体の登場の意味を知るためにアメリカにおける利益集団・団体動向をやや詳しく検討してみることにしたい。アメリカと日本は世界における二つの大きな工業生産国であるが、それ自体が両者を比較する理由なのではない。実はこの両国は逆に世界の先進資本主義諸国において、ほとんど唯一と言ってよい非工業人口優位国なのである。即ち、工業人口、正しくは第二次産業人口が就業構成において第一位になったことがないのである。イタリア、イギリス、西ドイツ、フランス、オーストリア、ベルギー、スウェーデン、スイスなどでは相当長期に渡って工業人口が就業人口で一位を占めた時期をもつ。この単純な事実は、階級社会、階級的二極分化の持つ意味、さらに労働組合の力、強力な労働センターの存在、そして社会民主主義政党を中心とする政党組織の発展、ネオ・コーポラティズム型と呼ばれる労働と経営の中央組織を中心とする協調的政策決定のありかた、といったほぼ西側先進国に共通して見られる問題領域において、日本とアメリカだけが例外的な位置を占めつづけていることの社会過程的理由の一つと考えられる。

逆の側面からみれば、第三次産業人口やそのなかでのサービス、情報産業、さらに職業別でいえば、管理的・技術的職業層の拡大によって特徴づけられる脱工業化という現象が両国において他の国々よりも、より早く出現した理由もそこに求めることができるかもしれない。そしてこの点から見てもアメリカと日本の共通性とアメリカの先進性が注目されるのである（ベル、一九七五参照）。

今まで我々は第三、四章において日本の集団政治の歴史的形成、および一九七五年以降の新しい団体の形成をおいかけてきた。他の国の資料の入手は難しいがアメリカに関してはかなりのデータを手に入れることができる。ここではそうして得られたデータを素材にしながら日本における「新しい団体」のもつ意味を考えてみる。我々の仮説は日本における新しい団体の動向は七〇年代中葉以降のこれまでとは全く異なる新しいタイプの社会転換、すなわち工業化社会から脱工業化社会へ、国内中心社会から国際的社会へ、そして本格的な豊かな社会の到来（高齢化社会化や女性化、ゼロ・サム社会化の問題も含めて）への転換と相関しているというものである。

アメリカにおいて国際化、豊かな社会、脱工業化などが出現したのは日本よりもかなり早い時期である。国際化に関して言えば、第二次大戦前後からであり、豊かな社会もやはり四〇年代から五〇年代、脱工業化に関しては五〇年代から六〇年代と推定することができる。アメリカの鉱工業生産が世界で最大のシェアを示したのは一九四八年ごろ（五三・五％）であり、製造業も同様である。世界貿易額の輸出に占めるシェアが最大を示したのも一九四八年（二一・九％）である。確かに、第二次世界大戦直後の特殊な事情もあるが、それを除いてもなお一九四〇年代から五〇年代はまさに「パクス・アメリカーナ」と呼ばれるにたる、豊かな本格的に国際化したアメリカの時代であった。ガルブレイスが『豊かな社会』を書いたのは一九五八年である。そして、その前にアメリカにおいて第三次産業に従事する人々の割合は五〇％を超え（一九四〇年）、アメリカは次第に脱工業化社会へとつき進んでいくことになる。ダニエル・ベルが脱工業（化）社会について考え始めたのは一九六二年であったが、著作の中では脱工業（化）社会の誕生の年を一九四五―五〇年と述べている（ベル、一九七五、四五六頁）。

二　アメリカの非営利団体と財団

このような我々の仮説が正しいとすれば、アメリカにおいては日本の「新しい団体」即ち、財団を中心とするさまざまな非営利団体は日本よりかなり早く噴出しているはずではないだろうか。そして、その後のアメリカの利益集団政治の動向はこれからの日本の利益集団政治の動向を見る上で一つのヒントを提供しているのではないだろうか。

まず、表5－1に注目してみよう。我々の予想通り、一九四〇年から六〇年代にかけての三〇年間にアメリカにおいても財団の設立が集中している。この期間に二九一一の財団が設立され、それは全体の七割を超えている。とりわけ、五〇年代には一四二三、三五％もの団体が設立されている。一億ドル以上の資産をもつ巨大財団について見れば、時期がそれよりもやや早く、一九一〇年代から設立が始まり、三〇年代から五〇年代にかけて設立され、ピークは四〇年代であったことが分かる。

財団だけではなく、もう少し幅広く非営利団体に働く人々の数の動向に注目してみよう。先の財団設立数と同様に一九三〇年代から六〇年代にかけて一五%の増加がみられ、とりわけ一九四五年から五〇年にかけては四五%の驚異的な伸びを示し、民間産業就業者に占める割合も〇・九三%から一・二一%へ〇・三ポイントの上昇を示している(*Statistical Abstract of the United States*)。

このように一九四〇年代を中心とする非営利団体、財団の猛烈な増加の結果として、現在のアメリカには民間非営利団体は八四万あまり(一九八二年、非課税団体)に達しており、その内訳は宗教三三万、社会福祉一三万、友愛一二万、労働・農業関係九万、社交五万、経済五万、退役軍人二万等となっている。そして、財団法人および公益信託の総数は二万三七七〇(一九八五年)存在するといわれている。

表5-1　アメリカの財団の設立年

設立年	合計 数	合計 %	100万ドル以上 数	100万ドル以上 %
1900年以前	26	0.6	0	−
1900-09	19	0.5	0	−
1910-19	60	1.5	7	10.4
1920-29	134	3.3	5	7.5
1930-39	173	4.3	12	17.9
1940-49	651	16.0	21	31.3
1950-59	1,423	35.0	15	22.4
1960-69	837	20.6	3	4.5
1970-79	334	8.2	3	4.5
1980-83	29	0.7	0	−
不　明	377	9.3	1	1.5
計	4,063	100.0	67	100.0

(出所)　田中・若山・雨宮, 1986, p. 20.
(原資料)　*Foundations Today 1984* (The Foundation Center).

こうした財団の寄付額は七四二億五千万ドル(GNPの約一%)にも達している(田中ほか、一九八六)。統計は異なる(*Statistical Abstract*)が、非営利団体で働く人々の数は一九八四年には二一八万人を数えている。ただし、八〇年代に入ってからは、停滞ぎみである。

この非営利団体と日本の事業所統計にいう政治経済文化団体を比較すると、日本のそれはアメリカのそれのまだ従事者数にしておよそ一二分の一、全体に占める比率で六分の一に過ぎない。しかしこれに宗教・学術研究・協組を含めると日本の従事者数は一〇六万人に達し、比率の点ではアメリカ（一一・〇）に対し日本（一・九）とほぼ拮抗する。しかも、日本の従事者数と比率が一貫して上昇の気運にあるのに対し、アメリカの比率は一九七〇年ごろをピークに停滞ぎみである。

以上のようにアメリカの財団、非営利団体の数や従事者の数は、アメリカが日本や他の先進諸国に先んじて経験した国際化、豊かな社会、脱工業化社会といった現象、とりわけ前二者とほぼ重なり合うと見ることができる。ということは、日本で今起きていることは、期間を圧縮した形ではあるが、アメリカとほぼ同様の社会変容に対応した団体の噴出であるとみることができるかもしれない。

三　アメリカの財団の歴史と現状

アメリカの財団の歴史は確かにアメリカ独自の経験に基づくところもないわけではない。フィランソロフィー（篤志活動）やボランタリズム（国家に依存しない任意寄付中心主義）の伝統がそれである。しかし、ざっとアメリカの財団の歴史を振り返ってみるなら、日本など先進諸国の現代の状況と重なり合う部分も少なくない（本節は、田中他、一九八六に多くを負う）。アメリカ財団の第一期は一九一〇年から二九年までである。この時期にはカーネギー財団（一一年）、ロックフェラー財団（一三年）などが形成されている。この時期に財団が形成され始めた背景として、(1)産業の富の巨大な蓄積、(2)チャリティーからフィランソロフィーへの概念の変化、(3)近代科学の発達、(4)大学の研究機関としての能力の上昇、(5)社会改革の広がり、(6)国家と企業との協力体制の存在、さらに、一九一三年に成立した所得税法の影響も見過ごすことはできない。この時期は財団が政府が行わないこと、行いえないことを実行していたと考えられている。第二期はニューディールから六〇年代後半までの時期である。この時期には国家の役割は急速に拡大し、財団は政府の行わないことを行うわけではなく、ただ、異なる方法で行う多元主義の理論が考えられた時期である。この時期にはフォード財団（三六年）やリリー財団（三七年）が設立されている。そして、議会の反対のため政府ができない国際的な研究やエリートを訓練しエリートが必要とする研究技術とデータを提供するセンターとしての役割を財団が担ったとされている。第三の時期、即ち財団の停滞期であるが、この時期は六九年の税制改正法に象徴される一連の財団批判によって始まる。即ち、財団がアメリカの公共政策に影響力を持ちすぎることに民主主義的プロセスの原則から批判が生じたのである。財団が政治に関係する活動を行うことは厳しく制限されていく。こうした結果、財団の設立や従事者の数は停滞するのであるが、他方で企業によるフィランソロフィーの活発化や財団の協同組合ともいうべきコミュニティー財団が発展してきた。さらに八〇年代に入るとそれまで革新的な財団に比べて地味であった保守的財団の台頭が始まったと言われている。

　アメリカの財団についてもう少し統計的に見ておけば、その巨大さと助成分野の多様さ、さらに地域的分布の多様さに驚く。一億ドル以上の資産を持つ巨大財団は六七存在する（日本において百億円以上の資産規模をもつものは三から五程度である）。最も大きなフォード財団は資産三五億ドル、助成額一億ドルに達している。財団の助成分野は一九八四年には、福祉（二七・六％）、保健（二三・六％）、教育（一七・四％）、文化（一四・〇％）、社会科学（七・六％）、自然科学（七・五％）、宗教（二・三％）となっている。政治学だけにも一年間で七三二三万ドルもの助成（一九八四年）がなされている。そして助成の対象が福祉、保健、教育、文化、研究といった、福祉社会的側面と情報社会的側面に注がれていることがわかる。地域的にみれば財団の数の点ではニューヨーク（一九・二％）、カリフォルニア（七・七％）、イリノイ（六・四％）、マサチュウセッツ（五・五％）、ペンシルバニア（五・五％）、オハイオ（四・九％）、テキサス（四・九％）と続いており、寄付受け入れ額ではカリフォルニア（三六・八％）、ニューヨーク（一八・七％）、テキサス（七・五％）、ペンシルバニア（四・六％）、イリノイ（三・〇％）、マサチュウセッツ（二・八％）となっている。ニューヨークやカリフォルニアにかなり傾きがあるものの、相当程度全国的に財団が存在し活動していることがわかる。

このようなアメリカの財団の歴史は、急速な国際化、脱工業化が進んでいく日本社会での利益団体・財団の動向を考える上で極めて興味深い。円高や豊かな社会の反映として、企業はその資金を一方で節税対策のために、他方で企業の社会的イメージを上昇させるために、資金を財団に移転させようとする。また既に述べたように高齢化社会の急速な進展や女性の社会進出、国際摩擦、ゼロ・サム社会化でのさまざまな社会的摩擦の登場といった転換期の社会に見られる問題の噴出は、政府や大学だけではなく、財団を中心とした民間資金による研究情報の集約、調査、広報への進出を求める。別の言葉で言えば、経済社会のソフト化や情報社会化の利益媒介の担い手として財団が登場したといってもよい。政治の情報化は利益集団政治における財団の比重の増大によって表現されているのではないだろうか。

四　脱工業化の進展と集団政治の多元的デッドロック

既に見たように、財団や非営利団体の噴出は、脱工業化が本格化するよりも少し前に始まっていたと考えられるかもしれない。即ちアメリカの豊かな社会、急速な国際化とむしろそれは関連しているのであろう。しかし、財団や非営利団体は脱工業化社会が進展してゆく上で、さまざまな影響をもたらした。そして脱工業化社会の到来自体がアメリカ集団政治の大きな変容を導いた、と考えることができる。

アメリカの利益集団政治の変容についてシグラーとルーミスは次の九つの点に注目している。即ち、(1)一九六〇年代以降の利益団体の急激な増加、(2)ニューヨーク市やそれ以外からワシントン特別区への団体の本部の集中、(3)非常に巧妙でタイムリーかつ専門的な草の根ロビイングを可能にした情報の加工過程におけるテクノロジーの進歩、(4)単一争点運動の勃興、(5)政治資金法の改正（一九七一年、七四年）とその結果として生じた政治活動委員会（ＰＡＣ）の発展、(6)政治的・経済的利益（団体）の公的な部門への浸透の増大、即ち官僚制（審議会）、大統領府（ホワイトハウスへの集団代表）、議会（党幹部会）への進出、(7)選挙および政策に関連した主要な活動の遂行における政党の能力の一貫した低下、(8)コモンコーズやラルフ・ネーダーの関係した公共利益に基づく調査研究組織に見られるいわゆる「公共利益」団体の数、活動量、そして存在感の増大、(9)企業、大学、州、地方自治政府、そして外国利益などを含む制度の活動量およびインパクトの増大（Cigler & Loomis, 1986, p. 1）。

こうしたさまざまな変化は基本的に脱工業化に関わる諸変化が生んだ一連の過程の結果であると考え

られている。豊かさや教育程度の上昇、テクノロジーとりわけ通信手段の格段の進歩を伴った脱工業化への諸変化は、一方で多様な新しい利益を生み出し、他方で伝統的な利益の再定義、反作用的な活動の活発化をもたらしたのである。政治心理的にいえば脱工業化過程での地位の上昇グループにおける「期待の上昇」、「ミドル・アメリカ」市民のファンダメンタリスト（原理回帰志向）的反作用、エリートの危機感などさまざまなグループの地位と現状に対する認識のギャップは、組織の結成への強いインセンティブをもたらした。そして豊かなアメリカの出現とともに登場した数々の財団と、六〇年代に初めてアメリカで開花した大きな政府、福祉国家は共に手を携えながら、今まで組織されていない潜在集団の組織化に力を貸すことになったのである。

以上のような指摘をデータの側面から検証してみよう。図5-1は、一九六〇年代から八七年までの『アメリカ団体百科事典』に収録された団体数の推移である。まず総数をみてみよう。一九六一年に七四〇三であったものが七三年には一万二六二八へと一・七倍に急上昇し、その後七八年まで停滞した後、再び七八年から八七年にかけて一・五倍の増大を見、二万〇〇七六に達している。団体の分類ごとにその変動を見てみよう。一九六八年から八七年までのおよそ二〇年間に最も急成長を遂げたのは公共問題を扱う市民団体（四四六から二一四八へ、四・八二倍）、続いて社会福祉団体（三八九から一五六九へ、四・〇三倍）、趣味団体（四二三から一三五八へ、三・二一倍）、科学技術関連団体（四八八から一三〇九へ、二・六八倍）、その後には、アスレチック・スポーツ団体（二・四七倍）、政府関連・法律・軍事団体（二・二八倍）、教育文化団体（二・二七倍）などが続いている。逆に停滞しているのは、民族・外国（友

図 5-1　『アメリカ団体百科事典』収録団体数の推移，1968-87

（単位：1000）

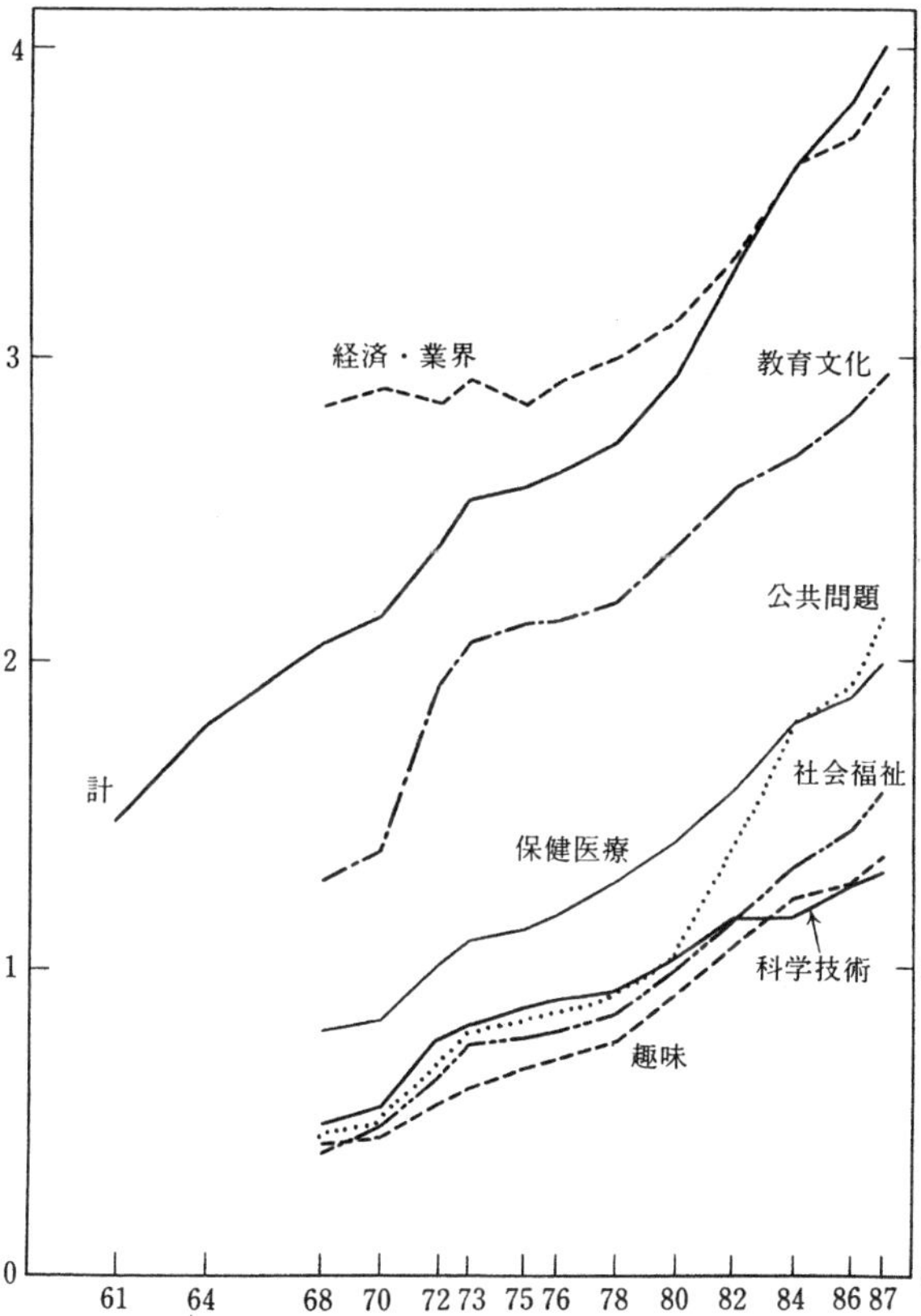

（資料）　*Encyclopedia of Associations*, each year.

図5-1　(つづき)

(単位：1000)

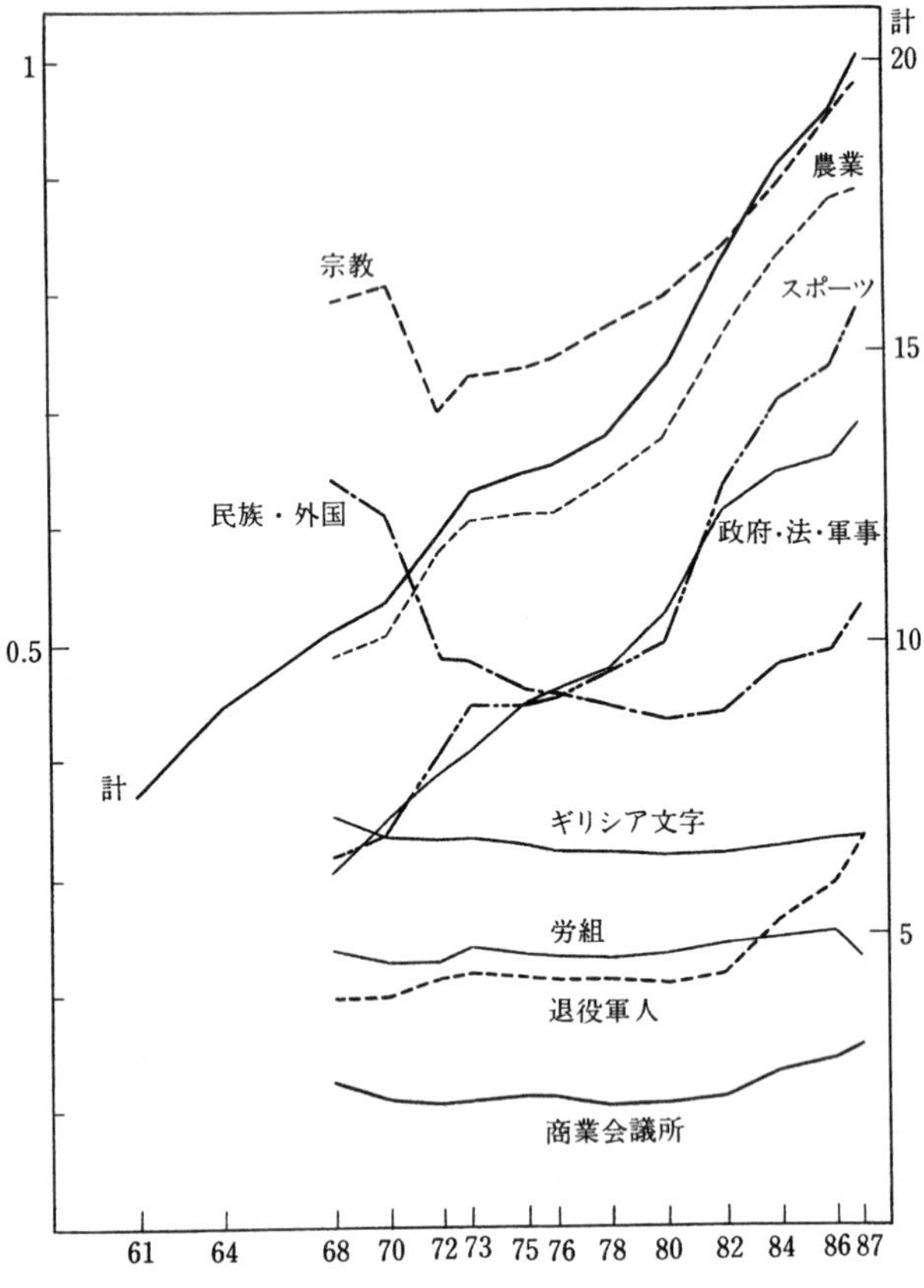

愛）団体や労働組合、ギリシア文字社交団体、商業会議所などである。総数の点からみれば、経済・業界団体、教育文化団体、公共問題団体、保健医療団体の順に続いている。先の財団の助成対象と同じく、社会福祉と情報社会の二つの面において団体の噴出が続いていることがわかる。財団の助成がこうした団体の設立に相当な影響を与えていることは言うまでもない。

ジャック・ウォーカー（1983）によれば、団体の設立に対して外部から財政的支援を得た団体は、営利的団体では三四％に過ぎないのに対し、混合団体では五六％、非営利団体では六〇％、市民団体では八九％に達している。戦前と戦後を比べれば、戦後に生まれた団体の方が、外部からの資金援助に頼る比率が高い。そして、非営利団体では戦後に生まれた団体のうち、三三％が財団からの援助を得、三一％が政府からの援助を得ている。市民団体でも財団からの援助を得たのは三九％、政府からの援助は一〇％である。この数字は営利セクター部門での団体が財団からは二％、政府からは六％しか援助を得ていないのに比べて、著しく高い。設立ではなくて、各年の財政収入においてこのような補助金の占める比率を見れば、非営利団体では政府からの補助金一五％が突出しており、市民団体では財団からの補助金一三％が突出している。このようなデータからも、六〇年代における財団と政府の活動がアメリカの公共的利益団体の噴出に寄与したことは、疑いえない。

シュロッツマンとティアニーの研究（1986）によっても、市民団体、社会福祉団体、公民権・マイノリティー団体、女性・老人・障害者団体においては、六〇年代以降にできた団体の比率が極めて高く、それぞれ七六、七九、五六、五六％を記録している。中でも一九七〇年から八一年に結成された団体の比率は高く、それぞれ五七、五一、四六、四三%を示している。アメリカにおける脱工業化の進展は、非営利的・市民的諸分野での新しい団体の結成を促したのであり、集団政治の本格的な多元化を導いたと結論づけることができる。

目をワシントンの圧力団体の舞台に絞ってみよう（*ibid.*, table 4-2, 4-4）。そうするとそこではまだ市民的・非営利的団体の代表部が相対的には少ない。ここで現れている変化は企業の政治化とやはり脱工業化である。と言うのは、工業化に対応する団体の代表部、即ち労働組合や業界などの経済団体の代表部の比率が相当減り、他方で専門家団体や企業代表の比率が増えているのである。

五　企業の政治化と保守的利益団体の台頭

先の図5-1を見ても、それまで停滞していた宗教団体や友愛団体、外国利益団体、民族団体（以上図では「民族・外国」）、退役軍人団体など保守的な色彩の強い団体が八〇年代に入ってふたたび回復しつつあるように見える。こうした変化は八〇年代に入る以前から既に始まっていた。第七章で述べるように、七〇年代の後半以降、一方で企業のPACが急増し、労働組合などのPACを凌駕するようになっていたし、他方でそれまで高揚を見せていた市民団体は停滞を示す。

ピーターソンとウォーカー（1986）によれば、新しい団体システムにおけるイデオロギー的な分極化が見られるという。政府と団体との関係を検討すれば、まず一九六五年以降にできた新しい団体が一般にレーガン政権下において政府行政機関との間に協調性が減ったと答える比率が高い。またそれを団体の活動する政策分野ごとに検討すれば、政府管理の部門、社会福祉の部門で活動する分野における新しい団体において、より非協調性を答える比率が高い。これからわかるように、連邦政府の社会サービスや規制に対する団体の考え方と政府諸機関との関係の間にも強い相関関係が存在する。政府社会サービスの増大、すなわち大きな政府を志向する団体においては、半数以上が協調関係の減退を答えており、その逆の態度の団体では四割が協調の増大を答えている。規制に関しても同様の結果が出ており、より大きな規制を求める団体では三分の二以上が協調性の減退を答えており、規制緩和を求める団体では三割以上が協調性の増大を答えている。カーター政権およびレーガン政権と団体の関係は明白に、リベラル、保守という団体のイデオロギーと相関しているのである。このような結果として先に急増を示した非営利・市民団体を中心とした団体の財政は急速に苦しくなっている。非営利団体では一二・二から七・八％へ、市民団体では一一・九から八％へ政府からの資金の占める比重は低下し、また財団の資金の比率も、非営利団体では三・六から二・八％へ、市民団体では一〇・八から八・一％へ低下している。このような資金流入の低下を補うために、非営利や市民団体だけではなく、団体全体においてさまざまな方法による収入の増大に努めていることがデータによって裏づけられている。

レーガン政権下では、それまでに進んでいた集団政治の多元化の変質が一挙に明らかになった。一九八一年以降の社会福祉削減、国防支出拡大、法人税等の減税といったレーガノミックスの中でそれは表面化した。しかし利益集団・団体レベルやそれに影響を与える社会・政治条件での変化は七〇年代に進行していたのである。第一に多元化とは裏腹に、アメリカのパイ自体が急速に縮小し始めた。第二に危機感を持った企業は七四年政治資金法改正以降、ＰＡＣを通じて直接選挙に介入し始めた。第三に多元的集団政治の推進アクターたる民主党は政策的イモビリズムを露呈（カーター政権）してきた。第四に労組組織率は一九五四年の三五％が、七五年には二九％、八二年には二二％へと急降下した。さらに労組とリベラル市民団体との連携は労組の保身化に伴い弱体化した。ＰＡＣレベルでのビジネス対非ビジネスの勝負は七六、七八年の選挙でついていた。レーガン政権はこうした条件と集団状況の変化に対応し、ファンダメンタリズムと企業活力主義を唱えて誕生したのである。

国際化や豊かな社会、脱工業化といった変化はアメリカにおいて日本よりも相当早く生じ、それがアメリカに財団や非営利団体の噴出をもたらした。福祉国家路線をとった政府と財団の両者からの資金の流入は、これまで潜在的集団であった数多くの分野に団体の組織化を導いた。七〇年代中葉ごろのアメリカはこうした意味で最も多元化の進んだ団体世界をもったといえるのかも知れない。しかし、他方でベトナム戦争と石油ショックの影響や、日本、西ドイツ、ＮＩＥＳなどの経済的追い上げをうけたアメリカでは、利益団体世界でももう一段先の変化も生じてきた。即ち、一方における利益団体自由主義、利益団体の飽和状態における政策的手詰まりへの批判であり、他方において企業や保守的利益団体の急速な回復である。

とはいえ日本の団体状況と比べた場合、少なくとも団体の多様化においてはアメリカは格段に進んでおり、国際化や脱工業化だけではなく高齢化社会化や女性化などにも対応した数多くの団体が設立され活動している。大部分の利益集団はすでに核となる拠点と経験、指導者を有している。何度かの転換期

図5-2　アメリカの団体に関する基本データ

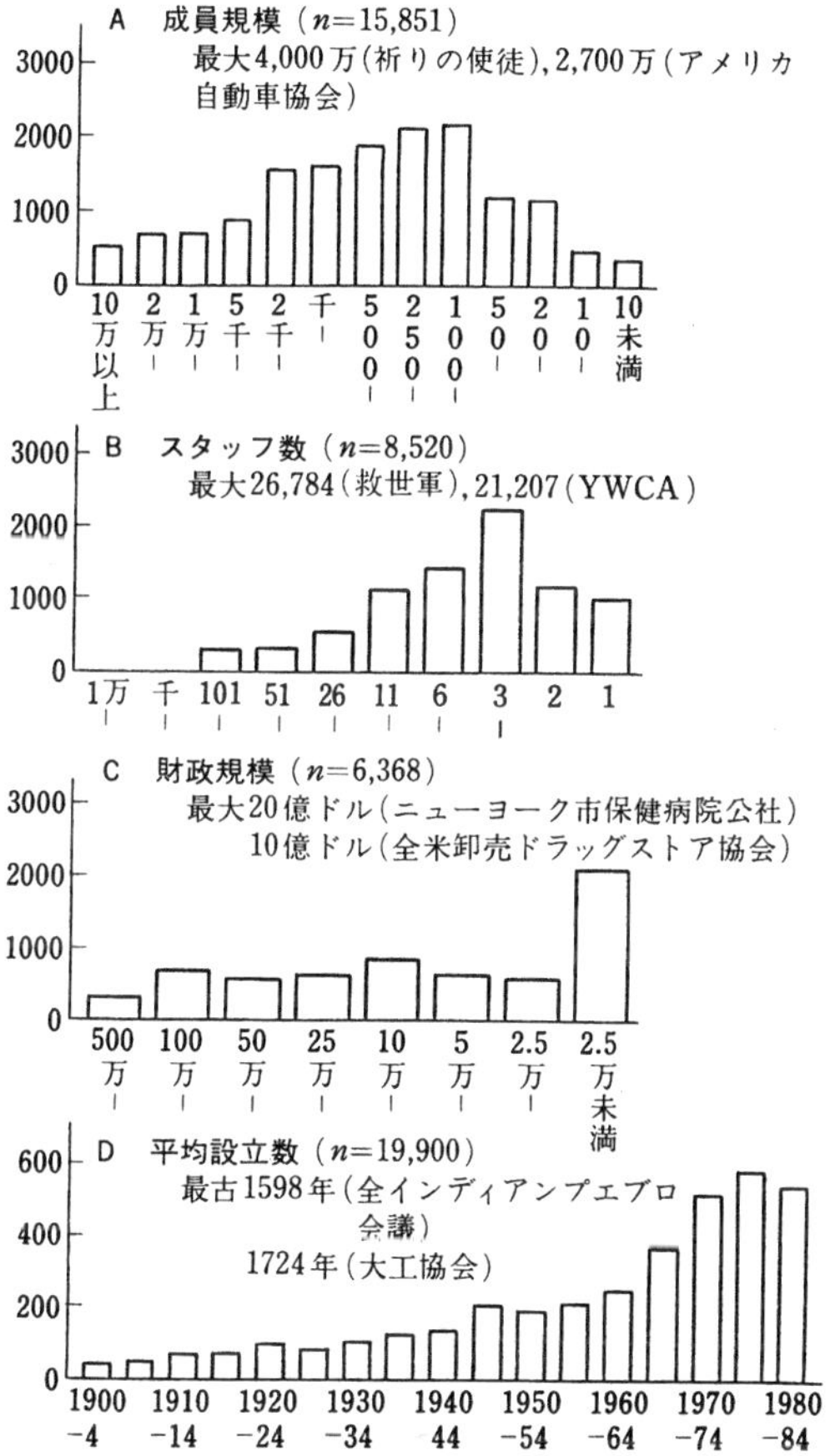

（注）1987年現存団体の設立年調査に基づく.
（資料）*Encyclopedia of Associations, Ranking Indexes 1988.*

に新しい団体を政治過程に導入したアメリカの活力ある状況は今後の日本の団体状況を見るうえでも実に興味深い。〔アメリカの団体の基本データについては図5-2を参照。〕

第三部　政治・政策過程における利益団体

第六章　利益集団のベクトル

本章から第八章までの三つの章は、利益団体が政治過程、政策過程の中で、どのように行動し、どのような機能を果たしているかを、日本を中心としながらアメリカのデータをも参照して考えて見ることにしたい。まず本章においては、利益団体の構図や要求、対立関係といった政治配置の現状況を、第七章では議会、政党、第八章では行政機関との関係を政治過程の中で検討することにする。

一　日米利益団体の基本構図

まずこれまで行ってきた形成の分析を踏まえて、日米の利益団体の政治との関係における構図をまとめておこう。

ヨーロッパ（と南米）の現実に基づいて形成されてきた利益集団のマクロ理論であるネオ・コーポラティズムによれば、日本とアメリカは例外的な国として、もしくは最もコーポラティズムの程度が低い国として位置づけられている（辻中、一九八六b）。コーポラティズムは、組織された利益集団とりわけその頂上団体による社会各部門の統合、頂上団体間の交渉に基づく協調、そして団体の政策過程への深い関与を基本的なメルクマールとする。最も鍵となるのは団体による利益集団の統合である。この観点からいえば労働組合の組織化やその大きな条件となる第二次産業人口の程度と熟成の期間という問題だけではなく、ツァーダ（1985）の指摘するような国家の規模、貿易依存度、産業特化度といったより広い要因も重要になってくる。即ち産業が多様な方向に発展した政治経済的大国ほど統合は難しくなるからである。この意味で、いかなる尺度をもってしても、日本やアメリカを含む先進国がコーポラティズム度において中程度以下に位置づけられるのはやむをえないところである。

日本やアメリカのように、ダイナミックに発展し続ける国家の場合、既成の団体の持つ比重は常に新しい団体によって脅かされ、相対的に小さく、統合は低いものとならざるをえない。しかし協調や政策関与の点で必ずしも低いとは限らないために、日本に関しては多様な位置づけが行われるのである。日米を貫く共通点でしかもヨーロッパ諸国と異なると思われるのは、統合度の低さだけではなく、政党による利益団体の統合が弱いという点である。政党と団体の系列関係の有無ということではなく、政党が組織として発展し、団体を包括する形で緊密に結びついているか、という点である。

システム規模の大きさと流動性、さらに政党統合の弱さという点で共通する日米の利益団体は、利益団体自由主義（ローウィ、一九八一）という概念規定が最も当てはまる国であろうと思われる。このことはすでに述べた階級関係および社会的亀裂の発達の弱さとも結びついている。しかし両国が共通するのはここまでであって、日本では政党統合にかわって官僚制統合が発達し、利益団体と官僚制の密接な関係は、政府本体と社会集団の間に無数の特殊法人、認可法人、財団法人、社団法人、さらに主務官庁への団体の届け出、補助金、行政指導関係が存在することによっても理解される。グレーゾーンの団体を通じて、官僚制と社会は人、情報、物、金などありとあらゆる交換過程を営むのである。

それに対してアメリカの特徴は、一部で同様の官僚制統合、クライエンタリズムが発達したものの、基本的に民間に主導性を委ねたまま政府は一貫した統合政策を行わなかった、という点である。実は、官僚制自体を統合するメカニズムを欠いていたためにできなかった、というべきかもしれない。これとも関連するが、アメリカでは連邦と州の権限の分担が厳しく、地方中心主義的であったことも重要な特徴である。

しかし忘れてはならないのは前章で述べたように、アメリカに何年かの遅れをとりながら日本も脱工業化型の国際的でかつ情報化した利益集団政治が現れつつあるという点である。財団やシンクタンクという新しい型の団体、他方で企業や市民の直接的な政治化としての企業ＰＡＣや単一争点運動の噴出、マスメディアの役割の増大についてもそうである。

二　日米両国の主要利益団体

以上のような観点から経済、労働、農業、地方政治、教育、市民運動などの各セクターでの団体状況の特徴を押さえておくことにしよう。

経済団体　日本の場合は経済界は四ないし五の主要総合団体と業界団体によって組織されている。経団連、日経連、日商、同友会、そして関経連の五つの団体は、分立しているという意味では複数であり非統合であるが、一定の緊張をはらみつつも三〇年以上の並立関係の中で分担関係を確立させてきた。

経団連は対外的な経済界の顔であり、また他の団体および業界団体を代表して政府との折衝にあたることもある。そうした経団連の統合性を最も示しているのは政治献金が経団連によって国民協会を通じて一本化されているという点であろう。また役員の相互兼任も見られる。二次産業を中心とする経団連、日経連に対して、中小企業を中心とする日商や三次産業にも力点を置く同友会は、近年やや政治化の程度を強めている。

これに対してアメリカでは、二次産業を中心とする全米製造業者協会（NAM）や、商業会議所の全国組織である米国商業会議所が伝統的組織として存在した。NAMが脱工業化の進展と共に力を落とし、商業会議所がそれにとってかわり強化されつつあったときに、それを拒む形で登場したのがビジネス・ラウンド・テーブル（一九七四年発足）である。それ以外にも全米産業審議会（CB）や、米国経営協会、経済協議会が存在する。アメリカの経済団体はこのように複数存在しているだけでなく、それらの間に明確な分担関係はなく、統合されていないようである。その事実を端的に示しているのは、総合団体や業界団体だけでなく各々の企業も直接そのPACを通じて政党や議員に献金する事実である。

労働団体　日本の労働団体は一九五〇年の総評発足以降、官公労を中心とする総評の指導に反発するグループが分立し、長いあいだ総評、同盟、中立労連、新産別の四団体体制が続いた。一九七五年から脱工業化の進展に伴い急速に労組組織率が低下し、これと並行してヘゲモニーの交代が生じ、一九八七年には民間部門の新しい連合体として連合が発足し、八九―九〇年には連合と総評の合体が計画されている。とはいうものの日本の労働団体の大きな特徴は、中央団体が仮に統一されたとしても基本的な権力、リソースは企業別組合が握っている、という点にある。そして民間の過半数の企業別組合はどの中央組織にも属していない。連合はそのような組合、未組織の労働者を政策要求を中心とした新しい路線によって引きつけることを狙っている（辻中、一九八六a、八七）。

アメリカの労働団体は一九五五年に、米国労働総同盟と産別会議が合体してできたAFL・CIOを中心に八割の組織労働者が統合されている。しかし雇用者に対する組織率は六〇年代から急速に低下し、現在では二割を切るに至っている。チームスターズ・ユニオンと全米自動車労組（UAW）が傘下から離れていったが、一九八一年七月UAWは一三年ぶりに復帰した。

他の先進諸国に比べ、弱体を指摘される両国の労働団体ではあるが、AFL・CIOは組合員数では西側第一位の一四〇〇万人、連合は第四位の五五〇〇万人を傘下に納めている。

農業団体　日本の農業団体は農業協同組合組織によって統合されている。かつては農民組合と戦前の農会の系統を引く農業会議所が、統合の可能性をもつ団体として存在したが、実質的な力は現在では失われ、ほぼ完全に農協に統合されているとみてよい。しかし農協内部でもその政治的中心部である全中とその傘下の各部門および各県、専門農協との間で緊密な連帯関係があるかどうかは疑問である。

アメリカの農業団体は一般農業団体としてアメリカ農事局連盟（共和党系）、全国農民組合（民主党系）、ナショナル・グレンジ、アメリカ農業運動、全国農民組織の五つが存在する。農事局連盟と農民組合が政党系列を異にし対立するだけでなく、小麦、トウモロコシ、大豆、米、さらに肉牛、かんきつ、乳製品といった専門別の農業団体が多数分立し、各々が独自にロビー活動を行う。日本の農業団体と比べて統合されていないのが特徴である。

市民・消費者・環境団体　日本では市民団体の発達は遅れている。六〇年代末から叢生した市民・住民団体の多くは、有効な中央組織を欠いたままである。比較的発達しているのは、消費者担当部局、経済企画庁や各自治体の窓口が補助金なども用意しながら、育成に努めた消費者団体である。消費者団体の中央組織としては、歴史の古い主婦連や消費者団体連合会が存在する。

アメリカには財団の歴史で触れたような民間活動の伝統があり、それが歴史的な市民団体の形成に結びついてきた。環境団体ではシェラクラブ、消費者団体から始まった総合的な政府監視市民運動としてラルフ・ネーダー諸組織、同様の市民団体としてのコモンコーズなどが有名である。七〇年代初めには労働組合と並ぶ政府および大企業の牽制組織として注目された。市民団体の活発な動きが七〇年代中葉以降の企業ＰＡＣの爆発という、企業側からの反動を引き起こしたと見ることもできるほどである。

その他の団体　日本の地方自治体の利益団体としては、知事会、市長会、町村会、県議長会、市議長会、町村議長会の地方六団体が存在する。これに対応するものとしてアメリカでもビッグ・セブンと呼ばれる地方政府の利益団体が存在する。日本の場合は地方六団体、とりわけ知事会のリーダーシップがある程度個々の自治体を統合しているのに対し、アメリカではビッグ・セブンの統合度は低く、各州、各大都市が直接ロビイングする傾向も強い。

同様のことは教育団体についてもいうことができる。日本では全私学連合や全国私立大学教授会連合、さらに高校、中学、小学の校長や経営者組織が各レベルを代表して活動することが多いのに対し、アメリカでは教育団体以外にも各大学や各州単位の集団がロビイングする事例が多い。

両国とも政党による統合を欠きながらも、日本はかなり部門ごとにコンパクトに統合されている場合も多い。アメリカの政治・市民行動団体の事典（*The Greenwood*, 1980-）には次のような項目が並列されておりアメリカの多様性を物語るものとして興味深い。即ち、農業、地方組織、社交団体、ビジネス団体、公民権組織、市民改良運動、委員会会議体組織、クラブ、財団、研究所、教育団体、連合、連盟、外国事情団体、政府改善団体、人道主義組織、労働団体、ロビー、少数民族組織、愛国者団体、平和団体、政治団体、政治連合、政党、専門家団体、改良団体、宗教団体、特殊利益団体、退役軍人団体、女性団体、青年団体である。

以上のような日米両国の主要団体の知識を踏まえた上で、次に利益団体の要求、リソース、標的、団体間の連合と対立といったいわば集団のベクトルを示す問題を考えてみることにしよう。

三　利益団体の要求

一九八〇年の日本の団体調査によれば、政治家に相談事や要求を持っていったことがある、と答えた団体は七一％、国の行政機関に相談事を持ち込んだり要求を持っていったことがあると答えた団体は九七％におよんでいる（村松他、一九八六）。GNPの三分の一に近い比率に、政府や自治体の財政支出や財政投融資がおよび、社会のすみずみまで政府の規制や許認可などのコントロールがおよんでいる現在では、全ての団体は何らかの形で政治に要求を提出し実現しようとするのは当然のことである。

団体が政治に働き掛ける度合を強めているというのは日米両国に共通する点であろう。このことはとりわけ七〇年代中葉以降の転換期の中で一層明らかになった。もう一つの両国を貫く共通点は多数の十分に統合されていない利益団体が活動する結果、各争点ごとに団体間の力点が異なり、不十分であるが多元的な様相を示しているという点であろう。

両国の大きな違いは、日本の団体の場合弱い政党統合を官僚制統合によって補っているために、要求も官僚制とのパイプやそれと連なる自民党政調会、族議員のパイプを通じてなされることが多く、不透明で人々の目に見えにくいという特徴を持つ点である。野党系の団体と野党との関係も、明確な分担関係や正式な協議の場での討議を通じて要求が出されるというよりも、インフォーマルな日常的な接触の中で要求が出されるか、利益代表議員（労働組合に支援された議員）と当該関係団体との話し合いのみでなされることも多く、不透明であるという点では同じである。もう一つの特徴は団体の最高決定機関である大会の決議や政府や政党への要求書が極めて総花的である点であろう。団体の最も重要な利益を明確に示すよりも建前を重視した網羅的な要求を公表する傾向がある。これは非公式的な接触の重視と裏腹の関係にある。

それに対してアメリカの団体の要求は、各法案に対する団体の態度表明と重要法案に対する民主、共和両党の議員の行動評価（レイティング）が公表されることから、ある程度具体的に知ることができる。アメリカという国家が、（基本として自由を保障したのち）法律を中心とした規制を中心に運営されていることがその背景にはある。

まず日本の団体の要求から見ていきたい。日本の団体の要求は、補助金や公共投資などの財政支出から個々の業界の行政指導に関する要求、サムライ（士）法と呼ばれる職能組織に関する法律や、不動産や環境基準などの規制、政府の対外交渉、開発や営業などの認可に関する要求、さらには平和やイデオロギーに関する要求など極めて多様なものがある。具体的に各団体が掲げる要求を瞥見してみよう。

経団連は、経済摩擦の緩和と国際産業協力、経済協力、民間活力の発揮、土地対策、地域開発、税制改革、経済構造調整と産業活動の基盤整備、行財政改革、農業林業政策、輸入品の流通円滑化、エネルギー資源問題、環境政策、金融資本市場の自由化国際化、商法改正問題、情報通信政策、技術開発の推進を八七年度の主要政策としている。経団連の意見は大企業および業界団体全体の意見をほぼ代表するものとなっている。個人加盟の政策提言的な経済団体である経済同友会も八六年度には「活力ある福祉社会の推進と企業の役割」、「税制の抜本的改革について」、「活力ある国際協調型の産業構造の形成にむけて」、「情報高感度都市の形成にむけて」など二三の報告書や意見書を発表している。近年の経済団体の要求に特徴的なのは、国際化や脱工業化に対応してビジョンを打ち上げつつ、規制緩和など自由度の拡大を求めることである。

こうした経済団体の要求に対して、労働組合の政策部門を代表する団体の一つである全民労協（「連合」の前身）は、「一九八七、八八年度政策制度要求と提言」として一四項目の意見をまとめている。中でも力が入れられているのは、経済政策全般、税制改革、土地住宅政策、行政改革、婦人政策となっている。農業の代表的利益団体である農業中央会は、八七年度の政策として農産物輸入自由化枠拡大阻止対策、主要農畜産物の政策・価格対策の実施、政策形成活動・農政運動体制の充実強化、国の政策予算対策、農業・農協課税対策など一一項目を提示し、とりわけ農畜産物輸入抑制に力を入れている。

代表的消費者団体である主婦連合会の八七年度運動方針は九項目にわたっており、核兵器廃絶、軍縮平和運動、福祉政策の強化、不当な価格政策の監視、消費者被害の予防・救済制度の確立、原子力発電所新設反対、環境資源運動、住宅政策強化、婦人の地位強化・組織強化、消費者活動基金の充実をあげている。とりわけ大型間接税の導入反対運動に力を入れている。

地方自治体の中心となる団体である知事会の八七年度の要望は地方行財政関係、農林商工関係、建設運輸関係、社会文教関係の四分野、二一項目に渡っているが、その核心は国の補助率引き下げへの反対である。国の補助率の引き下げが八五年度から実施されその結果として地方財政にしわよせが生じたからである。同様の問題に関連して日本医師会と健康保険組合連合会はそれぞれ異なる立場から強い要望を提出している。恒常的な赤字を抱えた政府管掌健康保険や国民健康保険制度の改正、さらに老人健康保険法案の成立と改正によってここ数年健康保険をめぐる問題が論議を呼んでいるが、日本医師会は医療費抑制政策に反対する立場から、健保連は国保や政管健保の赤字を付け回しされることに反対の立場から、数々の提言を発表している。

経済団体以外の要求の特徴は、受け身のものが多いことのように思われる。

次にアメリカの団体の要求についてみてみよう。アメリカの経済力低下と、レーガノミックスに基づく諸政策によって団体の要求はずいぶん変化をみせた。デスラー（一九八六、七章）によれば、三つの大きなパターンの変化が起こったという。一つは貿易救済を要求する産業の数と種類が増加したことである。儲からない産業だけではなく、儲かっている産業までが政治的圧力をかけてくるようになった。第二に戦後一貫して自由貿易主義をとってきた労働組合が保護主義に転じた。同様のことは共和党系の農事局連盟が戦後一貫してとってきた市場志向型農政をやめ、所得保護政策に転換したことにも示されている（全国農協中央会、一九八六）。第三に輸出や輸入から利益を得ている特殊利益集団が自由貿易支持集団に入ったことである。利益集団の要求の地殻変動が起こっていることは明らかである。

ここでは法案による議員評価で表明された主要四団体の法案要求についてみてみることにしよう（*Congressional Quarterly*, 5th, 1987）。四団体とはリベラル派の代表的市民政治団体である「民主的行動のためのアメリカ人組織（ADA）」、労働界の中央組織であるAFL・CIO、経済界の全国組織である全米商業会議所、アメリカの保守派の団体の代表である「憲法行動のためのアメリカ人組織（ACC）」の四つである。ADAが一九八七年の会期において力を入れたのは、最高裁陪席判事ボーク氏の任命への反対、ワシントンDCにおける中絶に対して連邦資金を使うことを禁ずる法案への反対、住宅困窮者への助成削減への反対、国連分担金増大への賛成、SDI開発資金削減への賛成などである。AFL・CIOは繊維輸入制限法案に賛成、オムニバス高速道の公社化法案への賛成、航空機産業合併時の労働者雇用保障法案への賛成、ゲッパート条項への賛成、アムトラック開発の賛成などである。

これに対して全米商業会議所が力点を置いたのは、貿易問題、核廃棄物対策、大量交通機関の創出、そしてユニオンショップ協定を越えるダブル・ブレッシングへの賛成、ACCが力点を置いたのは、ニカラグア・コントラへの援助、SDIへの資金供与、老人医療費の破滅的拡大への反対、連邦住宅計画への反対、ゲッパート修正条項への反対などである。

各団体は一〇から二〇程度の法案を重要法案に指定するのであるが、団体間の対立争点は意外に少ないことがわかる。のべ五一の法案のうち、四つの団体相互の対立法案は九つ、完全に保守派とリベラルが分かれた法案は、「一〇〇人以上を雇用する経営者に事業所の閉鎖、もしくは大量のレイオフを実施する六〇日前にそれを告知する義務を課した法案」ただ一つである。争点による団体の要求や参加者の多元性はアメリカの場合かなり明白に現れている。

このように利益団体の要求は国際関係から税制、さらに個々の法案や規制にまで多岐に渡っている。リチャードソンとフラナガン（1984, pp. 296-97）はこうした利益団体の利益表出のタイプを、(1)広範な社会経済原理や目的に関するもの、(2)個々の利益団体・利益集団への個別的な援助に関するもの、(3)他の集団の行動の規制に関するもの、の三つに分けている。またローウィによる分配、再分配、規制、体制構成の四種類の政策分類を発展させた伊藤光利（一九八七）は、非介入、競争規制、保護的規制、保護的競争規制、分配削減、再分配および再分配削減、そして体制関連の七種類の政策もしくは要求項目を区別している。注目すべきなのは政治の大きな争点となる体制関連の政策、税制や社会福祉制度を通じて行われる再分配政策、政府の補助金や価格維持制度などによって行われる分配削減政策、消費者保護法や労働立法などの保護的規制、業界間の業務範囲を確定する競争規制、さらに労使交渉などに典型的な非介入政策、こうしたそれぞれの政策類型ごとに利益団体の政治過程への参加が異なるということであり、もう一点注目すべきはどのレベルにおいても複数の対抗する集団、そして協力関係が存在するということである。

四　利益団体の武器と戦術

次に我々は利益団体のリソース、すなわち政党や官僚制などさまざまな政治アクターに働きかける場合の利益団体の武器は何かということについて考えてみることにしよう。リソースには規模や財政、組織力といった有形的なものから、インタレストの集中や評判、正統性といった無形的なもの、そして指導者のリソースなどが存在する。圧力団体やロビーという言葉の持つイメージは、アメリカで3B（賄略、宴会、金髪女性）戦術と言われたり、日本で料亭政治と言われる、暗いイメージと結びついている。圧力という言葉からは、大衆集会、デモ、座り込みなどが連想される。密室政治と大衆動員は盾の両面で、ともに工業化期の団体の特徴のようである。その背景となる金と票の圧力は今も重要だが、国際化と脱工業化の時期を迎えて急速に「情報」の意義が増大している。

次に見ていくように、リソースは団体の種類によってかなり不均等に分布している。またさまざまな調査から明らかなように、リソースのどれを重視するか、どの戦術を重視するか、も団体の種類によって異なっているのである。日本の団体調査によれば、規模の点では労働団体や農業団体、そして市民政治団体に大きな団体が多いことがわかる。財政規模の点でいえば、行政関係団体、専門家団体、経済団体に大きいものが多く、逆に福祉団体や市民政治団体の財政規模は小さい。常勤職員数などで示される組織力に関しても、専門家団体や行政関係団体、経済団体の力が大きく、教育団体、市民政治団体、福祉団体の力は弱い。機関紙の発行部数に関していえば労働団体や専門家団体に大規模なものが多い。

このようにリソースが団体の種類によって異なるので、団体が用いる戦術もそれに応じて異なることになる。労働団体の一部、市民政治団体、農業団体において大衆集会や大衆動員、直接行動などの大衆戦術を用いる団体が多く、逆に経済団体や教育団体、専門家団体では有力者の仲介や代表会見などの戦術が重視されている。リソースや戦術に注目すれば、大衆団体と非大衆団体、大規模団体と小規模団体という区別が重要なことがわかる（村松他、一九八六、第一章）。

脱工業化、情報化の進んだアメリカの利益団体においてもリソースの中で最も重要視されているのは評判という無形的リソースである。逆に最も重要視されていないのは会員規模や財政規模であるという結果がでている。ネットワークやリーダーの知名度、情報処理などにおける専門的知識のコントロールなどが評判に次いで重視されているリソースである。ただし大衆団体である労働組合や市民団体においては会員数の多さはある程度重要視されている。日本においても労働組合における威信の大きさはほぼ団体の規模に従っている。

アメリカの団体についてもう少し詳しく見てみよう。あるサーベイにおいて最も重要な組織のリソースと答えた団体の比率から、最も重要でないと答えた比率を引いた得点を見てみよう。そこではプラスの値を示すリソースは四つしかなかった。即ち、組織の評判（＋八〇％）、接触のサークル（＋一五％）、リーダーの名声（＋九％）、情報処理や専門知識（＋八％）の四つである。それに対して、大規模な組織（▲二一%）、財政規模（▲五三%）は重要でないと答えた回答者の方が相当多い。評判を重視するのは全ての団体に共通であり、接触のサークルを重視するのは企業、リーダーの名声は市民団体、専門知識は企業、目的や主義主張の明快さを重視するのは市民団体、メンバーの規模を重視するのは労働組合となっている（Schlozman & Tierney, 1986, p. 104）。アメリカの団体においては、評判や情報能力などのソフトの側面がますます重視されるようになっている。そのことはさまざまな専門家の雇用となって現れている。次の節で我々はアメリカのロビイストについて触れるが、スタッフとして法律家を雇う比率は七五%、PRコンサルタントは六四%（企業が最も多く七二%、市民団体では四六%）、ダイレクトメイルによる資金カンパの専門家は二三%（労組四七%、市民団体四四%で多い）、世論調査専門家一二%となっている。これ以外にも外部の同様の専門家を利益団体の多くは雇用しているのである（*ibid.*, p. 101）。アメリカの利益団体は日本の団体と比べて、ますますスタッフ組織、情報組織としての色彩を強めているように思われる。

アメリカの団体の戦術について考えてみよう（*ibid.*, pp. 150–51）。それは実に多様である。公聴会での証言、官僚との接触、調査結果や専門的情報の配布、手紙戦術、他団体との同盟などは九割以上の団体が実施している。やや少ないのは議員の投票結果の公表、ダイレクトメイルによる資金収集、メディアへの広告、候補者に対する公的な支援や献金、デモや抗議行動への参加であり、これらは四割以下の団体が行っているにすぎない。最近より多く使用されるようになった戦術としては第一位がメディアとの接触、次いで他団体との連合の結成、官僚との接触、公聴会での証言、手紙戦術、リサーチの発表などであり、これらは六〇％以上の団体が使用頻度の上昇を答えている。七〇年代の中葉以降、議会の勢力回復によって、公聴会という伝統的な手段が再び重要になり、他方で脱工業化の進展と共に、メディアへの接近や調査研究の発表などの高度な戦術が重要性を増しているようである。

アメリカの団体の武器や戦術は日本の新しい団体のそれを暗示しており、興味深い。

五　利益団体の政治的ターゲット

利益団体の政策過程への働きかけは、その国の政治制度、団体と他の政治アクターとの歴史的関係、さらに政治文化によって規定される。まず日本の団体が政治に働きかける場合、政党（ないし議会）、行政機関、裁判所のどれに働きかけることがより有効だと考えているかについて見てみよう。最も重要な標的として政党ないし議会を挙げたのは四六％、行政機関を挙げたのは四八％、裁判所を挙げたのは一％となっている。団体の分類でいえば、労働団体（六九％）、専門家団体（五六％）、福祉団体（五三％）で政党志向が強く、農業団体（七八％）、教育団体（六七％）、経済団体（五七％）では行政機関志向が強い。裁判所を挙げたのは第二位まで含めて五団体にすぎず、労組と市民団体である。経済や農業団体のように古くからの団体が多く、政策過程に深く食い込み、要求が日常化した団体では行政機関志向が強く、労働団体や専門家団体など行政機関との間に緊張があり、論争的な非日常的な要求を掲げる団体では政党志向が強いと言えよう。とはいえ、サーベイによれば行政機関との協議関係に入ることが最も影響力の増大につながるようである。政党志向は「族」を経由して行政機関を標的にしている場合

表 6-1　団体活動の標的，日本

（第一位にあげた%）

	農業団体	経済団体 大企業	経済団体 中小企業	行政関係団体	専門家団体	教育団体	福祉団体	労働団体	市民政治団体	計
政党・議会	17	33	46	47	56	33	53	69	47	46
行政機関	78	60	50	47	33	67	47	25	37	48
裁判所	0	0	0	0	0	0	0	4	5	1
その他	4	7	4	7	11	0	0	2	5	2

Q．あなたの団体の主張をとおしたり，権利，意見，利益を守るために，最終的には政党（ないし議会），行政，裁判所のどれに働きかけることがより有効だと思われますか．重要な順におあげ下さい．

（資料）団体調査 Q30．

表 6-2　団体活動の標的，アメリカ

	企業	業界	労組	市民	全体
「大変重要」の比率%					
議会	94	91	95	92	89
ホワイトハウス	67	59	37	40	55
行政機関	68	82	58	40	65
裁判所	18	21	28	28	22
この10年間で重要度の増した標的					
議会	60	54	62	59	58
ホワイトハウス	61	53	38	35	49
行政機関	50	54	44	45	49
裁判所	23	50	33	24	31

（資料）Schlozman & Tierney, 1986, pp. 272-73.

も多い（表6－1）。

次にアメリカでの団体活動の標的を見てみよう。日本での設問のように、どれかを選択するのではなく、それぞれの制度の重要度を別々に聞いた設問である。全体としてみれば議会が大変重要と答えた比率が最も高く九割、次いで行政機関、大統領府の五割強、裁判所の二割となっている。この一〇年間で重要度の増した標的という設問においても議会が六割、行政機関と大統領府が五割弱となっている。裁判所も三割の団体が重要度の上昇を答えている。大統領府の重要性は七〇年代ほどではないようである。これを最も重要視するのは企業であり、行政機関を最も重要視しているのは業界団体、労働組合や市民では、他の類型よりも裁判所を重視する比率が高い。しかし、日米の貿易摩擦でも見られるように、業界団体は標的として裁判所を重視しており、約半数がその重要度の増大を示している（表6－2）。

団体の標的はこれ以外にも地方自治体や特殊法人、地方出先機関などさまざまなものが考えられる。日米を比較してみれば、アメリカにおける議会の持つ意味の大きさ（そしてその復権ぶり）、さらに裁判所の持つ相対的な地位の大きさを印象づけられる。

六　利益団体間の連合と対立

一方で新しい利益が政治過程に登場し、既成の利益と新しい利益の対立が生じ、他方で財政状況のゼロ・サム化に伴って利益団体間の競合の程度も著しくなっている。八〇年代の先進諸国の利益集団政治は、飛躍的な政治化の時代に突入している。こうした中にあって政治への標的が定まった後に問題になるのは、どのような団体と手を携え影響力を行使するかという問題である。日本の団体で、自らの団体と協力関係を持つ団体がある、と答えた団体は九割、アメリカにおいても、他の組織との連合を結成する戦術を用いる、と答えた団体は九割を示している。この戦術を用いることが従来よりも多くなった、と答える団体も六八％にも達している。他方で、日本では三八％の団体が他の団体との対立を感じている（本節は、村松他一九八六第三章の伊藤光利の分析に多くを負う）。

日本での団体調査では、協力関係や対立関係がある、と答えた団体に、その相手の名前を三つまで挙げてもらった。アメリカでの調査では一般的にみてビジネス、労働、市民の各分野において敵対団体が

表 6-3　団体間の協力と対立，日本

協力の相手　(%)

協力の相手	農業団体	経済団体	行政関係団体	専門家団体	教育団体	福祉団体	労働団体	市民政治団体	計	N^*
農業団体	98	—	2	—	—	—	—	—	100	50
経済団体	—	98	1	1	—	—	—	—	100	176
行政関係団体	—	33	61	3	—	3	—	—	100	33
専門家団体	10	15	5	60	—	10	—	—	100	20
教育団体	—	—	—	—	100	—	—	—	100	31
福祉団体	—	3	1	—	8	84	3	—	100	64
労働団体	2	5	—	2	—	2	89	2	100	125
市民政治団体	5	—	—	5		5	32	53	100	19

対立の相手　(%)

対立の相手	農業団体	福祉団体	経済団体	労働団体	行政関係団体	教育団体	専門家団体	市民政治団体	計	N^*
農業団体	45	—	18	18	—	—	—	18	100	11
福祉団体	—	53	—	—	—	7	40	—	100	15
経済団体	3	—	68	10	7	—	7	7	100	31
労働団体	2	—	22	64	2	—	4	8	100	54
行政関係団体	20	—	—	20	60	—	—	—	100	5
教育団体	—	—	—	20	—	80	—	—	100	5
専門家団体	—	33	17	—	—	—	50	—	100	6
市民政治団体	25	—	13	—	—	—	—	63	100	8
その他	—	—	33	33	—	—	—	33	100	3

＊ ケース数（３番目までの回答の集計）．
（資料）　団体調査．

いるか、味方となる団体がいるかを聞いたものである。質問方法が違うので比較は難しいが、傾向を探ってみよう。

まず日本の団体の協力相手と対立の相手を示した表６－３に注目しよう。ここではかなり明確な傾向として、同一部門の団体と協力し、また対立もそこで生じることが示されている。他の分野で協力団体を答えているのは、経済団体が行政関係団体を挙げ、労働団体が市民政治団体を挙げているのがやや目立つ。対立の相手としては、福祉団体と専門家団体、労働団体と経済団体、市民政治団体と農業団体などであるが、いずれも二〇%程度である。

アメリカの団体を見てみよう（表6-4）。協力関係にある団体に関しては日本と同じ傾向がある。即ち自らと同じセクターにその相手を見出すという傾向である。しかし、どのセクターに敵となる団体を見るかでは全く答えが異なっている。即ち企業や業界団体では市民団体（消費者、環境団体を含む）の中に敵を見出す傾向が強く、労働団体や市民団体ではビジネスの中に敵を見出す傾向が強い。即ち異なるセクター間の対立が支配的である。

表6-4　団体間の競合・協力のパターン，アメリカ

「味方」allies関係［(　) 内「味方も敵も」］	ビジネス	労　働	市　民
企業	66 (23)	2 (11)	0 (6)
業界	56 (26)	12 (3)	0 (0)
労働	0 (16)	79 (5)	26 (0)
市民／消費者／環境団体	0 (4)	12 (0)	68 (0)
「味方」も「敵」もいない	**ビジネス**	**労　働**	**市　民**
企業	11	68	40
業界	6	65	62
労働	32	16	74
市民／消費者／環境団体	32	84	20
「敵」	**ビジネス**	**労　働**	**市　民**
企業	0 (23)	19 (11)	53 (6)
業界	12 (26)	21 (3)	38 (0)
労働	53 (16)	0 (5)	0 (0)
市民／消費者／環境団体	64 (4)	4 (0)	12 (0)

（資料）Schlozman & Tierney, 1986, p. 284.

これは一つは日本においては、労働セクターの分裂によって労働対労働という対立が激しかったためであり、加えて労働の勢力が劣りかつ企業別（協調）組合が基本にあるために経済対労働という対立が顕在的にならないということである。さらに市民団体の力も相対的に弱い。アメリカのように異セクター間の対立の方が、階級理論や集団理論の団体関係に対する伝統的見方と合致するものといえる。

両国で共通しているのは、労働が協力団体として市民団体を挙げるという傾向である。それに対し市民団体は労働にやや関心が薄いという点も同じである。アメリカでは市民団体の方が労働団体よりもビジネスと対立する程度が著しいことは注目に値する。

国際化と脱工業化で先んじたアメリカでは、利益集団政治においても工業化期の労働組合対経営者団体という対立以外に、市民団体対企業という新次元の対立が重要になっている。新しい団体の時代には、市民団体、世論、マスメディアが、専門化した情報とともに重要なアリーナである。日本で独占的で固い組織の一つである農協が自由化の嵐の中で消費者団体との連帯に活路を求め始めたのは時代の趨勢を示しているかもしれない。

第七章　政党・議会と利益団体の関係

団体が何を標的にするかについてもアメリカと日本ではかなりの違いがみられた。議会制、大統領制、選挙の方法さらに官僚制の強さや政党との歴史的関係において、両国が相当程度対照的であるからである（岡沢、一九八八も参照）。

日本の政党は、第一に議院内閣制ということから基本的に英国風の政府監視型であり、第二に組織政党を目指しながらも果たせない疑似組織政党である。第三にそれゆえ官僚制からの顧客関係に引きずられる利益団体を、何とか政党「家族」関係（parentela）に引き入れようと努力してきている。アメリカの政党は、連邦国家の大統領制の下で、第一に各州政党もしくは各議員の「封建」型連合政党の要素が強い。しかも党に囚われぬクロス投票の慣行が存在している。第二に大統領選挙の必要から二大シンボル政党を発達させた。第三に、それゆえ決定の核は政党ではなく議会委員会にある。第四に政党は団体を直接組み入れることができず、また団体も政党をあてにできず、個々の議員をパートナーとしてきた。

日本で与党は官僚制と、野党はマスコミとタイアップしながら疑似階級的な団体政党関係を発展させ、アメリカで団体ロビイストによる議員操縦が発展したのは、以上のような理由からである。具体的に見ていこう。

一　日本における利益団体と政党・議会の関係

1　政党との接触――疑似階級関係

まず、各団体分類の政党支持および政党との接触を見てみよう。図7-1から明らかなように、経済団体から教育団体までの五つのグループでは自民党を中心として接触や支持が行われており、それに対して労働団体や市民政治団体は社会党や公明、民社のような野党を中心とした支持・接触が行われている。専門家団体は両者の中間的な形を示している。疑似階級的配置である。全団体のグラフが示すように、日本では強固な政治的核として自民党が存在し、弱い核として社会、さらにそれより弱い核として他の野党が存在するという配置が見られる。経済団体以外の諸分類を、支持や接触でどの程度ひきつけるかが野党にとっての課題である。与党は支持よりも接触で強みを示し、団体から情報を吸いあげていることがわかる。

団体の政治的アクセスを考えてみよう。アメリカではここに専門的職業としてのロビイストが存在する。しかし日本ではそうした職種はまだ認知されてはいない。標的という点では行政機関と政党・議会は半々であったが、団体に出身者を送り込んでいる、即ち「天下り」をさせるという点では、行政機関出身の方が国会議員会員や元議員会員よりも多くなっている。議員会員を持っているのは七三団体、約三割であり、専門家、農業、福祉、労働などで多い。同じく元議員会員がいるのも六〇団体、二割強であり、労働、専門家、市民政治で三割を越えている。もう少し弱いアクセス・ポイントとしての「助力

図7-1　団体と政党（支持と接触，日本）

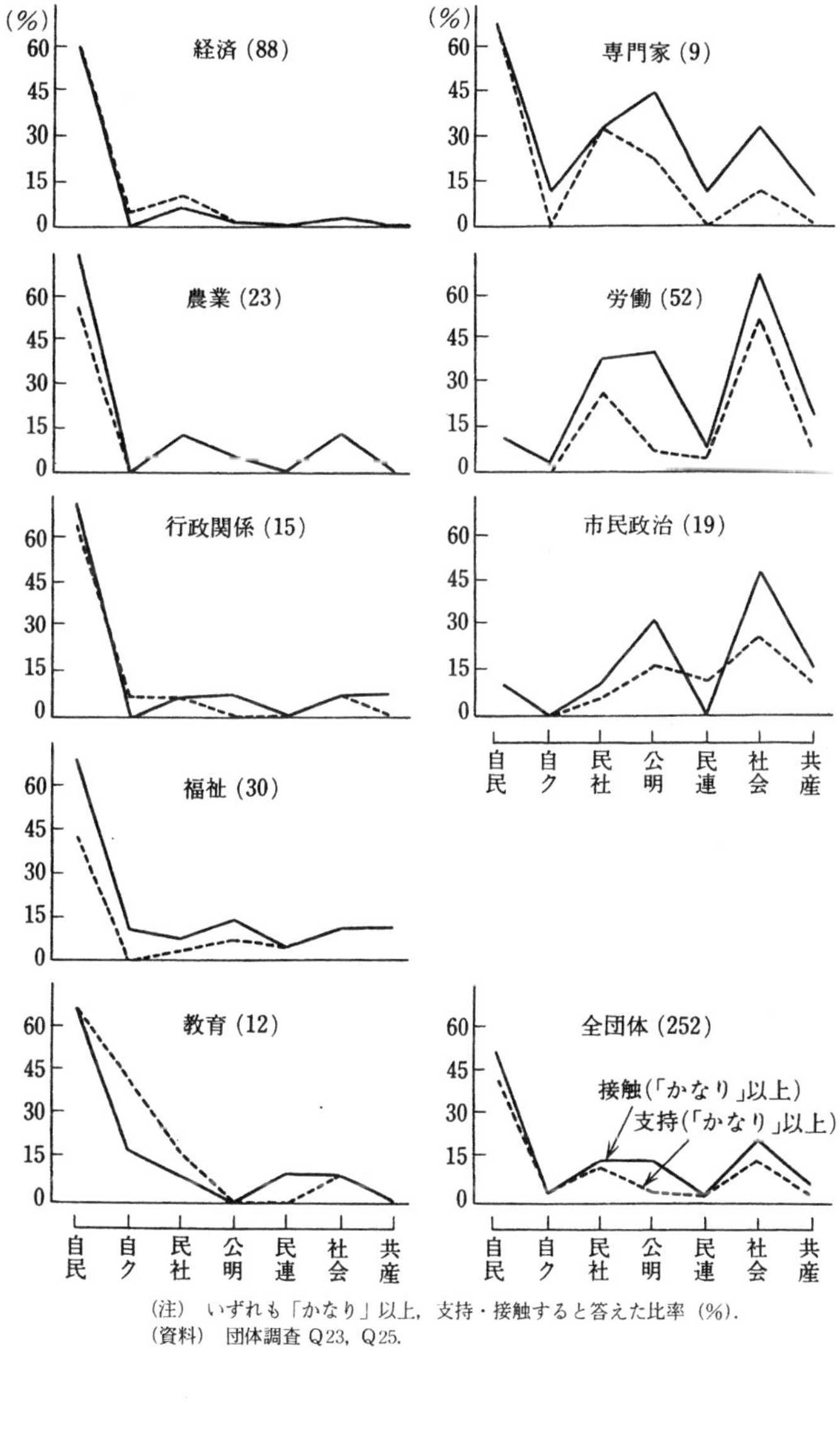

（注）　いずれも「かなり」以上，支持・接触すると答えた比率（%）．
（資料）　団体調査 Q23，Q25．

をお願いできる国会議員」はほとんど（八三％）の団体が持っている。ここでも人数の多いのは農業、専門家、教育、福祉などの団体である。これは「族」の中で農林族、社労族、文教族が発達していることと対応する。議員会員がいると答えた団体でもせいぜい数名どまりであるが、友好議員がいると答えた団体は相当数が多い。さまざまな議員連盟は団体友好議員のたまり場である。

2　政治団体——ダミー

利益団体は人とのつながりで政党にアクセスするだけではない。両者の交換過程が重要である。なかでも、金銭を媒介とする関係はその核心である。すなわち政治団体、政治資金団体、政治献金の分析が必要である。団体は政党や議員に直接献金することができるが、一九七六年に改正された政治資金規正法によって、直接行う場合は同一の対象に対して一五〇万円という上限が設けられており、一〇〇万円以上の寄付の場合は届け出義務がある。それに対して政治団体の場合、寄付に上限はない。そのため本来の政治団体以外に利益団体のダミー組織として政治資金を収集し寄付するための団体としての政治団体が生まれる。アメリカのＰＡＣとよく似た事例である。

一九八六年三月末（自治省調べ）で中央レベル（二県以上で活動）の政治団体は四六〇一、そのうち五七七は国会議員の指定する団体である。利益団体のダミーとしての政治団体はおよそ三〇〇である。地方レベルまであわせた政治団体の数は五万六〇六一、そのうち四万二五七九が地方議員系列の団体である。地方レベルでも残りの大部分は思想的、イデオロギー的な政治団体である。約三〇〇程のダミーとしての政治団体を分析してみよう。

一九八六年の政治団体のうち三一四が利益団体と関係の深いものとして抜き出すことができる。中小企業を中心とする業界が九四、環境衛生関係の業界が一四、労働組合関連が七五、専門家団体が二四、農業関係が二一、医療関係が一六、福祉・保険関係が一五、同和関連が三七、その他一四となっている。八二年と比較すれば八五も増えており、四七が消滅している。正味三八団体増である。増加したのは同和団体の三〇、中小企業関連の一九、医療関連の六など、減少したのは労組関連の▲一七、福祉関連の▲四などとなっている。これらの数は団体の抽出過程において判断が入るために確実なものではないが、傾向は示しているだろう。ここでの特徴は経済関連の団体がほとんど全て中小企業や環境衛生関係の零細な企業の団体であること、そして専門、医療、福祉、保険など専門職能的な団体の比重が大きいこと、労組関連では国労関係の団体が多かったが、この数年で相当の減少を見たこと、同和関連の団体が急増していることとである。ジャーナリズムで「圧力団体」と論じられるものの多くはここに顔を出している。行財政改革の影響を受けて、さまざまな予算と関連する小さな業界や職能団体が熱心に政治団体を組織し、団体を中心として議員、官僚をまきこんだミニ三角形の「砦」づくりにいそしんでいること、つまり一層の集団政治の多元化と、他方で労働や福祉という広く薄い利益を代表する組織がダメージをうけたことがここにも反映している。

3　政治献金——政治化の広がり

このような政治団体の増加は、政治資金や政治献金の問題とも密接に関連している。一九八六年の政治資金の総額は三〇九七億円であり、内中央分は一六七六億円である。これは政治資金規正法が改正された七六年の総額一〇九七億、中央六九三億のおよそ三倍に近い。この間、物価上昇が極めて低いレベルに納まっていたことを考えると、この一〇年の著しい政治化の進展を思わせる。そしてこれはアメリカの状況とも軌を一にしている。

まず政治献金を通じての自民党と団体との関係を分析してみよう。八六年の自民党の政治資金の額は二〇五・五億、内寄付は国民政治協会を通じての一一一・四億である。国民政治協会はそれを企業および業界から七八・六億、政治団体から三二・八億集めている。この七対三という比が大企業からの圧力とその他（中小企業・イデオロギー団体）からの圧力比に近似するかもしれない。一九七六年は、企業・団体からは六四・九億、政治団体からは八三〇〇万に過ぎなかった。即ちこの一〇年間で政治団体を通じての寄付の量は四〇倍近くに膨れあがったのである。自民党に献金した政治団体は自由国民会議の一六億を除けば日本歯科医師政治連盟などの専門職能組織、全国小売酒販政治連盟などの中小零細企業の業界の政治連盟から成り立っている。ゼロ・サム状況下の政治化をよく示している。

次に、国民政治協会を通じて自民党に献金する企業・業界の政治献金について見てみよう。一〇万円以上の献金を行った企業・団体は約二三〇〇存在する。石油連盟の九一〇〇万円、鋼材倶楽部の九千万円がトップである。三千万円以上を献金した団体は一六、企業は四一存在する。五〇〇万円以上献金した企業・団体四〇三の献金額を業界別に検討すれば、銀行二二％、建設一二％、保険八％、鉄鋼・金属七％、電機六％、自動車六％、商社五％、運輸四％、薬品四％、証券三％などとなっている。最近の経済のソフト化のあおりを受けて銀行や保険、商社などが著しく献金額を増すとともに、鉄鋼、金属、造船、運輸、石油などの業界の献金高は減少している。

次に社会党に対する団体からの献金を見てみよう。八六年に社会党が受けた献金は団体からは一億一三〇〇万円、政治団体からは二七〇〇万円で、自民党の八〇分の一に過ぎない。団体からの献金の大部分は総評からの献金一億円で占められており、一〇〇万円以上の献金を行ったのは、税理士、石油、歯科、新産別、ガス、全電通、全石油などの業界および労組のみである。それ以外に社会党は総評からの借金が五億円も存在している。自民党の国民政治協会に当たるものが社会党では総評になるわけだが、単に献金の総量からみてもまたその広がりからみても極めて薄弱であるといわざるを得ないだろう。

次いで民社党について見てみよう。民社党は政和協会を通じて企業献金を一七億五千万円、団体からの献金を二億六千万円あつめている。そのうち大手は同盟からの一億円、交運総連からの二八〇〇万円、全郵政からの一五〇〇万円などとなっており、五〇〇万円以上の献金を行ったのは一三団体、一三民間労組である。

社会、民社に関しては、選挙時には労組が人手・資金・組織を動員して運動を行うので、献金だけでは計れない政党との交換過程があり（同様のことは企業と自民・民社間でもみられる）、その実態の分析が必要である。

公明党は創価学会やその関連組織と、共産党もまた数多くの関連組織と関係を持つが、政治献金は受けていない。党費、機関紙の形で資金は動き、団体と党の強力な関係は見えにくくなっている。

一九六六年から八六年までの政治献金を比較検討してみると、次のような事実が注目をひく。その一つは国民政治協会を通じて行われる財界の献金の占める比重の低下である。六七年には政治資金全体に占める国民政治協会の行った献金の比率は二四%であったが、年々多少の変動を繰り返しながら七三年には二六%まで上昇した。しかしその後七五年に急激にその比率を一二%まで落とし、現在ではわずか七%にまで落ちている。理由としては、経済のソフト化を受けて銀行や保険、商社などの比率が献金高の中では上昇しているが、財界とりわけ経団連は鉄鋼を中心とした重化学工業に主たる基盤を置いており、そのため献金の伸びが低くなったこと、第二に石油ショック後の企業批判の影響、第三に、ゼロ・サム下で著しく政治圧力を高めた中小零細業界、職能団体のつくる政治団体献金の増大、が考えられる。

もう一つの特徴は労働組合の献金額が減少しているように思われることである。一九六九年には献金上位二五位の中に総評系四、同盟系四の八団体も顔を出していたのに、八〇年代では総評と同盟の二団体か、まれにそれ以外の一ないし二の大単産が顔を出すにとどまっている。しかも献金の額もせいぜい二千万円止まりとなっている。政治資金規正法による献金の制限もあるが、それは政治団体を結成することによってクリアできるものであり、減少を説明するものではないだろう。これは、財界の比重低下と共に、工業化に適応した団体が脱工業化の中で停滞を余儀なくされていることの証拠であるように思われる。

そして既に指摘したように、重要性を増しているのが政治団体を通じての中小企業や専門職能、個別利害に対応する献金の増大である。ゼロ・サム化に対応した動きであると共に、宗教団体などのイデオロギー団体もここに顔を出しており、八〇年代にはいっての政治化の深化を示している。

4　利益代表議員

かつて丸山真男（一九六四、五三一頁）は、日本の後進性の結果として政治の領域における「機能集団」の役割がズレており、本来政党がすべき役割を団体が代替していると述べた。議員はそれゆえ政党ではなく団体から供給されてきた。比較政治的にみてこのことは興味深く、日本では議員が利益代表性を強く帯びていることは否めない。利益団体の代表者として議員に送り込まれるのは自民党の場合、大部分が官僚出身者であり、参議院旧全国区や現在の比例代表区などには直接的な出身代表が送り込まれる。社会党の場合は衆・参両議員を通じて労組出身が半数に迫り、利益代表型政党の典型といえる。

まず一九八六年同日選挙での利益代表の分布を見てみよう。自民党の場合は官僚出身の議員および参議院での立正佼正会、生長の家、軍恩連、歯科医師会、日本遺族会、日本医師会、自衛隊のそれぞれを背景とする議員が大部分それにあたる。衆議院より参議院に利益代表の性格が濃い。とりわけ建設省や農水省、国鉄などの出身の官僚にその性格が濃い。かつて広瀬通貞は『補助金と政権党』（一九八一年）のなかで参議院全国区の官僚出身議員と利益団体の関係を農業構造改善事業とそれを担当する省庁出身の議員、そしてそれによって利益を得る団体を例として見事に例証した。官僚出身の議員と利益団体の間には大なり小なりそのような関係が存在すると推定することができる。

社会、民社両党での利益団体と政党の関係は極めて明快である（犬童、一九七七）。総評、中立労連系は大部分が社会党、旧全労・同盟系は民社党の議員である。八六年の同日選挙までは両党においてその数は増加の傾向にあり、両党の停滞とあいまって労働組合出身議員が両党において占める比率は上昇の一途を辿った。しかし八六年同日選挙では両党とも相当な打撃を受け労働組合出身議員も数を減らした。労働組合以外では社会党は部落解放同盟、全日本農民組合から各一名、共産党は新日本婦人倶楽部、自由法曹団からそれぞれ一名の代表を議員に迎えている。

このような利益代表議員を中心として団体と政党は密接な関係を保っている。そうした関係の一つを示すものは議員がつくるさまざまな議員連盟である。一般に政党が安易に資金と票を求めて利益団体の一部と固定化した関係を持つ程、急速に変化していく状況との接点を失い、政策音痴になる傾向がある。自民党の場合、人的結合（直接の代表議員）は参議院にほぼ限り、官僚が機能的代表を行うことでこの欠点をややまぬがれている。野党とくに社・民両党は直接的で固定的な関係に過度に依存し政策能力を低下させているようである。

二　アメリカにおける利益団体と議員の関係

アメリカの利益団体は、雲のように実体のない政党ではなく、議会で鍵となる議員に向う。そのために彼らはロビイストを雇い、ＰＡＣをつくる。ロビイストとＰＡＣとは一体何なのだろうか。

１　ロビイスト――政治情報産業の主役

一九四六年には数百のワシントン代表部と一一八〇人のロビイストがいたと報告されているが、現在では団体の三〇％がワシントンに本部を置き、二千以上の組織に五万から八万人の広義のロビイストが雇われている、と伝えられている。ロビー登録法によって登録しているロビイストの数は八五年で七二

○○人、外国ロビイストは八五○人であり、七五年の三四○○人から二倍以上の増え方である。ロビイストの一つの指標といわれるワシントンにおける法律家の数は七三年に一万一千人であったものが八三年には三万七千人に達している（以上 Salisbury, 1986, pp. 146–50）。全国におけるロビイストの数は三○万に達すると推定されている。ちなみに東京の千代田、中央、港の三区には二九六○の団体事業所があり、非専門スタッフを含め三万一千人がそこで働いている。これはまだ、アメリカに比較すればかなり少ない。

ロビイストは組織担当役員や政府担当スタッフ、法律顧問、調査スタッフといった肩書で雇用され、数万ドルから一○万ドル以上の年俸を得る四○代の専門家であることが多い。あるサーベイによれば、連邦政府に関係していた者は五四%にのぼり、行政機関出身が二二%、議会出身が一七%、地方政府出身が九%などとなっている。ロビイストのカバーする仕事は、ビジネスや組合関係のものでは対連邦政府が中心であり、全体でも四二%がそれに力を費やしている。組織内の仕事に力点があるのは組合のロビイストであり、全体では三三%がそれに費やしている。市民団体では州レベルの仕事にアクセントがあり、全体では九%がそれに力を注いでいる（*ibid.*, 150–54）。日本ロビイストの役割も非常に重要になっている。とはいえ一体、ロビイストとは何なのか。それを解く比較政治的鍵は、アメリカにおける効率的で統合された官僚制や政党の欠如にある。現代の官僚制（少なくとも日本では）や政党（ヨーロッパ諸国）は、ますます社会情報センターかつシンクタンク化してゆく。これを欠くアメリカでは、議会が独自でスタッフを発達させる一方、ロビイストという情報媒介スタッフが発達したのである。彼らは単に団体・企業と議員をつなぐだけでなく、戦略や法案自体をも「つくる」専門家なのである。

2　政治活動委員会（ＰＡＣ）

ＰＡＣ自体は五〇年程前に労働組合が政治力強化のために編み出した組織形態である。これが注目されるようになったのは七一年の連邦選挙運動法（ＦＥＣＡ）が七四年に改訂され、企業や組合財政からの献金を禁じるとともにさまざまな規制を設けたために急速に発展することとなった。即ち個人献金は議員一人に一千ドル、合計で二万五千ドルまでという制限があるのに対し、ＰＡＣの場合一人当たり五千ドルまでそして議員側からみれば制限がない、という規定になっている。七四年末に六〇八に過ぎなかったＰＡＣは七〇年代末には二千に、そして八五年末には四千に達している。献金の額も七二年の八五〇〇万ドルから八四年末には一億一二六〇万ドルへと膨張している。その結果、下院議員の資金に占めるＰＡＣの比重は七二年の一四％から八四年には三七％にまで急上昇している。上院議員ではそれほどではない。他方、減ったのは政党からの資金である。政党にとって代わってＰＡＣつまり利益集団そのものが資金を議員とその候補に提供しているのである（表7－1）。

二番目の特徴としては、当初、献金の量や数の上でビジネス関係の団体に匹敵もしくは凌駕していた労働関連のＰＡＣに替わり、七〇年代後半からは企業ＰＡＣが急増しまた献金も増大、労働を圧倒するとともに、次いで協同組合ＰＡＣや独立系のＰＡＣも相当数設立されるようになった。結果としてビジネス系のＰＡＣが献金額で六割を、残りを労働、独立、協同組合系などが占めるという形になった。

労働組合系のＰＡＣの力は急速に衰えているように見えるが、上位一五のＰＡＣをみれば八つを占め

表7-1　アメリカのPACの推移

	PACの数			PAC受領額(万ドル)			PAC献金額(万ドル)		
	1974	78	84	72	78	84	72	78	84
企業	89	784	1,682	—	1,520	6,610	—	980	3,880
業界,団体,医療	318	451	698	—	2,380	5,910	—	1,130	2,820
ビジネス関連				800	—	—	270	—	—
関連団体なし	—	165	1,053	260	1,740	10,220	—	280	1,530
労組	201	217	394	850	1,860	5,120	360	1,030	2,620
その他	—	36	182	—	240	920	220	100	410
計	608	1,653	4,009	1,920	7,740	28,780	850	3,520	11,260
下院選にしめる比率(%)							14.0	24.8	36.5
上院選にしめる比率(%)							11.9	13.5	18.8

(資料)　Conway, 1986, Table 4-1, 4-2, 4-3.

ており、他の分野を圧倒している。労働組合PACは力を集中させているのであるが広がりが見られない、という特徴がある。別の情報（Schlozman & Tierney, 1986, p. 249）によれば、PACの献金のうち市民、イデオロギー系のものが五％、専門系のものが七％、農業系が三％を占める、と報告されている。この一〇年間でPACにおいても多元化は進んだと考えることはできるが、他方でビジネスの優位は揺るがない、とみることもできる。

忘れてはならないのは、PACの台頭、ビジネス優位の利益集団資金の政治への流入が、ウォーターゲート事件以降の政治浄化の流れで生まれた政治資金法改正をきっかけとしているという逆説である。

表 7-2　利益団体の議員評価における保守派とリベラル派の推移(下院)

			1975	1978	1987
民主的行動のためのアメリカ人組織					
ADA	80%	以上*	113	46	147
	20%	以下**	137	161	139
アメリカ労働総同盟・産別会議					
AFL・CIO	80%	以上	192	123	190
	20%	以下	102	113	121
全米商業会議所					
CCUS	80%	以上	100	76	125
	20%	以下	160	56	144
憲法行動のためのアメリカ人組織					
ACA	80%	以上	97	110	91
	20%	以下	154	117	214

*　議員評価で80%以上得点（満点100）をえた議員数.
**　議員評価で20%以下得点（満点100）をえた議員数.
(資料)　*Congressional Quarterly*, 1979, 1987.

3　団体による議員評価（レイティング）

すでに触れたが、レイティングは団体の大統領候補選挙や議員選挙での重要な影響力行使の手段である。団体が選んだ一〇—二〇余の法案への態度で各候補に得点を与え選挙前に公表する。重要なのはADA、AFL・CIO、CCUS、ACA、環境保護有権者リーグ、市民議会監視グループの評点は各々、リベラル、親労組、親ビジネス、保守、エコロジスト、市民派というレッテルとしてマスコミで引用され、各議員についてまわるということである。

他方、レイティングの推移は民主・共和両党の議員数推移では計れない、アメリカの政治勢力地図を明るみに出す。一九八七年の評点はレーガン以後に向けて、アメリカの政治が「左傾化」していることを示しているようである（表7-2）。

日本では数多くの政治団体が結成され、アメリカでも多様なPACが結成されている。ロビイストの数や団体の数も両国においてこの一〇年間で爆発的な増大を見せている。このことは一方で政治の多様化、多元化を示しているようにみえる。しかしながら献金の量を見る限り、ビジネス界の優位は不動、もしくはさらに強固になっているようにさえ見受けられる。七〇年代後半以降のこのような変化を我々はどのようにみるべきであろうか。少なくともレーガンや中曽根という「保守回帰」の両政権は、こうした利益政治の変化にのっていたことは確かなのである。

第八章　行政機関・諮問機関と利益団体の関係

次に団体が行政機関や審議会、私的諮問機関とどのような関係を持っているかを調べてみよう。理論的にみれば行政機関との協調的関係を重視するのはコーポラティズムの議論である。なぜなら団体の統合と社会的協調、政策参加を中心とするネオ・コーポラティズムの議論は実は、ヨーロッパにおいて支配的な、集権化された労働組合とその社会民主主義政党を通じての政治権力の奪取と体制化を背景として組み立てられており、社会経済評議会などの巨大審議会を通じてその利益は政府、行政機関に反映したからである。日本の場合は、アメリカのような自由市場志向型の多元的圧力政治へ向かいつつあるという議論と、企業レベルでの統合（協調参加）を強調する企業コーポラティズム（ドーア、一九八七）や労働なきコーポラティズム、さらに労働の協調的政策参加志向（コーポラティズム化）という議論が行われている。チャーマーズ・ジョンソン（一九八二）がアメリカの規制志向型国家と区別して日本を発展志向型国家と呼んだり、日本株式会社論が述べられたりするのも同じような現象をめぐってである。かつての日本の圧力団体論は、日本の圧力団体が戦前期におけるファシズム（国家コーポラティズム）の影響を残したまま既存集団を丸抱えにし、それを行政の権威によって正当化しようとする傾向があり、財政的援助や組織運営に公権力の介入を求めることから常に統制団体化の危険があると論じた。このような議論に実証的な光を幾分かでも投げ掛けるのが本章のねらいである。

一　アメリカ、錯綜した行政と団体

本章ではアメリカの行政と団体の関係について、実証的なレベルで議論することはできない。既存の研究を利用しながら、利益団体の官僚制的統合の少ないアメリカでは、事態がどのように異なるかを概観しておくことにしたい。

既に標的に関して述べたように、アメリカにおいては大統領府や行政機関は議会ほど重要視されてはいない。プレッサスのサーベイ（1974, p. 147）において、標的の第一位に官僚制をあげたのは二三％にすぎず、議会四〇％、委員会一九％に見劣りがする。利益団体が得意とするレイティングやPACを用いた献金といった戦術は、官僚制に用いることはできない。大統領選挙では用いることはできるが、特殊利益という言葉に敏感なメディアと世論を最も恐れる候補者は、団体の紐付のPACを遠ざけようとする。候補者レイティングも知事出身の大統領候補が増えた最近では、あまり有効とはいえない。大統領自身が法案に影響力を行使するために、特別のロビイストチームをつくるということも、アメリカでは法律と議員が特別の重要性を持つことを証明しているようにも思える。

以上のような事実は、しかし団体の対行政働き掛けの意義の低さを必ずしも示すものではない。実際は、団体と行政の間の関係がもともと見えにくいものであり、そして対立と圧力といった関係ではなく、協調と共生を主とした関係を発達させるにつれてますます不可視なものとなっていくのである。見えにくいが重要だ、ということの証拠としては、次のことが指摘できるであろう。第一に団体が行政機関にロビイングをする場合、法案に影響力を行使するのと違って、全く登録も届け出も必要ない。第二に行政機関といってもアメリカの場合は、階統制組織を形成しておらず、極めて錯綜した多重の構造を持っている。大統領、大統領府（例えば通商代表部など）、さらに各省庁（一一）、独立政府機関（大統領直属七〇）、そして五〇の州政府が存在する。行政機関間の管轄は、極めて複雑でその中に顧客としての団体はうまく潜り込むのである。第三にこうしてできた複雑な行政部局や機関自体が、団体の要求で設立されることも多く、実質的に砦となっているということである。農務、商務、労働といった伝統的顧客省だけでなく、保健教育福祉省、運輸省、住宅都市開発省、連邦エネルギー局、エネルギー資源会議といった省や大統領府内部局も特定の団体との密接な協力関係のもとに作られたものだといわれる。第四に行政部内の人事においても団体はスポイルシステムを利用して、長官や高級官僚に関係者からの代表を任命させている（五三%が試みる）。レーガン政権下のワインバーガー、リーガン、ボルドリッチ、ヘイグといった企業人閣僚の任命も同様の利益代表的人事である。機関や人事において団体は行政と一体化し、人々の目から見えにくい存在になっているのである。

しかし見えにくいとはいえ、GNPの二割を越える財政を執行する連邦・地方合わせて一五〇〇万人の公務員からなる官僚制に対して、その規則や認可、補助金、公共投資で有利な結果を引き出すために働きかけていることには違いない。団体の影響力行使の方法の中で、政府官僚に意見を表明するために接触する（九八%）、非公式に昼食などで接触をする（九五%）、立法戦略を立てるために官僚と協議する（八五％）といった戦術を行っているという団体の比率は、極めて多い（Schlozman & Tierney, 1986, p. 155）。もう一つの重要な事実は、このような頻繁な相互作用が団体の政策への影響力を増すことに直接的につながっていくということである。プレッサスはカナダとアメリカの団体サーベイにおいて、団体と官僚との相互作用が、団体に対する正統性を育み、それが団体の影響力を増すことを実証している。

アメリカにおける団体と行政機関の関係は、極めて重要な分析対象であるが、さきに述べたような理由でこの関係は目立たず隠されており、ローウィ（一九八一）などが利益団体自由主義の悪影響として、合理的政策の不在を指摘しつつ分析しているものの、具体的な団体に焦点を合わせた研究はまだ少ない。

二　日本、主務官庁と利益団体

官僚制と団体との共生関係の発達は、アメリカやカナダだけではなく日本でも指摘できる。そしてそれは日常的な情報を媒介とする相互作用を通じて養われるのである。第二次官僚調査（一九八五年）において、利益団体と接触する利点としては、四九％の人が協力を求めうること、二四％の人が必要な情報を得ることができることを挙げている。そして接触の弊害を聞いた設問では、三〇％の人が弊害は少ないと答えている。省の政策形成や執行において理解と協力が得やすいものとして、団体は、族議員、審議会に次いで第三位（一六％）の地位にある。

日本における団体と行政の関係は、しかしいま少し構造的なものであると見ることができよう。猪口孝（一九八三）は日本の政治体制を官僚制によって仕切られた多元主義と名付けたが、日本の全ての主要な利益団体は、関係省庁、主管局、所管課と呼ばれるものをもち、逆に各省庁は関係団体と呼ばれるものを持っている。社団法人や財団法人といった公益法人だけでなく主要な任意団体も同様に関係省庁、局、課を持っている、とみてよい。図8－1は通産省と運輸省の関係団体名簿を整理したものである。図のように各局はそれぞれ自らと関係の深い団体を傘下に収めている。通産省は七五八、運輸省は二二六の関係団体を名簿に載せており、この数はかなり多い。建設省は七三、郵政省は八二、労働省は五一をそれぞれ名簿に登載している。こうした団体の省庁、局、課への配置はほぼその省庁の担当する産業分類に従っているようである。建設省の便覧は自らが主管する団体と産業分類細目との対応を示している。それによれば約四割の団体が細分類と一対一の対応関係にある。中小企業近代化法などの保護的法律やさまざまな規制、資格、制度などを通じて徐々にこのように整備されてきたのであろう。

図8－1のように、団体が行政機関の下に位置づけられるというのは正しいイメージではない。団体の中には行政機関とほとんど区別がつかない程一体化したものから、行政機関の仕事を請け負うもの、行政機関と協力はするが一定の自立性を保つもの、行政機関の行動にさまざまな点で反対し対抗するものなどが存在する。行政機関と団体との関係は政策分野によって、すなわち分配、再分配、規制、体制といったどの政策領域に団体が登場するかによっても異なってくる。

三　予算と利益団体

予算は団体の最も重要な「獲物」と考えられている。一般会計、特別会計、地方自治体、財政投融資

図 8-1 主務官庁と関係団体

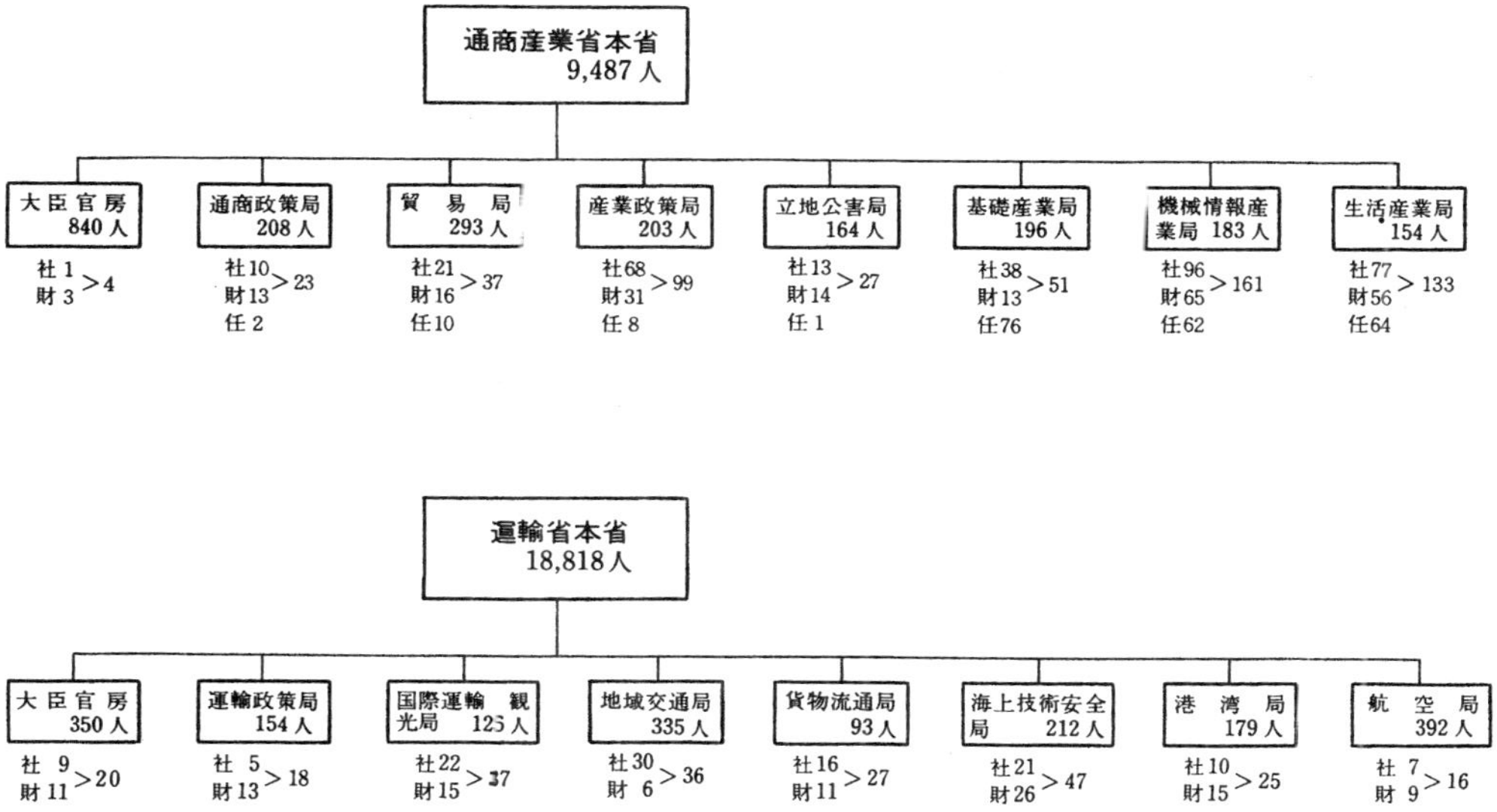

(注) 社は社団法人，財は財団法人，任は任意団体である．運輸省のものには任意団体データが欠けている．
(資料) 通産省，1986；運輸省，1986.

などの予算を含め、公的な予算の持つ比重はGNPの三分の一を越えている。それゆえ例年五月から年末まで続く行政機関内での予算作成過程はどの団体においても極めて重要な働きかけの対象である。我々の団体調査によっても七七％の団体が予算活動をすると答えている。予算編成過程の各段階に働きかける団体分類毎の比率を手掛りに分析を始めよう。特徴的なことは、二つのパターンが見られることである。一つは省、局、課といった純粋に行政内での事業決定や概算要求の段階で働きかける団体比率が高いだけでなく、もう一度復活折衝から政府案決定という最後の段階でも比率が高くなる分類と、そうではなく全般に働きかける団体比率も低く、その比率の高い時期も前半に固まっている団体の分類の二つが区別されるということである。前者には教育、農業、福祉、行政関係の団体が、後者には労働、専門家、市民政治、経済の団体が含まれる。前者は政策受益団体と名付けた分配志向の強い団体であり、後者は再分配や体制、規制の問題に力点を置く団体であるとみることができる（村松他、一九八六）。

予算に働きかける団体と、そうでない団体の違いは、他の行動とどのような関係にあるかを検討してみよう。予算活動という変数とクロス表を作成し、大きなパーセンテージの差が生まれるのは、行政の新規事業に関する定期協議の有無（四一ポイント）、行政との協力支持関係の有無（三四ポイント）、行政との業績評価に関する定期協議（三〇ポイント）の他は自民党との関係を示す変数が目立つ。即ち、自民党との接触が多い団体の比率（三八ポイント）、与党と接触する場合政調会を通じてする団体の比率（二四ポイント）、友好議員の数（三四ポイント）、政治家に対する要求（三一ポイント）、政党への信頼（二三ポイント）となっている。それに対して行政接触や行政要求、行政信頼などのポイント差はあまり大きくない。また行政とのさまざまな関係に関してもポイント差はほとんどない（村松他、一九八六、一〇二頁）。

以上の結果は、予算の作成過程という、大部分が行政内での過程への働きかけに対しても、自民党との関係が極めて重要な役割を果たしていることを示唆する。

日本の高度成長期の予算政治に対する本格的な研究を行ったキャンベル（一九七七）は、官僚制の側からこの問題を次のようにまとめている。即ち省が「新規事業計画や主要事業計画の拡張を（大蔵省などに）認めさせるために最小限必要なことが、その分野の関係利益集団の承認であることが非常に多い。この利益集団の承認を得たり表したりするための普通のメカニズムが公的な諮問機関、諮問委員会（たいていの場合は審議会、懇談会）による報告である」。そして関係団体が好ましくない態度をとっている場合は「下からの組織を別に発足させるのに大なり小なり積極的な姿勢をとる」ことがある。団体と官庁の関係は必ずしも常に協調的というのではない。しかしながら官庁からみて団体と自民党の関係は一体のものである。なぜなら「自民党の支援は顧客の支援内容に従う傾向にある」からである。このようにキャンベルは個別業界などの利益と自民党の行動が一体のものであることを強調する。そして審議会の重要性も強調している。他方で財界などの経済団体中央部に対しては「介入の意志なきパワー・エリート」という性格付けを与え、自民党や官僚と基本的なパースペクティブの一致、基本的目標での一致があるとみている。財界が例外的に積極的なのは法人税と関係する税制である。八〇年頃まではそれがやや周辺的な争点であったために、財界、経済団体中枢部の行動は目立たないものであったが、行政改革や税制改革が主要な争点となるに従ってこうした団体の行動にも相当な積極性が現れてきたと言えよう。

四　行政との関係、相互作用

次に団体調査を基に団体と各行政レベルとの接触、団体と行政との相互作用や相互関係について概観しておこう。団体が頻繁に会っているのは課長レベルである。局長レベルとも三分の二程度の団体がかなり以上会っていると答えている。事務次官や大臣とは行政関係団体や専門家団体を除いては滅多に会うことはないようである。各団体がそれぞれ所管の課を持っており、その課との相互作用が極めて重要であることがうかがわれる。行政と協力支持や意見交換などを行うのは普通のことになっているようである。三分の二以上の団体がそれを行うと答えている。市民政治団体にその比率が低いのが目立つ。審議会に委員を派遣することもどの分野の団体でも通常のこととして行っている（六八％）ようである。しかし退職後のポストを世話するのは行政関係や農業、経済などの分野の一部の団体に限られている。

このような行政との相互作用は行政との間の公的な関係に基づく場合もあり得る。公的な関係としては補助金、許認可関係、法規制、行政指導などがある。補助金に関しては教育、福祉、農業といった政策受益型の団体と専門家団体で比率が高くなっている。許認可に関しては、専門家や農業団体、経済団体で比率が高い。行政指導に関しては農業、経済、福祉、専門家団体で比率が高くなっている。公的関係が深い団体の比率は基本的に団体の設立が古いものに多いが、福祉や教育といった比較的最近できた団体も政策によって得る受益の大きさのために急速に関係を深めたものもある。このような積極的な関与や公的な関係の深まりは団体のターゲットとして行政を選ぶ傾向を強めるが、それは絶対的なものではない。既に述べたように自民党の媒介がそこでは重要になるからである（村松他、一九八六、第四章）。

行政との関係では、単なる接触関係や公的関係ではなく、「協議関係」を行政から求められる間柄になるかどうかが決定的に重要である。協議関係にある行政機関の盛衰は団体の重大な関心事である。臨調の行政改革が成功したのは、実はこうした側面では改革のメスをふるわなかったから、という指摘もある程である。

五　諮問機関と利益団体

最後に三分の二の団体が参加すると答えた審議会と団体の関係に的を絞ってみよう。

国家行政組織法八条に基づく公的な諮問機関である審議会や、それに基づかない諮問機関であるいわゆる私的諮問機関は、多少機能を異にするとはいえ、共に利益団体の意向を行政の政策決定に反映させる重要な場になっている。ネオ・コーポラティズムの議論でも社会経済評議会などの大規模な審議会が労使を中心とする利益代表の政策形成の場として注目されている。イギリスには三六〇の公的審議会が存在し（七八年）、またアメリカでは一一五九の諮問機関に二万三千人の人が委員として送り込まれているという（七六年）。インナーサークルを研究したユシーム（以上、一九八六）は、大企業重役とりわけ多社兼任重役がそこでの比率の上でもまた活動の上でも重要であることを論じている。

日本では一九六五年に二七七を数えた審議会は幾度かの行政改革によって数を減らし、現在では二一四存在している（八五年）。省庁別では総理府五〇、通産省二三、農水省二一、厚生省二一、文部省一七、大蔵省一七、労働省一四が多い。こうした審議会の中にどの程度利益団体の代表が参加しているかを知るのは簡単ではない。と言うのは、審議会において利益代表や三者構成の形をとっているものは三九審議会、一八％に過ぎず、その他の審議会においては利益団体や企業の代表も学識経験者として委員となっているからである（曽根研、一九八五）。筆者が行った七三年と八三年の審議会への労働界および経済界からの委員派遣の比較（辻中、一九八六b）を見てみよう。労働からの委員が置かれている機関は七三年に二八であったものが、八三年には三四、比率も一二％から一六％へと増大している。増加したなかには重要な産業構造審議会と運輸政策審議会も含まれている。単産レベルからの派遣も含めると五〇機関から五七機関に増えている。経済界の中央団体からの派遣は七三年では五九機関、八三年では五二機関に過ぎない。企業にまで目を広げるとその数は一挙に増える。審議会全体の三分の二にあたる一四二機関（八三年）に委員を送っている。委員の数も労働と比べると格段に多い。産業構造審議会の構成の変化をみれば大企業関係者が三六から一二に減っているのに対して、中小企業団体が一から四に、労働団体が〇から六へ、消費者団体が二から四へと増えている。運輸政策審議会でも大企業が九から五に減っているのに対し、労働が〇から二、ジャーナリズムが四から七と増えている。このように構成の点からだけみるならば日本の審議会もやや多元化の傾向にあることがみてとれる。

経済関係四七審議会の七五年と八〇年の大企業関係者の参加を分析した宮崎義一（一九八二、八三）の研究を見てみよう。そこでは大企業上位三〇〇社の審議会への委員派遣が分析されている。委員を送っている企業は一〇〇、役員二三二人、審議会総委員に占める割合は一九・五％（七五年、一六・七％）となっている。そしてそのなかでは三菱系一五％、三井系一二％、第一勧銀系九・五％、新日鉄六・九％、富士・安田系五・六％などが大手である。企業別にみるならば、新日本製鉄出身の委員が就任している審議会は一五（うち会長二）占めているのが最高で、次いで東京電力の八、三井物産の八、三菱商事の五、電源開発の五などが続いている。個々の財界人別にみれば水上達三（三井物産相談役）の四審議会、両角良彦（電源開発）の四、永野重雄（新日鉄取締役）の三、芦原良重（関西電力会長）の三などが目立っている。八〇年代の初めから中葉にかけて存在した審議会で、財界業界代表が座長である審議会は財政制度審議会など一七である（曽根研、一九八五）。

以上のような傾向は、一方で多元化を見せている審議会政治においても中枢的な部分ではなお財界業界代表が重要であることをうかがわせる。このことは審議会の抑制に伴って重要になってきている私的諮問機関についてもいえる（財界人座長は八四—八六年で三七）。私的諮問機関は官僚調査（第二次、一九八五年）によればこの一〇年間で相当の増加を見せている。八四年から八六年にかけての筆者の調べ（一九八五b他）によっても三〇〇程度の諮問機関の活動が確認されている。内容別にみればハイテク、ソフト関係や行革、低成長関係、国際化関連、地域開発関連などが多く、社会変容に対応した私的諮問機関が多数活動していることがわかる。官僚調査では私的諮問機関の長所として、その柔軟さ一八％、本音を聞ける点一五％、専門性一五％などが指摘されている。他方で、審議会の役割は七七年の官僚調査では利益バランスとほぼ同率で公正さ、専門性などが指摘されていたのに対し、八五年の官僚調査では利益のバランスが三六％と、権威付け二四％、公正さ二二％の両者を圧倒している。審議会がますます利益政治の様相を深めるにつれて、それにかわって私的諮問機関がそれを補完する機能を果たしているように思われる。私的諮問機関の増加を認知するのは大蔵省、通産省、労働省に多く、農水省に少ない。またその意義の増大を認める比率も大蔵省、経企庁、通産省に多く、農水省のみが少ない。私的諮問機関の機能については官僚制サイドの主導権を握るための手段であるという見方（新藤、一九八六、Ⅱ五）もあるが、重要な私的諮問機関でその座長を財界人が占めていることもまた注目すべきであろう。

日本における行政機関と団体との関係の検討から、第一に行政機関への接触、予算活動の点で、従来思われていた以上に労働や市民などの団体の関与する率も高く、新しく興ってきた団体である福祉、教育なども極めてその比率が高いこと、即ち行政への関与という点で日本の利益集団政治は多元化しつつあるように思われること、第二に審議会への参加に関しても労働や消費者、中小企業などの比率の上昇がみられ、多元化に向かっていることが確認できる。他方で、予算活動に対しては自民党との関係が重要であること、また審議会や私的諮問機関などの重要な機関においてはやはり財界、経済界の代表が重要な地位を占め続けていることも同様に確認できる。

以上の検討から、日米を通じて既成団体の政治的活性化や市民・マスコミを巻き込んだ多元化だけでなく、企業という基本的単位が徐々に政治の表舞台に現れつつあることがうかがわれる。この動きの契機となったのは次章以下で述べる行政改革と国際化の圧力なのである。

第四部　日本の利益集団政治の流動

第九章　利益集団政治の転轍機としての行政改革

システム転換と呼ぶべき社会変容は一九七〇年代に急速に広がり、深化していった。変動相場制への移行や石油ショック、円高、資本の自由化などによって日本の社会の国際化は急速に進み、他方で高齢化社会や女性の社会的進出は日本の国内社会条件の変容を示した。石油ショックに媒介された世界的な不況、それによる税収不足は財政のゼロ・サム化、企業や家計のゼロ・サム化を導いている。そのことは同時に産業構造の再編成を促し、ハイテクや情報化に対応した新しいソフトな産業、労働が日本全土を覆っていく。こうした社会変容は第五章でみたような新しい団体を七〇年代後半から多量に生み出すことになった。新しい団体のかなりの部分は国際化に対応した団体でもあり、その問題については第十一章で扱うことにする。

一　社会変容と改革のずれ

七〇年代中葉以降の大きな社会変化はしかし何のずれを伴うことなく利益集団政治の変容をもたらしたわけではない。それは八一年三月の第二次臨時行政調査会（臨調）の設置に始まり、現在まで続く広い意味での行政改革政治の中で形を与えられていったものと考えることができよう。ここで行政改革政治と呼ぶのは、臨調、行革審、国鉄再建監理委員会、臨教審、第二次・第三次行革審などの巨大審議会を一つの重要なアリーナとしながら行政改革、財政再建、規制緩和、民営化、民間活力導入そして税制改革という一連の争点をめぐって利益団体と政治勢力の再編を伴った過程のことである。これらが直接的には石油ショック後の税収不足と大量の赤字国債発行に伴う財政状況の悪化を原因とするとはいえ、実は序章で示したような四つの軸の変化にこそ真の原因が求められる。

七〇年代社会変容がすぐさま行革政治過程に結びつかなかったこと、即ちずれの存在には幾つかの理由がある。石油ショックを経ることによって四つの変化が鮮明に浮かび上がりながらすぐさまそれに対応できなかったのは高度成長期の惰性的力が働いたからである。それは第一に農村から都市への人の移動に伴う保革伯仲化が移動の力が衰えたにも拘らず八〇年まで続いたこと、そしてその中で次の路線の選択をも含め自民党内の混乱が続いたこと、さらに石油ショック後の不況の中で公共事業によって景気の下支えをしようとする財政政策、それはまた伯仲化での自民党勢力の支持のためにも必要であった政策が八一年まで続いたこと、そして伯仲化に関連するこの二つの要因に促されながら八〇年頃までは利益集団政治の多元化が続いたことである。即ち七一年の環境庁の設置、七三年福祉元年宣言、七四年革新自治体数のピークといった工業化対抗型の市民、福祉、環境運動の形成の勢いが、団体設立自体は下火になったものの、伯仲状況下で社会集団の支持の衰えに悩む自民党にインパクトを与えつづけ、そうした勢力への対応を否応なく迫ったことなどを挙げることができよう。

しかし、七九年には一二二兆円におよぶ国債残高と三四・七%の国債依存率という危機的な状況を迎え、しかもそれを打破するための一般消費税の導入を掲げた大平政権下での選挙で再び自民党が大敗を喫したことから、初めて本格的な危機への対処策としての行政改革が浮上してくることとなった。行政改革は政府自らが改革を行うことによって財政膨張を強いる利益集団の構造（多元化・受益化）自体にメスを入れ、四つの課題に安定的に対処できる政権の基礎と公―私、政府―団体関係をつくりだすことをねらいとしていたのである。

二　行政改革の理念と意味

臨調発足から現在に至る行政改革政治の中での利益集団政治の変貌の全体像を捉えることは本書の課題を越える。ここでは主として臨調とそれに関連するプロセスを分析することによって利益集団政治の流動化の一端を照らし出してみたい（以下の本章全体について行政管理研究センター、一九八八を参照）。

臨調はその最終答申において「一九七〇年代の一〇年間の内外状勢の激変」といった「社会経済状勢の変化に対応した適正かつ合理的な行政の実現」を目的とし、その理念としては「活力ある福祉社会の建設と国際社会への積極的貢献」を挙げている。こうした文章は我々の臨調発足の背景理解と一致するが、実際に臨調が行ったことはこの理念と切り離して考える必要がある。具体的に臨調が指し示した方向、もしくは決定したこととしては、第一に「総合的な行政システム造り」例えば総務庁の設置、「国の中央機構の減量化と整序」具体的には公務員の削減と給与の凍結、さらに「地方も民間も自主自立の原則に立つ」ことや、「官業と民業の新しい役割分担を求める」こと、即ち国鉄、電電公社の民営化の方向に、決定や補助金の整理、規制の緩和などが含まれてくる。

大量の赤字国債を抱えた財政を再建することを念頭に置きつつ、そこではさまざまなレベルの再編成が試みられた。中央レベルの政府を軽量化しつつなおかつ国際化や産業構造の変動に対応するコントロール機能の維持もしくは向上が必要とされている。公と私、中央と地方、体制支持勢力と反体制勢力、そうした二者の関係を再編するということの目的はこれである。

公・私、中央・地方、体制・反体制の再編といっても、四つの次元の急速な社会変容と新しい社会集団、既成の社会集団の利害が複雑に絡み合う八〇年代においてそのことはたやすいことではない。行政改革、民間活力導入といった争点の設定によって主導権を握ったかと思われる保守政権も、行革以前の一般消費税と同様に八七年には売上税で選択の失敗を露呈したし、臨調型審議会においても教育臨調は必ずしも所期の成果を納めたわけではない。先に挙げた軸以外にも国際と国内、工業と脱工業、都市と農村、東京と非東京、土地保有者と非土地保有者、といったさまざまな軸が亀裂線として現れており、農民や中小企業者、都市サラリーマンは錯綜する亀裂の中で揺れ動いているように見える。

行政改革は利益団体のターゲットとしての予算にゼロもしくはマイナスのシーリングを持ち込み、補助金は率の低下やカットが行われた。また行政や政権党と利益団体の潤滑油として働いていた細かな補助金もかなりがカットされた。このような直接的な問題だけではなく、行政改革は一方で自民党の支持社会集団の拡大、即ち都市サラリーマン層への触手という政治的意図とも関係し、反自民党勢力の中心である公務員・公共企業体労働組合への政治的打撃をも射程に入れていたであろう。逆に労働サイドでは民間労働組合指導者の中にはそれに乗じることによって労働界内のヘゲモニーを掌握するという意図も見られた。次にまずこのような行政改革の政治的広がりを確認することから始めてみよう。

三　臨調過程への参加団体

臨調過程は他の政治過程と同様、いやそれ以上に極めて複雑な政治過程であった。単に臨調の委員や委員会だけでなく専門委員や参与、さらに事務局、関係省庁、政党などに対して、さまざまな利益団体から公式・非公式の文書や口頭でのアプローチが頻繁に行われた。臨調は五次に渡る答申、五回の会長所見を行い、行革審も九度に渡る意見発表と一一回の会長所見を行う。それらは殆ど全ての日本の政策領域をカバーしたといってよい。これら全てに関係する団体の行動を摘出することは困難である。ここでは最もフォーマルなレベル、即ち臨調の九人の正式の委員から構成される会議に届けられた公開された団体の要望や提言を見てみよう。

図9－1は要望等を提出した団体を各団体の分類毎に図示したものである。付属の表は、団体の分類毎の量的な特徴を見るために臨教審の場合、および一九七七年の政府税制調査会、八八年自民党税制懇談会の場合の結果と比較したものである。団体の分類毎の数は、例えばある年鑑では経済団体が四四％、労働団体が二一％、福祉団体が一三％、教育団体が六％、市民政治団体が五％、農業団体が五％となっている。この数や臨教審、自民税調との場合を比較するならば、臨調過程の特徴としては、第一に労働団体および地方自治、市民の各団体が他の統計での比率に比べてかなり多いことである。このことはこ

の三つのセクターに行政改革が大きな影響をもたらした、もしくは国民生活一般に対しても非常な影響力を持った、広範な問題であったということを示している。臨教審は教育問題に特化したケースであり、両税制調査会は経済団体に比重が傾いている。この二つを比べれば臨調の国民的ともいえる問題の広がりが理解できるであろう。

四　臨調過程各時期への利益団体の働きかけのパターン

臨調に正式に働きかけを行った団体はのべ四〇二である。団体の分類毎に時期別にみた違いがあるのかどうかを検討してみよう（図9－2）。臨調過程の時期区分としては第一から第五までの答申のうち、近接している第四次と第五次をまとめて、第一次答申までを第一期、第二次答申までを第二期、第三次答申までを第三期、第五次答申までを第四期と便宜的に名付ける。第一期には一二二、第二期には七九、第三期には七七、第四期には一二四の要請や提言がなされ、最初と最後がやや多い形である。これは前半に力を注いだグループと後半に注いだグループに分かれるためである。

前半に集中したグループから順にみていこう。第一次答申、即ち八二年度予算に向けての「緊急的外科手術」を目指した答申が出るまでの四か月余りの時期は、最も短い期間ではあるが極めて重要な時期であった。即ちこの時期に行政改革の全体としての方向や理念そして範囲がかなりの程度決められたからである。またこの答申は次年度の予算と直接リンクすることが予想されたため、予算即ち補助金などと直接関連する団体が活性化することが考えられる。地方自治体や教育関係の団体がこの時期に半分以

図9-1　臨調に要望等を提出した団体と他の審議会等との比較

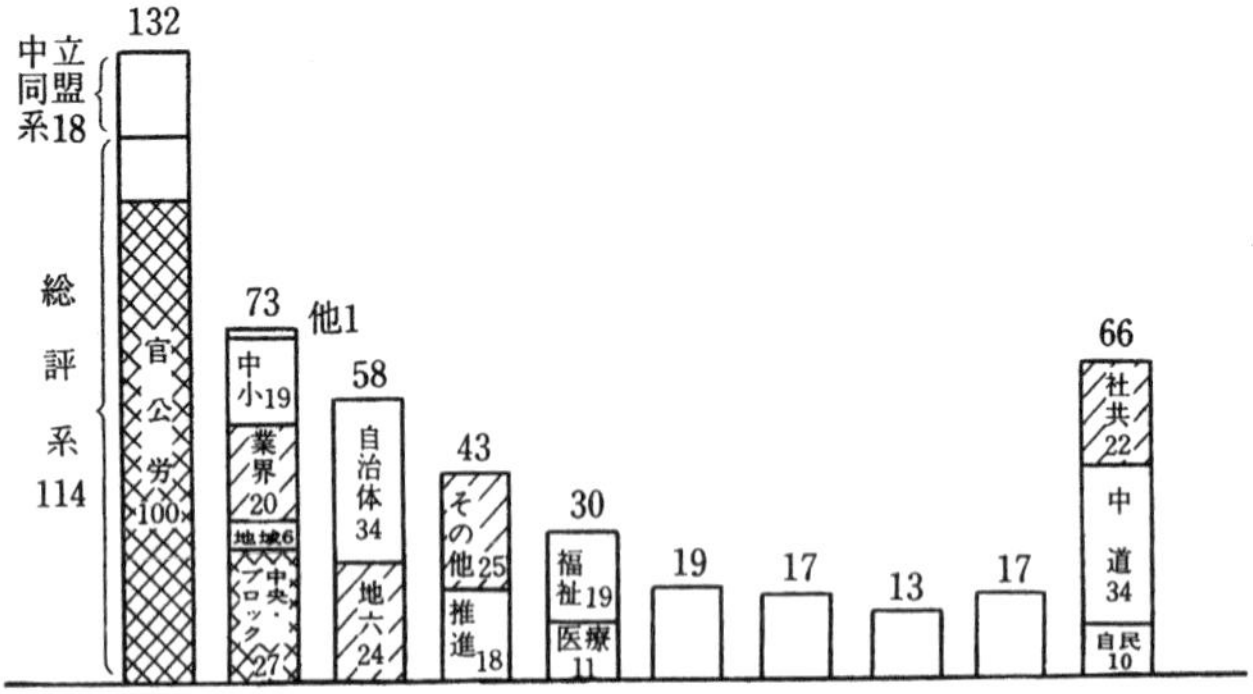

	労働	経済	地方自治	市民	福祉・医療	教育	農業	専門	その他	政党	n
%	32.9	18.2	14.5	10.7	7.5	4.7	4.2	3.2	4.2		402
臨教審	10.0	5.0	1.0	2.0	3.0	79.0	—	—	—		100
政府税調（1977年）	4.9	41.0	13.5	2.7	1.4	0.3	6.8	7.0	22.9		2,261
自民税調（1988年）	2.7	61.5	2.7	—	13.6	5.3	14.8				338

（資料）　行政管理研究センター，1988.

上の要望を集中させている。行革を推進する形の市民運動も四割以上をそこに集中させている。

第二次答申は許認可答申と呼ばれるように行政の許認可に関して重要な答申を行った。それゆえこの時期には許認可と密接に関係する団体の活性化が予想されるところである。図9-2に見られるように、この時期には経済団体の動きが活発である。経団連はこの時期にアンケート調査を実施して三千あまりもの許認可に関する改善項目を臨調に提出した。経済団体の内業界団体は第一期に力点があるものの、中央・地方の経済連合体、中小企業団体は第二期に力を注いでいる。

第三次答申は基本答申とも呼ばれ臨

調期における大部分の検討項目はこの答申に整理され盛り込まれた。この第三期に重要なアクセントを置いた行動を行っているのは農業団体や民間労組である。民間労組の提言数は少ないが、官公労系を主体とする総評系労組とは違い、一、二、三期といった前半に力を注いでいる。

最後の第四期に活動を集中させているのは労働団体、とりわけ総評系の労働団体、専門家団体、それに第一期にも力を入れている福祉・医療団体である。臨調も最終局面を迎え具体的な三公社の問題、とりわけ国鉄の問題に焦点が移っていったことや、細かな各部会の報告に対する反論などを先の団体がまとめ、さらに臨調以降の行革審の性格付け等をめぐって議論が噴出してきたためである。専門家関係の団体に関しては、消防法等の規制緩和に関して活動を行っている団体が多い。

このような団体の要望数の分布は各答申の性格や時期の特徴を照らし出しているようにも思われる。そして行革を推進し

図 9-2　臨調への要請・提言（各分類別）の分布（実数）

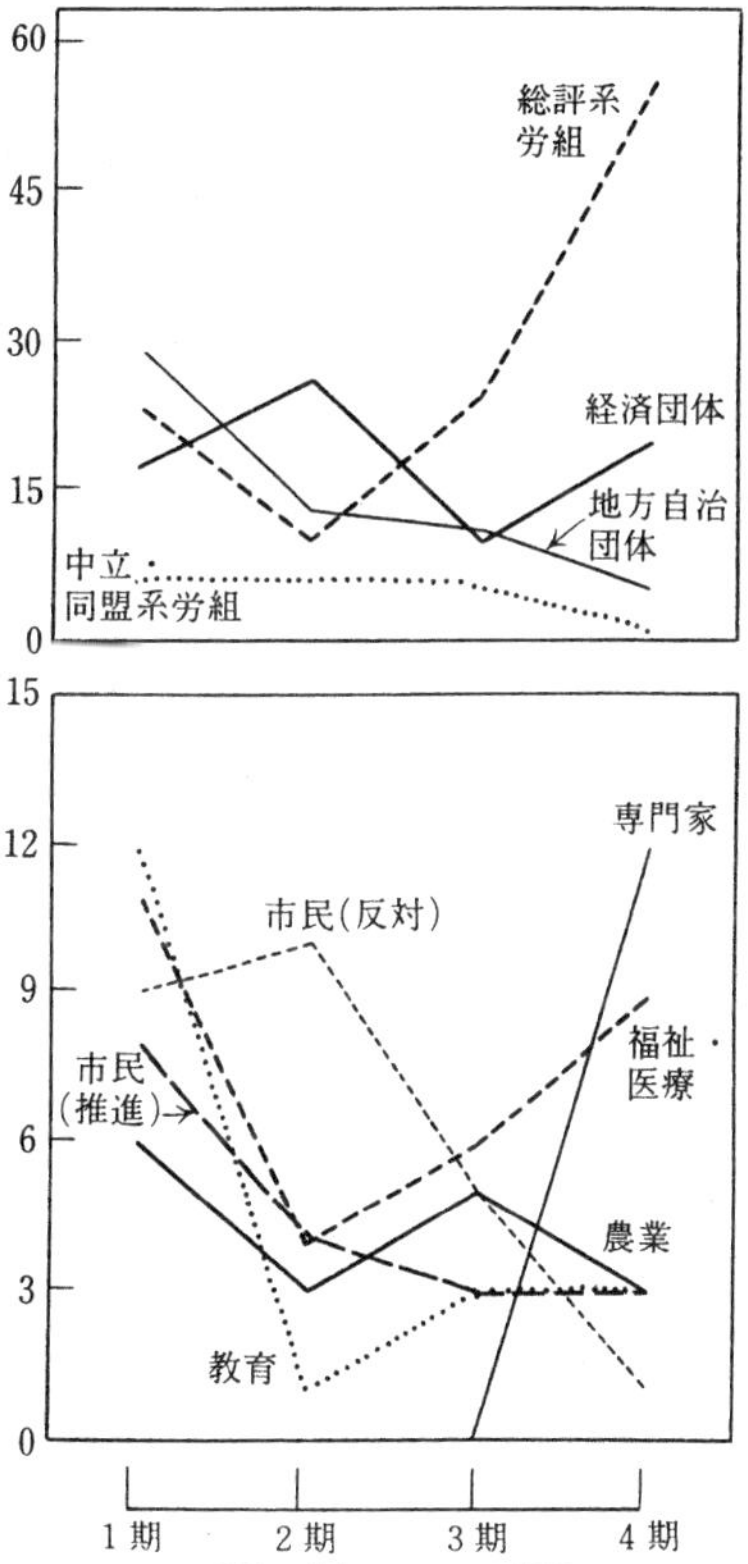

（資料）　行政管理研究センター，1988.

た市民団体や経済団体、民間労組などの要請や提言の出足が早く、それに対して行政改革に反対もしくは受け身に廻った総評系労組や福祉団体の行動の遅れが目に付く。これは非常に限られた量的な指標に過ぎない。次に幾つかの利益集団を代表する事例に注目し、より細かな臨調過程と団体の関係を分析してみることにしよう。

五　事例分析

1　経団連

経済団体とりわけ大企業を代表する最も重要な経済団体連合会を採り上げよう（以下の記述については『経団連事業報告』各年参照）。経団連は臨調の会議に九回の要望を提出し、経済団体の中で最も多い。実際には無数の極めて重要な働きをした。一方の主役と呼びうる団体である。経済界の中では他にブロック別や地方団体、中小企業団体、業界団体がそれぞれ二〇程度の要望を出しているが、業界団体は母数に比して要望の数が少なく、大部分の団体は経団連、日経連、日商、同友会、関経連の五つが構成した行革推進五人委員会を通じて臨調や行革審にその意見を代表させたといえる。中小企業の分野では全国中小企業団体中央会が同じような役割を果したようである。このようなことから経団連を中心とする経済団体の臨調過程に対する働きかけの第一の特徴が浮かび上がってくる。即ちその統合性である。

行革推進五人委員会は臨調期間中に一〇回、八六年度末までに一四回の提言を行った。この五人委員会の下には各団体の副会長クラス一〇名による常任委員会、専門的事項を協議する専門委員会、定期的連絡会もあり、事務局は経団連が引き受けている。五団体間では一定の仕事の分担、例えば経団連が国鉄および電電、関経連が専売公社を「担当」するといった分業および五団体共催での行動、一日臨調等も行われている。しかしながら五人委員会内部でまた業界団体と五人委員会の間で完全な意見の一致、統合性があったというわけではない。例えば中央・地方関係の再編成、公益行政の問題、個別の補助金の問題、国鉄改革の問題などで明確な意見の一致が得られなかったようである。とはいえそうした意見の不一致は表面化することなく経済団体の統合性は表面上は保たれたように思われる。

第二の特徴は経団連が臨調過程において相当程度主導権を握ったと思われることである。それは一つに臨調、行革審の重要なポストを経団連もしくは財界関係者が握ったということである。両審議会の会長は経団連名誉会長の土光敏夫であり、その他山下勇、宮崎輝、瀬島龍三、亀井正夫、斎藤英四郎などが臨調、行革審、国鉄再建監理委員会などで重要なポストについている。もう一つの例証は、経団連が臨調過程の出発点の時期に極めて力を入れて数多くの提言や要望を行ったことである。経団連と五人委員会が行革の始まった一九八一年度に行った提言、意見は一八におよび、なかでも許認可等の改善に関する要望は極めて包括的で大部のものであった。数多くのポストに財界人をつける際の交換条件および臨調過程初期での攻勢によって経団連はイニシアティブを握ったように思われる。

ではそうした経団連がどのような要求を臨調に突きつけたのであろうか。経団連および経済界において一致した強力な要求としては、(1)増税なき財政再建、(2)許認可行政の改善、(3)電電公社の改革、(4)規制緩和、民活、というようにまとめることができる。経団連はいわば総資本として個別企業の利益を越えて行動を行おうとした。当時の稲山嘉寛会長は一貫して「財政出動してもダメだ」という年来の我慢の哲学を説き続けた。これは、もうこれ以上の法人税の上昇は困る、許認可、電電改革、規制緩和といった自由化によって企業環境を開かれたものにしろ、ということを意味した。

最後に経団連の臨調過程での政策プロセスへの参加の形について触れておこう。臨調に対しては会長以下重要なポストに人々を送り込んでいるために経団連が行う接触活動の相手は極めて高いレベルの人々である。部会長レベルのヒヤリング、部会への出席、意見陳述も頻繁に行われたし、関係中央省庁に関しても政府首脳、関係大臣、次官レベルとの接触が頻繁に行われている。

このように、経済界を統合し、臨調過程の核心に乗り込み主導権を握った経団連にとって、臨調過程とは「いわば政府が被告人であり臨調が裁判所のような役割を果たし、そしてそこに様々な問題で改革を突きつけ訴えたのが経団連などの団体であった」（経団連関係者の発言）のである。即ち政府に対する検察官としての経団連の存在である。

2　労働組合

経済界に対抗する労働組合の状況はどうであろうか。労働組合の行った要請や提言の数は一三二に上り、全体の四分の一を越えている。しかし活動量の大きさは必ずしも影響力の大きさを示していない。まず労働組合全体の臨調過程に対する態度の重要な特徴はその分裂にあったといえよう。分裂のラインは一つではない。即ち第一にナショナル・センター・レベルでの総評と同盟、そして（政策推進労組会議から全民労協をへて）連合という三つの流れの間での分裂、第二に総評系労組間での統合の弱さと分裂、具体的には動労の総評脱退、第三に総評系単産内の混乱、具体的には日教組の分裂騒動などである。ナショナル・センター・レベルでは総評が臨調に批判的であったのに対し、同盟は積極協力、間に立った全民労協は両者を仲介することを回避し無関心の態度をとった。同盟が委員に送り込んだ金杉秀信と総評代表の丸山康雄は臨調の会議で激烈に対立し、金杉は一貫して土光サイドについたと伝えられている。行革審における総評代表の槙枝元文と同盟代表の宇佐見忠信との間の対立も有名である。労働組合ということでの統合が計られず、政府セクター対民間セクターという分裂ラインで同盟は行動した。そして同盟は臨調後に行革推進会議を結成し、さらに土光に近い行革フォーラムや社会経済会議、青年会議所と共に行革国民会議を結成している。

労働がさまざまな形で分裂したのは、行政改革という争点の上に労働界でのヘゲモニー争い、即ち新しい連合体の結成という問題が重ね合わされたからである。労働界は一九五〇年以降、一貫して官公労系を主体とする総評によって主導されてきたが、高度成長期、工業化の時期に中心的な役割を担った民間労働組合がさまざまな形で疎外感に悩み、欲求不満を募らせることになった。社会過程において少数者である官公労系の労組が、その組織上の特質、全国性と財政的豊かさ、さらにストライキ権を奪われたことによる政治性の強さなどから労働界では多数を制することになった。即ちねじれの存在である。このねじれに対して七〇年代中葉以降、政策制度要求、即ち政府との政策協議をてことして民間労働組合の統合を目指してきたグループは、その延長に行政改革を捉え、政策参加を計ることでヘゲモニーを握ろうとした。そして行政改革の争点は、総評の最も中核である公労協、公務員共闘、自治労、日教組などを標的にしたものであった。それゆえ、行政改革の過程自体が極めて微妙な問題を労働界全体に投げ掛けることになったのである。総評と同盟を結ぶ役割を期待された政策推進労組会議や全民労協は、統一への組織目的を優先させた結果、行革に対しては無関係を装うこととなった（辻中、一九八七、伊藤、一九八八ａ）。

このような事情は労働組合の要請提言活動の相対的な遅れとずれとなってあらわれた。行政改革に政策参加してゆく傾向を見せる同盟や中立労連系の労組は臨調の骨格が定まる過程の一、二、三期に要望を提出したのに対し、総評系の提言は、具体的な国鉄、電電などの民営化が論議されはじめた第四期に集中している。

臨調以後の行革過程においては旧同盟系をも含め、必ずしも経済界と利益が一致するわけでもない。さらに税制改革においてはそれが一層強まっている。ヘゲモニー争いが一九八七年の一一月の連合結成によって一段落した現在、労働界は初めて統一した政策を打ち出せる地点に近づいてきたといえる。

3　業界団体

日本自動車連盟と道路整備促進期成同盟会全国協議会（道全協）。日本自動車連盟は自動車業界が一九六四年に健全な消費者を養成したいという意図を持って発足させたユーザー・サービス団体であり、道全協は全国各地にある個々の道路の道路整備促進期成同盟会の全国組織であり、一九八〇年に結成されている。この両団体は厳密な意味では業界団体ではない。しかし道路という公共事業の中核的な事業に関する集団の利益を代表し、自民党の道路調査会を中心とする道路族と建設省道路局を中心とする官庁と団体が結びつくことによって、いわゆる鉄のトライアングルが結成されるのである。この両者ともこの鉄のトライアングルの中核をなす業界団体ではないが、事情はほぼ同じである。ここで論じたいのはこうした業界団体にとって臨調はどのような問題を突きつけたか、そしてそれをこの業界団体はどう対処したかという問題である。

両団体にとって共通の問題は第一次臨調緊急答申で採り上げられた道路特定財源制度に関する問題である。大蔵省は舗装率の進展を根拠に道路特定財源、とりわけ自動車重量税の部分を一般財源へ振り替えようとした。臨調はそれを採り上げ、八二年から始まったゼロシーリングもしくはマイナスシーリングによって以後三年間は国の財源が伸びないこととなったため、およそ四千億円余りの自動車重量税の部分の予算は一般財源として使用されることになった。自動車重量税は揮発油税などとは違い、法律上特定財源としての明示的な根拠を持っていないため、それがたやすく行われたのである。

こうした道路予算の削減、両団体からみれば「流用」は、両団体の根幹に触れる問題である。それゆえ臨調に対して何度かの要望書を提出すると共に、自民党の関係議員、建設省道路局を通じて圧力活動を行ったのである。

そうした結果として一九八五年以降は自動車重量税の部分が一〇〇％道路に振り向けられるようになる。一般会計のゼロシーリングはなお続いたからそれに相当する部分を資金運用部から借りだし、直接特別会計に入れる、という直入制度が新たに用いられた。利子は大蔵省が手当てし、年々借入金に対する返済金を含めて大幅に直入するということを三年続けた。八八年度予算ではそれが問題となり、借入金の返済と今後の自動車重量税の処理について揮発油税収の四分の一を直入することとし、これまでの直入金に関しては別途財源で処置するという最終的な決着が計られた。

両団体は他に道路利用者会議、道路建設業協会、全国高速国道建設協会、自動車工業会、自動車販売協会、自動車整備協会、などと密接な協力関係を持ち、一体となって道路特定財源制度の「本来の姿」への復帰を計った。これ以外にも運転免許課税、自動車の増税・新税等に関しても力を結集することによってはねかえした。自民党の根幹に触れる鉄のトライアングルはこのように復活したのである。

4　大衆運動型団体

臨調過程で提案された個々の規制や制度改善に関しては、自民党と密接な関係を持った業界団体だけが利益を守ったわけではない。大衆運動型の団体でも自らと関係する個別の問題に関し、大衆を動員することによって阻止した例も多い。そうした団体の例として民主商工会の連合体である全国商工団体連合会と、建設労働者および自営業者の団体である全国建設労働組合総連合を指摘することができる。両者に共通する問題として、臨調が提案した申告納税制度に関する記帳義務化に反対し、それを撤回させたという事例がある。即ち、税の捕捉率を上げるためにこれまで零細業者に免除されていた記帳の義務を強制し、申告における挙証責任を個別の業者に負わせるようにしようとしたのであった。これは全商連や全建総連のような、零細業者を組織した団体の強力な運動によって阻止された。例えば全商連は八一年の夏には一二八団体を結集してつくられた各界連絡会や、統一労組懇を中心とした大連合組織である「軍事費を削って暮らしと福祉、教育の充実国民大運動実行委員会」といった組織を通じて、また全商連の他に全国保険医団体連合会、全国古書籍組合連合会などを中心とした全国中小企業団体連絡会での活動を通じて、数多くの抗議活動を中央省庁に行い問題を訴え続けた。

全建総連はもう一つ、建設国民健康保険組合の問題でも同様に利益を守ることに成功している。即ち国民健康保険の経営主体を将来に渡って市町村と組合とにし、こうした個々の組合の新増設を認めること、建設国保組合の国庫補助を維持し臨時調整補助金を引き上げること、国民健康保険の療養給付補助金の自治体負担導入は行わないこと、事務費補助金は当面公営国保と同じにすることなどを要求し、大部分を認めさせたのである。

このように大衆運動型の団体においても、その争点が比較的小さいこと、そして全商連や全建総連のようにそのセクターで極めて強い組織力と独占力を持っていることなどの条件が満たされれば、臨調、行政改革の影響は比較的小さいものであった。

5　社会福祉団体

先の業界団体と逆の条件が社会福祉関係の団体には当てはまる。その組織率は低く、問題は再配分に関わることであり、巨額な補助金が関係している。さらに福祉団体は厚生省に依存する団体が多く、自立性は低い。その典型的な例として全国社会福祉協議会（全社協）を簡単に見てみよう。これは社会福祉事業法に基づく社会福祉法人であり、四七都道府県の社会福祉協議会、市区町村社会福祉協議会を下部組織として持っている。末端組織はほとんど行政組織と一体化したものと見られやすい。

臨調に始まる行政改革は社会保障の改革に大きな力点を置いたものの、実際には大部分が保険医療改革、国民健康保険と政府管掌健康保険の赤字解消策、制度間調整の検討に費やされ、それに関しては老人健康保険法、退職者医療制度を創出するという成果を見せた。しかし、社会福祉に関しては臨調、行革審を通じて具体的な改革案は提示されなかった。

確かに第一次答申においては児童手当てや児童福祉手当て、保育所に関する検討が必要と述べられ、第三次答申でも施設の体系化、重点化、公私の連係が不充分であると触れられ、最終答申でも受益者負担やボランティア活動など民間の力を活用するという方向性、生活保護費、補助金、児童扶養手当て、給付金等の回復の必要性が指摘され、扶助率の総合的な見直しなども指摘されている。しかし具体的な内容に関しては臨調後に動きが始まった。

問題は社会福祉を中心的に論じるというより、高額補助金の一般問題として中央地方の役割分担の問題として提出された。それは実質的には社会福祉関係の予算減へと繋がるものである。八五年予算では二分の一を越える高額補助金の一部削減とその地方自治体への肩代わり、八五年五月一八日には「国の補助金等の整備および合理化ならびに臨時特例等に関する法律」が成立、そこでは生活保護費等の国の負担率、補助率が二分の一を越える高率補助金の補助率を一律一〇%削減、生活保護法など五九の法律がそこに含まれた。また翌八六年一二月にはいわゆる機関委任の団体事務化法が成立。一七の法律、三三項目に渡る国の機関委任事務が地方公共団体の団体事務へと委譲されたのである。国の関与が減り財政負担が減る一方で、民間の社会福祉産業に対して公的な監督を行う社会福祉士、介護福祉士という二つの資格に関する法律も追加された。こうした一連の方針は臨調の中で漠然と述べられていたものが八五年七月二二日付けの行革審「行政改革の推進方策に関する答申」によって浮上したものである。

全社協は福祉団体の総合的団体として一連の問題に対処しようと試みたが、充分な対処ができないままに後退した。八五年七月二五日には全社協は社会福祉関係予算の編成に当たって緊急提言を提出し、初めて以上の方策に対する体系的反論を行っている。

福祉団体の組織率は一部では高いものの、かなりの部分は政府の補助金に依存し、行政指導を通じて形成された団体である。それゆえ厚生省や臨調などによって福祉に対する対応が変化したとき対抗する力は弱かったといえる。社会福祉予算に関しては八三年以降いまだ八〇年の水準を回復しないままである。（なお筆者の福祉団体論は、日本政治学会一九八八年年報（八九年春出版予定）において展開したので参照されたい。）

以上のようなケースの検討によって先に統計的な数字によって浮かび上がった印象、すなわち経済団体などの臨調過程への的確な対応と、労働団体、福祉団体の受け身、もしくは不適応が明らかにされたと思う。臨調過程は確かに四つの社会転換に対応しようとする動きではあったが、実際には高齢化社会化や福祉社会の問題に対しては問題を先送りしたに過ぎない。国の財政負担は軽くなり、なおコントロールは維持された。そして地方自治体や民間団体にそのしわよせが行ったのである。行政改革の成功はいくつかの条件が保守に有利な形で重合したことにある。行革という争点自体が、四つの転換への能動的対応と世論に映ったこと、行革の中身である規制緩和や民営化が自由な市場を提供するものとして行革推進五人委員会を中心とした企業・経済団体の結束を保障したこと、他方、改革対象となった官公労や福祉分野では、ヘゲモニー争いを続ける労働界や自立的センターを欠く福祉・市民団体は受け身の対応に終始した。ミニトライアングルを形成する業界団体や一部の強固な大衆運動は利益を守り、財界が前面に出、広く薄い利益の組織は後退した。ゼロ・サム化やソフト化、即ち経済・産業に関する問題に関しては一応の対応を臨調は行ったようである。そして経済界の団体には、体制的なものも反体制的なものも含め、臨調に対応する姿勢があったようである。それに対して労働団体や福祉団体には内部的にも適応していくという体制が不十分であったように思われる。

＊　本章の分析は、行政管理研究センターが一九八七年度に行った「行政改革の社会的インパクトと国民意識の動向に関する調査研究」（村松岐夫委員長）において、筆者が小池治氏らと共に行った団体調査を参考にしながら、筆者が担当した論文を書き改めたものである。団体調査インタビューに応じて頂いた多くの団体関係者の方々に謝意を表したい。

第十章　税制改革の集団配置

税制改革はこれまで述べてきた行政改革と同様に、いやそれ以上に一九七〇年代中葉以降の折り重なるような社会転換、システムの転換の影響を受けて生じた事件である。石油ショックの影響を受けて七五年秋に大幅な歳入欠陥が明らかになり、特例公債（赤字公債）が大量に発行されるという事態が生じた。これはその後も悪化の一途を辿り、七〇年代後半には公債依存率は三割を越え、八八年の現段階でもＧＮＰに占める長期公債の比率は四割を越えている。いわゆるゼロ・サム的な状況の中にあってこれ以上借金財政を続けられないと判断した政府は七八年から九年にかけては一般消費税の導入を、八〇年にはグリーンカード制を導入しようとしたが失敗し、八一年以降数年間は増税なき財政再建を目指しながら行政改革に勤しむのである。八四年には法人税等の増税が行われ、経済界を中心として税制全体の改革への圧力が高まり、八六年同日選挙の大勝を受けた政府は八六年秋から八七年にかけては売上税の導入を試み、その挫折を経て八七年から八八年にかけては新しい消費税の導入をもくろむ。しかし行革と税制改革の政治は、以下にみるように微妙に異なっている。争点の性格、経済、労働、他の集団状況と配置も違っている。その相違はプロセスと結果の違いをもたらすであろう。

一　利益集団政治としての税制改革

税制は国家と社会の関係の最も基本的なものの一つであり、全ての利益集団、とりわけ全ての組織された団体に死活の問題として現れる。とりわけ七〇年代後半以降の不安定な経済状況の下ではそうである。税制改革と行政改革とは、この点でやや異なる。行革は、政治勢力に衝撃を与える程度では税制に勝るが、基本的に公共セクターの問題であり、民間（経済）集団にとって他人事の部分も多かった。税制は、しかし、すべての民間集団の金銭的利害に直接関わる。それゆえある政治家は、税制を「少しでもいじろうものなら関係業界や団体が飛んできて騒ぎ出すので税制改正がちょうど高度経済成長時代の予算編成みたいになった」と述べる程である（内田他、一九八八、八五頁）。

一九八六年から八七年春にかけて自民党が導入を試みた売上税に関しても、まずその出発点は、中曽根首相が東京都各種団体評議会総決起大会で行った「国民や党員が反対する大型間接税と称するものをやる考えはない」という、同日選を目前にして（六月一五日）の公約であった。売上税構想は経済四団体内部での齟齬や労働界の統一を目前に控えた労働勢力の団結、そして有力な学者の構成する政策構想フォーラムの提言、さらに流通業界を中心とする業界団体の結束した反対運動を大きな決定要素としながら、ズルズルと後退していったといってよい。とりわけ流通業界は、全国青色申告会総連合、全国中小企業団体総連合、日本小売業協会、日本チェーンストア協会、日本百貨店協会などを中心とする一一団体によって大型間接税反対中央連絡会議を八六年六月に結成、強力な運動を展開し、それは八七年二月には労働組合、市民団体、消費者団体なども巻き込んだ税制国民会議へと発展していった。流通業界団体、中小企業団体を核としながら労働、消費者団体を巻き込む一大連合ができたことによってこの税制改革は、敗色を濃くしていった。これに対して八七年三月には自民党は友好団体である一四五〇の団体に売上税のPR活動を開始したが、時既に遅く、同四月には反対グループはさらにそれを上回る三千余りもの団体を結集し、売上税の凍結を求める税制会議を発足させたのである。これによって利益集団政治のレベルでの税制改革の挫折は決定的なものとなった。

利益集団政治の観点からいえば、政党レベルでの国会でのやりとりの以前に、先に述べたような団体配置と、政策構想フォーラムの試算によるサラリーマン層への悪影響の可能性の指摘、それに呼応した消費者団体、マスコミなどの批判的姿勢によって、この売上税構想が挫折したのは必然であったようにも思われる。自民党は売上税に関してはPRや業界の意見聴取をする暇も、また余裕もなかった。個々の強力な反対業界に対して非課税品目の増加という飴を投げることによってそれらを慰撫しようとはしたが、結局改正の体系性を壊し非合理な改正というイメージを与えることになってしまったのである。

本章では、税制改正の個々のプロセスを追い掛けるのではなく、利益集団政治という観点からみた税制改正をめぐる利益集団の配置と場の分析を行いたい。

二　税制改革の三つの舞台

税制改正が審議される舞台としては三つの組織が考えられる。即ち、国会、政府税制調査会、自民党税制調査会である。憲法的正統性という意味でいえば国会、中でも予算委員会の役割、さらにそこでの与野党の討議が第一の重要性を持つ。他方で審議の流れ、税制案の作成という観点からいえば、国会審議に先立って政府から諮問を受けた政府税制調査会の答申、それとほぼ対応した自民党税制調査会の大綱が、税制改正の中身を決定する上では決定的に重要である。ここでは審議の時間的な流れにそって、政府税制調査会、自民党税制調査会、国会と野党の順にそれぞれの舞台の持つ性格を利益集団政治の観点から検討してみることにしよう。

1　政府税制調査会

政府税制調査会は一九五三年に内閣に設置された政府の税制改正に関する最高の意思決定機関であり、事務局は大蔵省主税局が担当する。委員は三〇人以内と規定され、会長が任命する。それ以外に特別委員、専門委員を置くことができ、現在特別委員は二八名である。通常毎年四月に定例総会を行った後、その年の一二月から翌年一月にかけて答申を行う。審議は非公開である。八五年八月に中曽根首相が自らのブレーンと思われる人々一〇名の特別委員の増員をしたことは物議をかもした。

政府税調は政府の税制に関する最高の審議会であるから、その委員は学識経験者から成るとはいえ、各界各方面に極めてバランスのとれた構成になるように選ばれている。包括的な利益バランス型審議会の一つである。即ち産業界六、マスコミ六、学者六、地方自治体三、官僚ＯＢ三、女性三、労働二、税理士一となっているが、そのうち産業界も中小企業、電機、機械、銀行、酒業、証券各一、自治体も県、市、町各レベル、官僚ＯＢも大蔵、自治、通産、労働界も総評と同盟という構成になっている。出身母体内での地位の変動によってその委員は入れ換えられる（木代、一九八五）。

少し古いが一九七七年のデータ（前掲図9－1参照）によれば、この政府税調にさまざまな要望を寄せた団体は四五五、要望項目二二六一である。自民税調に当時要望を送っていた団体が一五〇程度であるから、政府税調はより広い団体の要望を受け付けていることがわかる。内容を見れば、自民税調が業界、経営者団体を中心とするのに対し、自治体関係（議会および行政）が全体の二九％を占め、最も多く、次いで議会、経営者団体となっているが、市民団体一一％の多さも目に付く。自民税調が党派性を持った組織であるので、党派性を嫌う自治体や市民・政治団体は政府税調に利益の代表を求める傾向がある。

政府税調は、審議においては大蔵省の主導性が強いとされ、近年は自民税調に最終的決定権を譲っていると伝えられる。

2　自民党税制調査会

自民税調は一九五六年に税制改革特別委員会として発足し、五九年税制調査会に昇格、現在は会長の他、会長代理一、副会長一四、幹事二、委員二五〇からなる、総員二六八名の大規模な自民党内の調査会である。重要なのは、まずこの委員数自体が近年急速な拡大を見せていることである。当初五〇名程度の、主として大蔵省官僚ＯＢからなる委員会であったものが、六四年に政府税調の答申に対応する税制大綱をつくるようになった頃には一〇〇人を越えており、八〇年代に入って急拡大し、現在の二五〇名という委員構成になった。しかも税制の小委員会は自民党の議員なら全ての議員が自由参加できるという慣行を有している。これは税制改正問題への自民議員の関心の増大、それに関わる利益の重要化を示す一つの指標である。

もう一つの自民税調の重要性の増大を示す指標は、自民税調に要望を送る団体数の急増である（佐藤・松崎、一九八六、第五章）。一九六六年当時四三であったものが、七〇年代に入り一〇〇を越え、八〇年代に入ると二〇〇を越え、一九八六年には三五八に達している。七〇年代の中葉まではこのうち主要な七〇程の団体を招致してヒヤリングを行っている。そして単なる要望書の提出となっていたこの慣行を再び改めたのが八八年から始まる新しい消費税の導入作業過程である。

3　政府税調と自民税調の関係

政府税調は大蔵省の意向を良く反映するものとされ、大蔵省が財政面で主導的な地位を握っていた六〇年代後半までは税制改正の主要なアリーナであり続けた。その頃までの政府税調の答申は単なる改正の理念や骨格だけではなく、具体的な記述を含む詳細なものであった。ところが税制をめぐる利益に対して自民政調会の中に、極めて敏感に対応しかつそれに精通する一連のグループ、いわゆる政調族が台頭するに連れて、様相は変化していった。それを象徴的に表すのが政府税調と自民税調の答申および大綱の発表の日時である。六五年度改正以前は、政府税調の答申を受けて大綱が決定されていたものが、六六年度改正後は同日に、七二年度改正では自民税調が一日早く大綱を発表、八三年以降は同日発表に戻ったものの、再び八九年度改正においては自民税調が一日早く大綱を発表するに至っている。

同日もしくは一日早いということは、必ずしも基本的な骨格や内容を自民税調が構想したということを意味するのではない。大部分の内容は政府税調が既に小委員会報告や中間報告で発表したものとほぼ同様である。しかしながら争点となった項目や税率の最終的な決定や選定を自民税調が行ったということが重要である。八七年度改正の売上税においても政府税調は三類型、四方式を提示したにとどまり、売上税方式を決定したのは自民税調であった。また現在進行中の八九年度改正においても、政府税調は三案を提示し、そのうち一つを選択したのも自民税調であった。

このように現在では政府税調が審議の過程でメニューを整理し、最終的な決定は政府および自民税調に委ねるという形が定着している。これをもって自民税調の優位と述べられている。こうした状況は七〇年代初頭からの自民税調と政府税調の対抗の歴史の中で形成されてきたものである。即ち七〇年代初めから両者が対抗しあった争点としては、自動車新税をめぐる問題、医師の社会保険診療報酬課税いわゆる医師優遇税制、貸し倒れ引当金、土地税制、グリーンカード制、OA課税の問題などがそうである。とりわけ七三年度改正における事業主報酬制度（青色申告をする事業主には事業主報酬にも給与所得控除を適用、いわゆるみなし法人制度）の導入は一つの転機をなす事件であった。また八五年八月に中曽根首相が行った政府税調への一〇人もの特別委員の増強は、政府税調の威信を完全に失わしめるものであった。

このような自民税調の台頭の背景には、七〇年代以降自民党が、自らの社会集団的基礎の脆弱さを露呈し、いわゆる保革伯仲化が出現したことがある。経済の不安定化により、それまでのような予算を通じての利益分配、価値賦与が不可能になった時、さまざまな税制を通じての各社会集団の慰撫が必要になったのは自明のことであろう。

4　国会と野党

税制改正に関する法案は、国会では予算委員会および本会議で審議、決定される。八六年同日選挙の結果、自民党は衆議院で三〇四議席、参議院で一四二議席の過半数を得、衆議院の予算委員会でも五〇名中三〇名、参議院では四五名中二六名を確保し、言うまでもなく委員長も握った。それゆえ国会のレベルで税制改正が野党の影響を受けながら修正もしくは否定されることは一見ないように思われる。現に保革伯仲化の国会状況においてさえ、税制改正に関する修正はほとんど皆無といってよかった。但し、日本の国会は世界でも例を見ない短い審議期間を特徴とし、議事運営に関する全会派一致という慣行とあいまって、そこにはいわゆる時間の政治過程、手続きの制約が存在する。会期の決定や審議の順序などの決定をめぐって紛糾し、審議拒否から国会が空転すると絶対的な多数を握っている自民党ですら特定の法案を通すことが不可能になるのである。そのためには二つの条件があるといってよい。第一の条件は野党の結束であろう。野党が結束するための前提としては、野党の支持勢力間の結束、具体的には社会、民社の支持勢力である労働界や他の利益集団での意見の一致が必要となる。もう一つの条件は、そうした野党支持勢力での団結に加えて新聞、テレビなどのマスメディアの支持、世論の支持という問題がある。この二つが満たされた時、野党はさまざまな理由を挙げて審議拒否を行ったとしてもそれが正当化される可能性がある。

三　売上税失敗の構図

利益集団政治の観点から見た時一九八六年の秋から八七年春にかけて問題化した、売上税の構想とその失敗はどのように理解できるであろうか。ここでは大きく二つのサイドから検討することにしよう。即ちそれを推進した側の事情とそれに反対した側の事情である（本節については松下政経塾、一九八八に多くを負う）。

1　推進した側の事情

①選挙公約との関係。既に述べたように中曽根首相は新しい税制の導入に関して八六年の同日選挙の前にさまざまな形で、いわゆる大型間接税は導入しない旨の誓約を数多くの場面でしかも利益団体の代表に対して行っている。他方で大幅な減税をすることをサラリーマン層に呼び掛けてもいる。こうした公約と売上税との関係が、最初から最後まで問題となった。いわゆる公約違反という批判である。

②案自体の不明確さ。この公約違反の問題とも関連して、売上税という制度は最後までその案自体の持つ意味が充分明らかにならなかった。いくつかの試算が提出されたが、それらは相互に矛盾したものであった。また非課税品目を利益集団からの圧力に対して乱発した結果、案自体の整合性、合理性が失われると同時に、ますます案自体の明確さを欠くことになった。多元的な利益集団の利益表出にもてあそばれた形である。

③強引な決定過程。三〇四議席を獲得した自民党首脳部は自民税調においても国会運営においても強

引さが目立った。自民税調での山中調査会長を中心とする幹部中心の秘密主義は、自民党内に造反議員や自民党の地方支部の反乱を誘発することになった。利益集団・団体にも適切な時期と規模で利益表出のチャンスを与えるのを怠った。山中会長の「公聴会」開催否定（八六年一〇月三〇日）、八七年三月二日での対団体PR開始がそれである。また国会運営においてもこれがひびき、周到な運営を欠くことになった。

④経済界の不協和音。財界の中心的な組織である経済四団体においても日本商工会議所が終始煮え切らない態度を取り続けたこと、そして製造業者売上税を退けて満足した経団連とは裏腹に流通・中小企業を中心とする業界は反対にまわったこと。自民党を支える経済界の混乱は、税制改正の推進力を欠かせることになった。

2　反対側の事情

①野党の結束。従来、中道諸政党と社会党は自民との関係において結束することが希であったが、自民党が三〇〇議席以上を確保した国会運営のもとにおいては、結束を余儀無くされた。そして社公民連四党の結束を背景として時間の政治過程を十二分に生かし、審議拒否や牛歩戦術などあらゆる戦術をとった。

②労働界の団結。野党の団結を可能にした大きな原因の一つは労働界の団結である。労働界も総評と同盟の対抗関係を軸にこれまで連帯することは希であったが、八七年一一月の民間労組の連合体、連合（全民労連）の発足を控えて、各勢力の団結を計る必要があったこと、逆にいうと総評、同盟、全民労

協といった三者ともにいまだ決定的な労働界の統合力を持たず、交渉力を持たなかったために結束する必要があったことが挙げられる。

③流通業界を中心とする広範囲な利益集団・団体連合の結成。流通・中小企業一一団体を中心とする大型間接税反対中央連絡会議は、それを核として八七年二月には主婦連、ゼンセン同盟、商業労連など労組、市民団体を含めた二〇〇団体からなる税制国民会議に発展、さらに同四月には三一八八業界団体を結集した税制会議へと発展していった。こうした人々の最も目に付きやすい百貨店、チェーンストアを核とする保革連合的な利益集団の反対運動の組織化は、推進勢力に対する最も大きな脅威となった。

④マスコミの支持。以上のような利益集団、野党の動向に対して、朝日、毎日、日経などのマスメディアは一貫してそれらに好意的な立場を取り続けた。

⑤政策構想フォーラム。八六年九月に試算を発表した政策構想フォーラムの広範な利益団体、サラリーマン層への影響力は極めて絶大であった。それ以後のマスメディアや利益団体の計算は基本的にこれに基づいている。一二月にも再び試算を発表し、翌年四月には売上税延期を提言している。これ程学者集団の提言が力をもった例は少ない。

四　一九八八年、消費税をめぐる利益集団配置

以上のような売上税の失敗を受けて八七年末から再び新しい間接税導入の動きが始まった。八七年一一月、政府は政府税調に新しい間接税を含めた税制改正を諮問した。前回の場合と対比しながら三つの

舞台と利益集団の変化をスケッチしてみよう。

政府税調は前回は八六年九月から一二月の実質三か月で審議を行ったが、今回は一一月から翌年六月まで実質七か月をかけている。それだけではなく、二回の全国公聴会および三四名の専門家などに対するヒヤリングを行った（八八年四月）。これは三月二五日に発表した政府税調素案を受けて行われ、二回目の公聴会、ヒヤリングを経て四月二八日に中間報告（実質上の最終報告）に結実した。このヒヤリングメンバーは経済界一〇人、労働関係六、消費者等三、学界・ジャーナリズム一〇、専門家等三となっており、全体にバランスのとれたものになっている。公聴会でも同様で、それゆえ賛否両論、本音や自分の言葉で語る人々が増えた、と報じられた。前回よりはかなり冷静な論議がなされたようである。

自民税調の今回の特徴は、ここ一〇年以上なされてこなかった業界団体との懇談会を復活させ、それを二度に渡って行い、意見聴取をしたことである。懇談会に招聘し、またアンケートを送付した団体の数は、七〇年代中葉の七〇余りから一挙に五倍近くの三三八団体にもおよんだ。この懇談会は四月五日から一五日に第一回目、それを受けて方針が決定された後、五月三一日から六月三日にかけて第二回がなされ、六月一四日の大綱発表へと至る。この懇談会に招致された団体と七〇年代に招致されていた団体との比較は表10－1に示した通りである。ここから分かることは、絶対数からみれば、建設関係（六八）、商工（五一）、農水（五〇）、社会（四六）、財政（四二）、交通（三二）などが多く、七一年との対比でいえば建設、社会、交通、文教、通信、食品などの伸びが著しい。自民党の包括政党化を示しているが、労組はなお含まれていない。第一回目の懇談会の結果、今回の改正に賛成の方向の意向を示し

表 10-1　自民税調業界団体の意見聴取のための懇談会出席団体

部会名		懇談会出席団体数と% 1971年 75年		1988年		'71-'88増減（ポイント）
商　工	中小企業関係	6	(7.3)	11	(3.3)	−4.0
	エネルギー関係	7	(8.5)	6	(1.8)	−6.7
	流通・繊維・サービス	10	(12.2)	18	(5.3)	−6.9
	軽工業関係	7	(8.5)	16	(4.7)	−3.8
小　計		30	(36.6)	51	(15.1)	−21.5
財　政	金融・保険・証券	7	(8.5)	14	(4.1)	−4.4
	たばこ・塩・酒	8	(9.9)	18	(5.3)	−4.6
	士関係（税理士等）	1	(1.2)	5	(1.5)	＋0.3
	経済四団体	3	(3.7)	4	(1.2)	−2.5
	その他	1	(1.2)	1	(0.3)	−0.9
小　計		20	(24.4)	42	(12.4)	−12.0
農林・水産	農業	3	(3.7)	20	(5.9)	＋2.2
	食品産業	—	—	12	(3.6)	＋3.6
	林業	4	(4.9)	8	(2.4)	−2.5
	水産業	3	(3.7)	10	(3.0)	−0.7
小　計		10	(12.2)	50	(14.8)	＋2.6
建　設		1	(1.2)	68*	(20.1)	＋18.9
交　通		7	(8.5)	33	(9.8)	＋1.9
通　信		0	—	14	(4.1)	＋4.1
文　教		1	(1.2)	18	(5.3)	＋4.1
地方行政		7	(8.5)	9	(2.7)	−5.8
社　会		4	(4.9)	46	(13.6)	＋8.7
労　働		2	(2.4)	7	(2.1)	−0.3
計		82	(100)	338	(100)	

＊　建設業 9，不動産・宅地 16，専門工事 43.
（資料）　村川，1979，1985；『自由新報』.

たのは四二、部分的、条件付きでの賛成が二五九、条件付き留保が一四、反対が九と報じられている。

　国会および野党対策との関連でいえば、まず自民党内部のコンセンサスと統合のために、自民首脳は前回の不満層を税調の重要な役職に付けるなど、不満層の採り込みに努めている。そのため表だった反対行動はよりしにくい形になっている。野党の結束および世論への働きかけで大きな役割を果たした労働界への対策としては、自動車労連を中心とした金属労協および連合に対し自民党は接近し、大幅な減税を交渉材料に、協力と野党の審議入りへの圧力を迫った。その一つの帰結として六月一六日に民社党は税制改正の審議入りを表明している。前回で問題になった法案自体の不明確さや世論の動向に関しては、なお流動的な要素が強い。

八八年から八九年にかけての消費税構想が実現するか否かは現時点（八八年七月）ではまだ不明確ではあるが、行政改革の過程と同様にこのような税制改革の過程が利益集団政治と極めて密接な関係を持つことは明らかになったであろう。行政改革では、保守に有利な集団配置（例えば民間セクターの労組・経済団体連合）が形成され、しかも四つの課題への保守なりのビジョンがあると受けとめられた。しかし、税制改革では、有利な集団配置を作り上げるのは難しく、またそれをのりこえるビジョンも明快ではない。七〇年代を経て多様化、多元化の方向にあった日本の利益集団政治は臨調という冷水を浴びせられ別の方向へと転じていったように思われる。広く曖昧な利益からなる労働・福祉の集団や団体は手痛い打撃を被り、多くの圧力団体も受け身にまわった。自民は選挙で圧勝し、行革型の方向は定着したかに見えた。しかし、税制改革過程は、四つの社会転換に対する自民党の処方箋と利益集団の新編成がたやすいものではないことを示している。次にもう一つの新しい方向、即ち国際化の問題と集団動向について考えてみることにしよう。

第十一章　国際政治の中での利益団体

一九七〇年代は世界政治経済の相互依存の増大、地球化という意味でまさに画期的な時期であった。そして恐らく日本はそのなかで急速に国際社会での地位を変化させた国の一つであったろう。七一年のニクソンショック、スミソニアン体制への移行によって為替相場は変動相場制に移行し、続いて七三年末の石油ショックは世界を同時不況に陥れたとともに、それに対応する協調外交の走りとして七五年には第一回のサミットが開かれている。七八、九年の第二次石油ショックの後には急速な円高が訪れ、円および日本経済の国際化を促進した。八〇年一二月には「外国為替および外国貿易管理法の一部を改正する法律」が施行され、それまでの為替管理の原則から「原則として自由、例外的に規制」との方針に一八〇度方向を転換した。この新外為法を契機にいわゆるジャパン・マネーが世界の金融市場に徘徊することとなった。

このような急速な世界政治経済の地球化、日本の国際化の背景には、世界政治経済における日本の比重の急速な上昇があった。OECDのGNPに占める日米両国のシェアをみれば七二年にアメリカは四一・四%を占めたのが、八五年には三四・八%に低下、他方で日本は一〇・六%から一五・一%へと急上昇した。また世界の輸出額に占める日米両国のシェアをみても、六二年に一八・三%を占めたアメリカは八五年には一〇・九％へと低下し、それに対し日本は四・二％から九・〇％へとシェアを倍増させている。そしてこのような両国のハサミ状の変化はまさに日米貿易のハサミ状の状況によって支えられていたのである。即ちアメリカの対日赤字の急拡大である。七四年には一七億ドルの出超であったものが、八六年には五八六億ドルの出超という驚異的な事態となり、それはアメリカの貿易収支赤字の三分の一強、アメリカの輸入全体の一五％以上をも占めるに至っているのである。ヨーロッパと日本、そしてNIESとアメリカにも同様の関係がやや弱い形で存在している。このような結果として六〇年代後半から現在までの日米そして日欧関係は、継続的な貿易摩擦問題の噴出に彩られることになった。そして貿易摩擦を回避するためにも新外為法下での日本経済は急速に海外直接投資を増大させ、それがまた日本の国際化を一層推し進める結果となっている。日本の海外直接投資は六〇年代の数千万ドル規模から七〇年代には一―二億ドル規模、そして八〇年代には数億ドルから一〇億ドル規模へと段階的に拡大したのである。

このような急速な国際化に対応する新しい利益団体、団体間の協議会・連絡機関、政府や既存団体の諮問機関などはこの一〇年急速に増えてきた。ここでは国際化もしくは国際政治関係の中で利益団体がどのような形で存在し、活動しているかの一隅を照らしてみることにしよう。

一　国際化に直面した日本の利益団体の行動、一九八六年

まず急速な国際化に直面した日本の利益団体が実際どのような行動をとっているかを一九八六年の新

聞記事から拾い出し、分類してみることから始めよう。利益団体が外国政治、外国社会、国際関係に働きかけようとする場合、日本国内で行う行動、相手国など外国で行う活動、そして国際関係の組織で行う活動、の三つに大別することができる。日本国内や相手国内での行動もそれぞれ社会過程のレベルでの行動、組織のレベルでの活動、政治過程のレベルでの行動、の三つに細分することができる。

まず日本国内での社会レベルの活動から考えよう。日本工作機械工業会は三月七日、日米摩擦に関連して工作機械の輸出自粛の要請を業界内企業に対して行った。また日本語学校団体は一一月一八日、外人労働者の偽装学生を締め出すとの方針を決めた。このような活動が社会レベルでの例である。組織レベルでの活動としては、例えば経団連の中にある国際産業協力委員会や国際企業委員会、さらに日本アルジェリア経済委員会といった委員会を内部設置するといったことが第一次であるし、次いで相手国との間に友好団体を設置する、例えば九月一〇日に設置された日中貿易拡大協議会といったものを置くということが考えられる。政治過程レベルでは立法府に対しては政党や議員に個別の働きかけをする他、相手国との友好議員連盟などを設けるという手段が考えられる。行政府に関しても首相や各大臣に要求を提出することになる。例えば七月二四日には財界四団体首脳は円相場の安定などを首相に要望しているし、五月三一日には都市銀行懇話会が外債発行の自由化を大蔵省に要望している。

相手国で行う行動のうち、社会過程レベルで行われるのは、直接関係団体や企業に対する働きかけを行ったり、合弁企業を通じて働きかけを行う、ということが考えられる。そして近年急速に普及しているのが相手国の業界団体と提携して活動するというものである。例えば二月一六日には日本玩具協会が米国玩具製造協会と協定を締結しているし、一月一日には情報サービス産業協会がアメリカの米情報処理団体ADAPSOと業務提携を行っている。組織レベルでの活動としては相手国に駐在事務所を置くという方法がある。例えば日本の農協中央会は八五年四月にワシントン連絡事務所を開設しているし、八六年七月一一日にはフランス電子工業連盟は東京事務所を開設、日本語で機関紙を発行すると発表している。政治過程での働きかけでは、例えば八月七日に経団連が在米日本企業への課税強化の撤回を求める要望書をアメリカ議会の幹部およびベーカー財務長官、シュルツ国務長官へ送る、といった活動がそうである。これについては第五節で詳しく分析する。

最も多いのは、国際関係の組織で行う活動である。つまり、二か国もしくはそれ以上の国々に関係する会議を催したり、技術協力や国際調査を行うこと、そして国際的な助成基金や国際的な協力団体を設立することである。例えば七月一五日には日米財界人会議（第二三回）が、日米協力中長期展望会議の設置で合意し、七月七日には日本の国際金融情報センターと米国の国際経済研究所が有識者会議を開くことが報じられている。九月四日には日韓産業および技術協力共同研究構想（経団連訪韓ミッション）が発表され、九月三日には自動車基準改正国際化センターの来年度設立が発表、九月一八日には国際宅配便協会が設立、三月一五日には国際標準化協議会が発足、五月一九—二一日には日華経済委員会が開催、五月二一日には経団連内日米テレビ・コミュニケーション協議会が設立、二月八日には国際電機通信基礎技術研究所が設立、一〇月三一日には国際研究協力ジャパントラストの受け入れ第一号が決定、一〇月一八日には日本企画協会と米国企画協会で企画統一への合意が成立、一二月九日には日中勤労者交流センターの発足が決定、一一月二九日には日米地域間交流推進協議会が発足、といった記事を拾い出すことができるのである。この他にも日本の利益団体の国際化を示す無数の記事が日々の新聞に溢れているといってよい。

では世界の国際政治経済の中心、そして貿易摩擦の最重要の相手国であるアメリカにおいて、日本の利益団体はどのような行動をしているのであろうか。

二　アメリカにおける日本ロビー

アメリカは外国代理人登録法（一九三八年成立）を課しているものの、外国の利益団体活動に対しては比較的寛容な国であると言えよう。この法律はナチによるプロパガンダを避けるために成立した法律である。一九六六年に改正され、力点はアメリカの決定作成過程の全体としての整合性を保護するという方向に置き換えられた。外国ロビーとしてはイスラエル・ロビーやアラブ・ロビー、台湾ロビーや韓国ロビーといった冷戦や軍事援助関連のものが華々しく有名であり、他方、砂糖の輸出枠をめぐるブラジルやハイチなどのロビイング、戦争損害補償のためのフィリピン政府によるロビイングなども注目された（徳山、一九七〇、第七章）。

しかし次に述べるように、実は日本ロビーがアメリカにおける外国ロビーでは最も大きな比率を占めているのである。

一九八〇年の日本の団体調査では、外国政治に働きかけをした経験のある団体は二二%、そしてロビ

表 11-1　国別登録ロビイスト数

国名＼年	1966*	68*	77*	83**	86**	87**	66年順位	87年順位
日本	38	52	71	106	120	133	2	1
カナダ	21	21	32	63	75	83	6	2
イギリス	13	15	27	37	31	47	9	3
メキシコ	24	22	36	23	34	44	5	4
フランス	29	30	38	27	37	38	3	5
西ドイツ	27	32	26	39	35	38	4	6
韓国	5	8	23	34	35	37	—	7
台湾	11	11	19	31	33	32	10	8
ブラジル	8	15	9	21	18	23	—	9
イスラエル	21	21	21	21	23	22	6	10
イタリア	17	21	15	25	10	13	8	—
ソ連	42	46	27	4	8	10	1	—
国際諸機関	28	31	27					
計	818	950	999	801	833	911		

*　登録ロビイスト数.
**　ロビイストを雇用した団体・企業・機関数.
(資料)　*Washington Representatives*, each year；徳山，1970.

イストを雇った経験のある団体は二%、五団体に過ぎず、テレビや新聞などでその国の世論に訴えた団体六%、その他の方法で訴えた団体一九%を下回っていた。そしてロビイストを雇ったのは全て経済団体であった。外国政治への働きかけは市民団体、労働団体で高く、次いで農業、専門家、経済団体であった。始めの二つの分類の団体は外国のマスメディアへの働きかけや自らと提携している外国の団体を通じての働きかけが主であった。

外国代理人登録法に基づく登録ロビイスト、もしくはロビイスト依頼機関数の推移を示す表11-1を眺めてみよう。六六年、六八年、七七年に関してはロビイスト数、八三年、八六年、八七年に関してはロビイストを雇用した日本側の機関数であるので、絶対数を比較するよりも全体に占める比率を比較したほうがよいであろう。そこで明らかになるのは次のようなことである。第一に六八年以降、日本が外国ロビーの中で最も多くの比率を占め続けていること、しかもその比率は六八年の五・五％から現在では一五％近くまで膨れ上がった。その契機は七〇年代の後半に訪れたようである。外国登録ロビイストの順位にはかなりの入れ換わりが見られる。日本がほぼ一貫して一位であるのは例外的である。日本と同様にロビイストもしくは依頼団体数が増加しているのはカナダ、韓国、イギリス、ブラジルであり、かつて第一位であったソ連は今では相当数を減らしているし、イタリアやフランスそしてイスラエルなども順位が下がっている。

一九八七年の日本ロビーの状況について詳しく見てみよう。表11－2からわかるように、団体名、企業名を確認できたもののうち、二分の一以上は製造業関連の団体と企業である。ここには自動車工業会、通信機械工業会、電子工業会、工作機械工業会などの輸出産業が轡を並べている。次いで運輸通信関係の企業九、団体二が続く。そして農水関係の団体であるが、漁業関係が四つと、多いことが目立つ。サービス関係では商社がロビイストを雇っている。その他日本政府関係では政府、大使館、外務省の他、通産省や日本生産性本部、日本貿易振興会のロビイストが存在することがわかる。

ロビイストの数が多いのはトヨタ自動車販売の一〇代理人（事務所）、日本たばこ、大使館の六、三井物産、日立の五、シャープ、全日空、三菱商事、日本貿易振興会、日本自動車工業会、日本政府の四と続いている。

注意すべき点は、ロビイスト雇用が即法案立案過程への働きかけではないことである。大部分のロビイスト雇用理由は、特許情報や法律、権限関係などの助言であり、具体的働きかけよりも、政治情報（誰がキー・パーソンであり、どの機関が重要か）や戦略立案の手助けである。さらに、登録を怠ると

表11-2　日本のアメリカロビー（ロビイスト登録企業・団体一覧）

企業

《農林水産業》（0）
《鉱業》（2）日立金属，住友金属鉱業
《建設業》（0）
《製造業》（35）味の素USA，本田技研工業USA，旭化成工業，ファナック，富士重工業，スバルUSA，富士写真フィルムUSA，富士通，日立製作所，日立製作所USA，日本たばこ産業，小松製作所，コニカUSA，京セラ，松下電気産業USA，ミネベア，三菱電機，日本電気，日本電気USA，日本鋼管，日産化学工業，日産自動車，日産自動車USA，沖電気工業，小野田セメント，シャープ，ソニー，住友電気工業，大洋漁業，サントリー，ティアック，東芝，トヨタ自動車，ヤマハ発動機，新日本製鉄
《電気・ガス・熱供給・水道業》（1）東京電力
《運輸・通信業》（9）全日本空輸，川崎汽船，日本貨物航空，日本郵船，昭和海運，山下新日本汽船，NTT，大阪商船，三井船舶
《卸売・小売・飲食業》（1）トヨタ自動車販売USA
《金融・保険業》（5）日本銀行，日本輸出入銀行，日本興業銀行，三菱信託銀行，住友銀行
《不動産業》（0）
《サービス業》（9）ジャパンタイムス，丸紅USA，三菱商事，三井物産，三井物産USA，野村総合研究所，住友商事，住友商事USA，トーメン

団体

《農林水産業》（5）日本鮭鱒漁業協同組合連合会，日本鰹鮪漁業協同組合連合会，大日本水産会，日本木材輸入協会，全国鮭鱒流網漁業組合連合会
《鉱業》（0）
《建設業》（0）
《製造業》（18）通信機械工業会，日本電子工業会，板硝子協会，日本自動車工業会，日本自動車タイヤ協会，日本ベアリング工業会，日本化学繊維協会，日本亜鉛鉄板輸出組合，日本軽工業製品輸出組合，日本鉄鋼輸出組合，日本工作機械工業会，日本機械輸出組合，日本鍛圧機械工業会，日本陶磁器輸出組合，日本望遠鏡工業会，日本線材製品輸出組合，日本毛麻輸出組合，製品輸入促進協会
《電気・ガス・熱供給・水道業》（0）
《運輸・通信業》（2）プエルトリコ運賃同盟，太平洋運賃同盟
《卸売・小売・飲食業》（0）
《金融・保険業》（0）
《不動産業》（0）
《サービス業》（0）

その他

在アメリカ合衆国大使館，日本貿易振興会，日本政府，外務省，通商産業省，日本生産性本部，経済広報センター

日本名不明団体*

American Japanese Trade Committee
Ass'n for the Advancement of Human Rights in Japan
Bank of Tokyo Trust Co.
Brother Internat'l, Inc.
Council of European and Japanese Nat'l Shipowners' Ass'n
Diamond Star Moters Corp.
Florida Council on Far East Research and Development
Fujinon, Inc.
Internat'l Public Relations Co.
Izumi Seimitu Kogyo Kabusiki Kaisha
Japan Aero Engines Corp.
Japan Bicycle Ass'n
Japan Center for Information and Cultural Affairs
Japan Deep Sea Trawlers/Hokuten Trawlers Ass'n
Japan Economic Institute of America
Japan Export Metal Flatware Industry Ass'n
Japan/Korea-Atlantic and Gulf Freight Conference
Japan Railway Technology Corp.
Japan Trade Center
Japan Tuna Fisheries Cooperative
Japanese Aircraft Development Corp.
"K" Line Air Service (U. S. A.), Inc.
Kawasaki Motors Corp., USA
Kintetsu World Express (U. S. A.), Inc.
Mitsubishi Internat'l Corp.
Nat'l Common Squid Fishery Ass'n
Nat'l Driftnet Fishery Ass'n
New Energy Development Organization
Nippon Benkan Kogyo Co., Ltd.
Nippon Electric Co., Ltd.
Nisei Lobby
Northern Seas Salmon Mothership Council
Shigehiro Uchida
Sumitronics Inc.
Takata Corp.
Towa Optical Manufacturing Co.
Universal Public Relations Co.
Yamaichi Internat'l
Yamazaki Mashinery Works, Ltd.

（資料）　*Washington Representatives*, 1987.
*　未確認団体を含む.

ルール違反として厳しくマスメディアにたたかれる可能性があることも理由の一つである。

とはいえ、日本ロビーの登録数の多さは、アメリカ政治（議会）に対する働きかけへの潜在的力（必要）の大きさを物語るものであることは確かである。

三　日本における外国ロビー

日本のアメリカでのロビー活動と同様に、アメリカやヨーロッパそしてアジアの企業が日本政府に対して行っているロビー活動についてもほとんど分析はなされていない。唯一例外として、日本における外資系企業および在日商工会議所、貿易振興機関、大使館などを対象として行われたサーベイ（曽根研、一九八七）が一つあるだけである。ここではそれに負いつつ、顕著な発見だけを要約するに止めよう。外国の利益団体というよりも日本に存在する外資系企業の認知である、という留保が必要である。

まず三分の二以上の企業や団体が日本での活動に障害を感じており、その内容としては、基準認証や手続きなどの行政的手続きである。彼らは日本の政策決定の主導的役割を担っているのは、第一に行政機関、次いで政党や議員、さらに利益団体、世論であると考えている。半数以上がある程度以上日本の政治に何らかの働きかけをする必要性を感じている。ここから分かるように外資系企業や団体は行政志向であることが感じ取られる。

こうした企業、団体と行政機関との関係や信頼度はかなり高い。行政機関と協力支持関係にあるのは五割、これは日本の一般の利益団体での結果が六六％であるのと比べるとやや低いが、かなり高い水準であるといえよう。日本の審議会等への委員派遣は一五％であり、日本のそれが六八％（団体調査）であるのと比べると相当低い。しかし注目すべきなのは、天下りを受け入れているのが三割に上り、日本の利益団体の一九％を凌駕していることである。そして行政機関に対する信頼度も、ある程度以上信頼するが三分の二ほど存在し相当高いし、政党関係者、国会議員に対する信頼度がある程度以上が二割ほどに過ぎないのと比べると相当の差となっている。このような行政への信頼、行政への傾きは他の多くの変数とも連関し、一つの重要なキーポイントとなっている。

もう一つ重要なのは日本の利益団体、業界団体に対する評価である。日本の利益団体は行政機関に次いで、弁護士などと共に極めて重要な情報源として捉えられている。日本の業界団体や商工会議所への所属理由としては、情報獲得、政治への働きかけへの有利さが挙げられている。日本の政党や行政に対して働きかけをする媒介としては本国政府などの媒体に次いで日本の業界団体が、五割近い企業から選ばれている。日本の業界団体や商工会議所の所属による影響力に関して六割の団体がある程度以上重要であると答えている。

このように日本における外資系企業や団体の持つ認知構造は、業界団体と経済官庁の部局との結びつきを強調した発展志向型国家（ジョンソン、一九八二）や日本株式会社論といったイメージに近い。こうしたイメージと実際との関係や外国の利益団体の日本の政治への働きかけ、そして日本の利益団体がそれらとの間にどのような関係を持つかは、今後の研究課題である。

四　国際関係団体の爆発的噴出、世界と日本

次に七〇年代以降、世界と日本の各地で爆発的といってよいほど噴出している国際関係団体について分析しておくことにしよう。世界の国際団体状況については『国際組織年報』の最新版を、日本の状況については『わが国の国際文化交流団体一覧』を用いた。

まず世界の状況をみてみよう。この年報に含まれる国際組織には政府間組織と非政府間組織があり、この両類型はそれぞれ伝統的国際団体、その他の団体、特殊な団体に分類されている。伝統的団体には国際的連合体、世界組織、大陸間組織、地域組織といった、いわゆる普通の意味での国際組織が含まれる。政府間の伝統的組織は八五年現在で三七八、非政府組織は四六七六存在する。その他の国際団体には副次的団体、政府間団体七〇五、非政府間団体一五三二がある。財団や基金を含む特殊形態団体としては政府間団体四八五、非政府間九五八がある。国際志向性をもった国内団体としては政府関連六四、非政府関連六六二が存在する。特殊な団体として休眠団体（政府一九七、非政府一五二八）、多国籍企業（政府三三、非政府八八八）、宗教（非政府五九九）、継続的国際会議（政府三四、非政府三四四）、多国間協約（政府一四一九）といった団体が含まれ、それ以外に近年に設立されたものや未確認のものを含め、二万四一八〇の団体が存在する。

この統計自体は戦前の国際連盟から現在の国際連合に引き継がれてきたものであり貴重なものであるが、戦前と戦後、そして戦後の時期毎に少しずつ統計的捕捉基準の変更、分類の変更があり、厳密な歴

史的推移を追うのには充分ではない。とはいえ新しい分類が設けられ、捕捉されるようになったということ自体、そうした新しいタイプの国際関係団体の存在の台頭を示すものであり、大きな傾向を捉える上では問題はない。図11－1に示したのは国際組織の時系列的推移と日本の国際友好団体の推移である。二つの団体の時系列推移のグラフは、よく似た傾向を示しており、七〇年代の増加が著しい。この年報には西暦三一二年にできた宗教団体から現在までの設立年の分析が記されており、実に興味深い。それからも一九七三年から七九年にかけて政府間国際組織の急増と、七〇年から七九年にかけて非政府間国際組織の急増があったことが確認できる。

図 11-1　国際関係団体の増加，世界と日本 (1945-86)

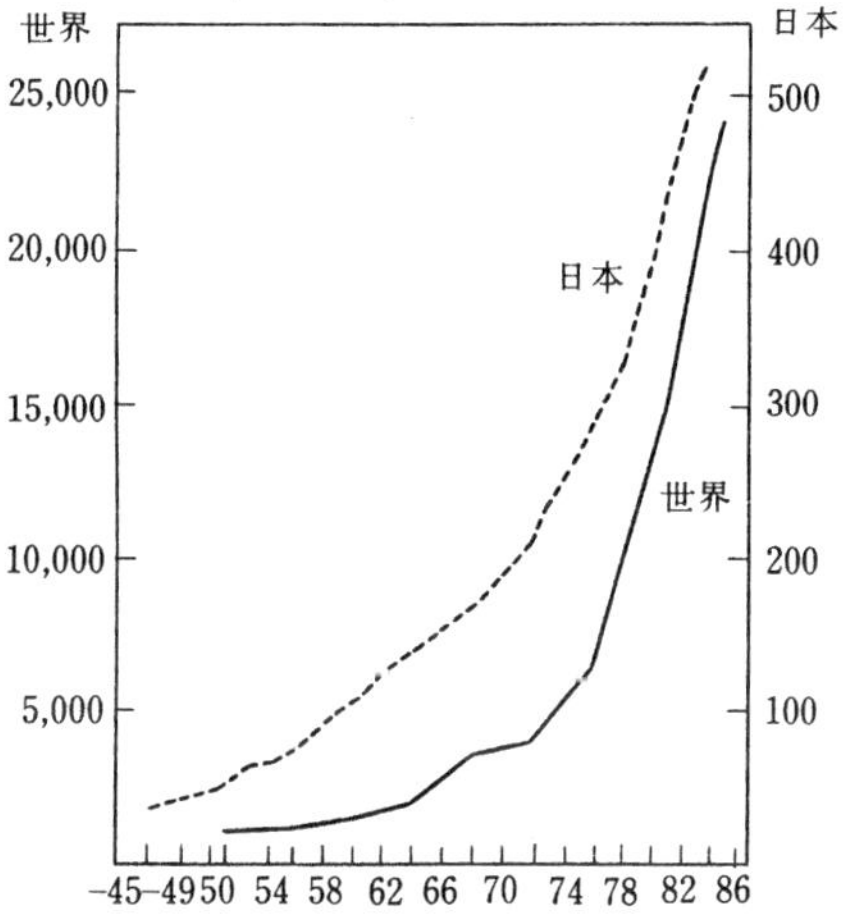

（資料）国際交流基金，1985; *Yearbook of International Organization*, 1987.

日本の国際文化交流団体が急速に増えだしたのは七〇年代の後半以降、とりわけ七九年以降である。最近では毎年三〇以上もの交流団体が生まれていることになる。そしてそれらの大部分は東京近辺ではなく全国各地で設立されている。この傾向は七五年以降のものである。国際文化交流団体の法的位置からいえば近年急速に増えているのは財団法人である。無論、数の上からいうと任意団体がもっとも多くなっている。最近の急増と共に重要な特徴は、交流対象地域がかつては北米が第一位であったのが、近年ではアジアが第一位になっていること、そしてオセアニアも急速に伸びていることである。既に触れたように、最近急速に伸びている団体は財団が多く、その性格からして年間収入のかなりの部分を補助金や寄付金に頼っている。

以上のように日本での国際化志向団体の一つである国際文化交流団体は、先に分析した七〇年代中葉以降に登場した新しい団体の性格を充分に備えたものであるということがいえる。国際文化交流団体というのは国際関係団体のうちのほんの一部に過ぎず、我々は日本の利益団体の国際組織や国際部門を含めてさらに検討を進める必要があるだろう。しかしいずれにせよこのような日本の団体の国際化は二一世紀に向かってますます進んでゆくであろうし、それはまた日本の利益集団政治全体を変える力になってゆくであろう。

五　事例分析――ユニタリー・タックス問題へのロビイング

最後に日本の利益団体、ロビーがどのような政治的行動を行っているかを、経団連が一〇年来取り組んできた、ワールドワイド・ユニタリー・タックス（ＷＷＵＴもしくは合算課税制）問題に対するロビー活動を取り上げてみることにしよう（以下、『経団連月報』七九年五号から八八年三号の関連記事を参照）。

1　ＷＷＵＴ問題と経団連

経団連は日本の経済界を代表する最も強力な利益団体であるが、また経済外交の担い手、国際的利益団体としても重要である。以下に取り上げるカリフォルニア州を中心とするＷＷＵＴ反対運動だけではなく、最近でもＥＣのフレデリング法案（従業員に対する情報公開と従業員との事前協議を経営者に義務付ける法案）に対する反対を一九八二年から強力に行い、八六年八月にはＥＣ理事会はこの法案の審議を八九年まで棚上げすると決定している。またここ一、二年重要な問題となっている米国の包括貿易法案、とりわけ関税法三三七条の改正などにも強力なロビイング活動を行っている。しかし以下に取り上げる事例は、経団連が長期に渡って強力に行ったロビイングでしかもその成功例であるという点で注目すべきものである。

八〇年代に入っての日本の対米進出の勢いは目を見張るものがある。八四年の段階でカリフォルニア州には六五〇の日系企業が、八六年にはそれが八〇〇社に増えている。他方、七〇年代中葉以降の世界不況の中でアメリカの財政は連邦だけではなく州においても悪化し、そのため数々の新しい歳入策が州によって考案されている。基本的な課税権は州にあることは記憶に留めておく必要がある。そうした中でカリフォルニア州は、多くの州にまたがる州際企業や多国籍企業が税制上の優遇が受けられる地域に本社機能を移し、税逃れをすることを回避するために、企業の本・支店間や各部門間の利益を合算し、その所得の一部を配賦し、これに一定の税率を乗じた税額を算定するという方式を取り始めた。即ち合算課税制である。この税制は一九二九年に創設され死文化していったのであるが、一九六〇年代の後半に英国系およびカナダ系の外国企業にもこの制度が適用されはじめ、七〇年代に入ると日本企業もその対象に収められるようになった。カリフォルニアに進出している企業のうち六〇社がその対象となり、京セラ、ソニー、カリフォルニア・ファースト・バンク（東京銀行系）などがそれによって相当な損害を被った。

この税制度を経団連は次のように批判している（『経団連月報』八四年三号）。第一にこの方式は州の課税管轄を越えて外国法人の外国源泉所得に課税する結果をもたらす。第二に国際的に認められた独立会計の原則から逸脱している。第三にこの方式は概念、手続きに不明確な点が多く、恣意的な取扱いの危険がある。第四にその結果として二重課税を招聘せしめている。第五にこの方式は膨大な作業と費用を要し、規定通りの適用は不可能である。第六にこの方式によって世界経済に混乱がもたらされ、投資交流の発展を著しく阻害する。そして結論として米国外にある企業の所得に課税するＷＷＵＴは直ちに廃止されるべきだと主張している。

経団連は一九七七年に当時のブラウン・カリフォルニア州知事に弊害を訴えるなどの行動を開始したが、ＷＷＵＴがカリフォルニアに止まらず八四年には一二州にまで広がるにおよんで、八四、八五、八六年の三年度に渡るカリフォルニア州議会のＷＷＵＴ改正法案に対する強力なロビイング活動を行った。

2　ＷＷＵＴ問題に関連するアクター

このユニタリー・タックスの問題は単に京セラやソニーなど日本の電子工業界とカリフォルニア州だけの問題では決してない。そこにはさまざまなアクターが登場し、無数の国際的、国内的な利益が関連してくるのである（『経団連月報』八三年一二号、八六年一一号参照）。

ＷＷＵＴはアメリカの州際企業も関連するが、とりわけ重要なのは多国籍企業である。それゆえカリフォルニアに進出している全ての多国籍企業とその母国が関係してくる。例えばシェル、英国ＥＭＩ社、モービル石油、CCI、IBM、コカコーラ、ヒューレット・パッカード、インテルなどが含まれ、日本だけではなくイギリス、オランダなどのEC諸国、カナダなども関与した。

アメリカ国内のアクターも多様である。連邦政府、レーガン大統領、上下両院だけではなく、大統領の下につくられた経済閣僚会議、そこでのワーキング・グループ、またリーガン財務長官やシュルツ国務長官、また大統領の指揮下につくられた連邦・州・産業界のメンバーからなる拡大ワーキング・グループが含まれる。とりわけ重要なのはカリフォルニアなどの州のレベルである。州にはカリフォルニアなどのようにWWUTを採用している州もあれば、そうでない州もある。そしてカリフォルニアにおいても、州知事、州の上院、下院、歳入財政委員会等が関係する。加えてアメリカの多国籍企業が行った訴訟のために、州および連邦の裁判所が関係してくる。

日本側では個別の企業、日本電子工業会などの業界、そして経団連が中心的なアクターであるが、経団連は関係企業を集めてWWUT問題協議会（略称ユニ協）や、現地ではカリフォルニア州環境投資協議会（CIEC）というロビー活動の対策本部をつくっている。日本はまた現地で数名のロビイストを雇用し、戦略の立案や折衝にあたらせた。

政府のレベルでは、首相、外相、通産省、大使などが経団連からの圧力を受けて行動している。

3　経団連の行動、第一期

経団連はWWUT問題に当初から批判的であったが、八四年までは直接的なカリフォルニア州議会ロビイングに乗り出さず、間接的な働きかけに終始していた。即ち日本政府、アメリカの連邦政府、そして裁判所に対する働きかけに限定していた。八一年一二月に経団連はＷＷＵＴ撤廃要求決議を可決し、直ちに内外関係者に対する建議を始めた。まず同一二月にはカリフォルニア州議会の公聴会において吉井経団連海外税制打ち合わせ会座長が意見表明をし、八二年一月、シカゴ・ブリッジ・アンド・アイアンを支持するアミカス・ブリーフ（Amicus Curiae Brief. 当事者もしくは裁判所の同意を得て提出する準備書面で、利益団体が裁判過程に介入する一手段）を提出、同七月にはコンテイナー・コーポレーション・オブ・アメリカ（ＣＣＡ）の訴訟に関してアミカス・ブリーフを提出、翌年七月、日米財界人会議でＷＷＵＴ廃止を求める提言を提出、八月にはリーガン財務長官宛てにＣＣＡの再審請求を支持する要請状を送付、九月、レーガン大統領に対しＷＷＵＴ廃止を求める書簡を送付、一一月、ＷＷＵＴ問題に対するアメリカの連邦州産業界からなるワーキング・グループに要望書を提出、といった行動がそうであろう。日本政府に対しても八三年一〇月、稲山会長が中曽根首相に面会し、要望書を提出した。これ以前からも頻繁にこの問題で協議を行い、日本政府は経団連の主張と同様の方向でアミカス・ブリーフを提出したり、大使や通産省、外相などを通じて米国政府にＷＷＵＴ撤廃の要望書簡、口上書などを提出している。

この同じ時期にイギリスやオランダ、ＥＣ代表なども同様の行動を連邦政府、とりわけリーガン財務長官にとったり、アミカス・ブリーフを提出したりしている。

この時期の特徴は、経団連が政府間交渉、日本政府と連邦政府の間の交渉に望みをかけていたということであり、その主張の内容もＷＷＵＴの非合理性を明らかにするといったものであった。しかしこのような方式は実際にはあまり効果を上げず、八二年一二月にはイリノイが、八三年三月にはニューメキシコが、同年七月にはフロリダが次々とＷＷＵＴの採用を決定し、八四年には全米一二州がこの方式を採用するに至るのである。かくて経団連は本格的なロビイング活動に乗り出すことになる。

4　経団連の行動、第二期

経団連が戦略を大きく転換させたのは八四年二月の経団連対米投資ミッション（第一次、戸崎伊藤忠会長代表）を契機とするものであった。八四年一月に再度米国におけるＷＷＵＴに関する意見で詳細にこの方式の理論的批判を行った経団連は、それを携えて連邦政府のリーガン財務長官らと交渉するが、そこでこの問題が基本的に州の問題であること、また市場原理に基づく解決が望ましいという見方の強いことを思い知らされる。このことは同年六月の第二次対米投資関係調査団において盛田昭夫ソニー会長や戸崎がレーガン大統領やブッシュ、シュルツ、ポインデクスターら連邦政府首脳と会った時にも再度確認された。ヨーロッパ勢や欧米多国籍企業があくまで連邦政府を通じての解決に望みを託したのに対し、経団連はここでカリフォルニア州での解決へと大きく戦略を転換する。

カリフォルニア州での解決を目指すためには具体的なロビイングを行う必要がある。そのためにはロビイストが必要であり、それを支えるための組織が必要である。八四年五月にはＷＷＵＴ問題協議会が盛田、戸崎を代表として、関係六一社を糾合して結成され、同六月には現地での組織としてカリフォルニア州環境投資協議会（ＣＩＥＣ）が四五社を集めて結成された。ロビイングの母体となる組織であり、資金的な裏付けが確保された。これに基づいてＣＩＥＣは二名のロビイストを雇用し、カリフォルニア州にWWUTの改正案を通過させるロビイングを開始した。

もう一つの大きな戦略的転換は、単に理論的に不公正、不合理であるということを主張するのではなく、この制度がカリフォルニア州自身の雇用問題と経済発展のためにマイナスであるという現実的な観点を強力に主張しはじめたことである。カリフォルニア州の利益のためにこそこの改正はなされなければならないという主張で貫くことになった。そして州の議員やその選挙民への草の根型のロビイングも開始された。さらに州の間で、この制度を採用している州とそうでない州、また制度を改正する可能性のある州という多様性があるために、その多様性に応じて働きかけを変え、税制の違いを逆に利用する形で投資の交渉などを行ったことである。これは成功し、八四年七月には従来この制度を採用していたオレゴン州でこれが廃止され、そこに日本の大企業が進出するという事態が発生した。そのためいくつかの州がオレゴンに追随する方向での動きを強めた。

カリフォルニア州の議会においても経団連の支持する法案がいま一歩で成立する時点まで達した。しかしここでアメリカの多国籍企業がこの法案に反対し、何度かの交渉の結果もむくわれず結局八四年度の議会でも法案は成立しなかった。

5　経団連の行動、第三期

多国籍企業の主張は、単にこの方式が廃止されるだけではなく、外国の子会社から送金される配当に対する非課税をも勝ち取ろうとするものであった。

八五年に入ると経団連は一方で草の根ロビイングを強化するためにPRコンサルタントを雇用し、草の根キャンペーンに力を入れさまざまな議員の資金集めのパーティーにも積極的に参加しはじめた。他方でイギリスなどの他の勢力とも積極的な連携を行うことにし、具体的には英国産業連盟と連携を強めた。英国議会は前年度末に、ＷＷＵＴを続ける限り、それに対する報復を行うという法案を成立させている。

八五年の運動は、しかし南アフリカ問題という一見この問題と何の関係もないかのように思われる争点がこの問題と関連付けられることによって紛糾した。即ち、カリフォルニア州の民主党とりわけ下院議長は、黒人運動と強い関係を持っているが、そこからの圧力を受けて今後南アフリカに新規投資をしないとした企業にのみこのようなＷＷＵＴの改正案を適用すると提案、同年の州議会で大問題となった南アフリカ問題とこの問題が関連付けられ、結局改正案は継続審議になった。

八五年一二月には一方で問題の複雑化のために経団連（ＣＩＥＣ）は混迷に陥り、他方で資金的にも苦しくなってきた。しかし八六年度に再度強力なロビイングをすることが決定された。南アフリカ問題という困難な問題に直面したことが結局、日本、アメリカ、ヨーロッパの関係グループ間の団結を可能にし、八六年度のロビイングは三者が歩調を合わせて行いうる状況になった。その結果として八六年八月には議院を通過し、九月には水際方式を用いたＷＷＵＴの修正法案が正式に成立することになったのである。

6　示　唆

この事例から示唆されるのは次のようなことである。即ち経団連のような日本を代表する経済団体ですら具体的なロビイングを行いかつ成功させたのは、ごく最近の事柄であるということである。八〇年代に入って生じた日米政治経済の連動という状況下においてようやく経団連も本格的なロビイングの体制を整えるようになった。

次に印象的なのはアメリカにおけるロビイングがさまざまな多国間の利害のるつぼの中で行われるということである。日米間という単純な問題は極めて少なく、そこに多国籍企業やヨーロッパの諸国、さらには今回のように南アフリカなどの問題も関連してくる。これはアメリカ社会が多くの民族を抱える多民族国家であるという点によって強化され、さらに世界の政治経済の中心であることから外国の利益がアメリカ政治の中で暗躍していることで倍加される。

経団連のロビイングの方式はアメリカでのロビイングの動向に見合った形で連邦と州の二つの対象に向けられ、権限が州にあるものはあくまで州を対象とする原則を守ったことによって成功を納めた。そして圧力戦術に関しても、議員を中心とする立法システムをとる米国の方式に従い、議員、そのスタッフ、そして世論対策へと向かっていっている。このような現実的な手法とロビイングの流れを押さえることによって今回の経団連のロビイングは成功した。

一般的にみて企業・経済団体は、経済活動の必要性から、国際化や脱工業化（ソフト・ハイテク・サービス化）と正面から取り組まざるをえない。結果としてそれはシンクタンクや財団といった新しい団体を産み出し、またそれらとの間に密接な関係をもつことになった。社会変容の情報を吸収してきたこのセクターの団体は、改革ビジョンに前向きであり、自信をもつことになる。それに対し、オポジションの団体、例えば労働センターは本来、労組員という「人」を通じて下から情報をすくいあげうるという有利な地点に位置しているはずである。しかし、官公労を中核とする総評に主導されてきた労働界は、民間産業部門に対する有機的な情報パイプを長期間欠きつづけたため、自前のシンクタンクの結成にふみきったのは、ようやく一九八七年一二月（連合生活総連であり）、国際労組交流センターの設置は八九年六月の予定ということに見られるように対応の遅れを露呈している。国際ロビーの時代は、オポジションの構造改革を迫っている。

＊　本章第五節の分析に際し、経団連国際経済部関係者にヒアリングを行った（一九八八年五月一〇日）。記してご協力に謝意を表したい。

終章　利益団体の影響力と政治体制

最後に、利益団体の政治的影響力はどの程度のものか、そしてさまざまな団体は自民党や社会党といった政党との関係において、また行政機関との関係においてどのような位置にあるのかという問題を考えてみたい。そしてそれは自民党の長期政権が日本の利益集団政治、その配置の変動とどのような関係にあるのか、そしてこれから二一世紀にかけてさらに変動してゆくと予想される利益団体とその政治配置は日本の政治や政治課題とどのような関係があるのか、日本の政治体制は利益団体との関係においてどのように位置づけられるべきなのか、という問題につながってくるであろう。

一　利益団体の影響力

利益団体の影響力を計るのは容易ではない。個別の政策決定での影響力や一般的な政治的影響力のどれに焦点を当てるかによってその答えは異なる。さまざまな観点からなされた調査で現れた団体の影響力への回答もそれを裏付ける。組織労働者への調査を除いて利益団体や財界、労働界などが他の政治アクターと比べて最も大きな力を持つものとは意識されていない。官僚や政党の影響力と利益団体の影響力との間にはかなりの差があるような印象を与えている。

こうした一連の調査のなかで最も重要なものは、他の先進諸国との比較も含んだ三宅一郎を中心としてなされた各界リーダーへの調査（三宅他、一九八五所収蒲島論文）である。その調査ではマスコミに最も高い影響力得点（七点満点で六・一）が与えられたこと、そして労働界の影響力が相対的に低く位置づけられていること（全部で一一アクター中五位、四・六）の点で他の国々（アメリカ、スウェーデン）と大きな違いをみせている。この調査は日本の政治に対して、労働なきコーポラティズムという規定を与えたペンペル・恒川や日本のかつての正統的な政治観である権力エリート・モデルと整合的な答えといえよう。ただしこの調査では今まで見落とされていた対抗権力としてマスコミを重視している。

我々が行った団体調査は、官僚や議員、各界リーダーや労働者といった利益団体の当事者以外にその位置づけを求めたいわゆる評判法的な調査とは異なり、「あなたの団体が関連する政策についてあなたの団体はどの程度影響力をお持ちでしょうか」といった自己の関連する政策についての影響力認知を聞いた設問と、「あなたの団体の活動によって特定の政策や方針を政府に実施させることに成功したことがおありでしょうか」といった政策実施の成功経験や、同様の文面による政策修正阻止の成功経験を聞いた設問がもととなっている。いわば主観的影響力認知と考えることができる。この主観的影響力認知において、かなり以上の影響力があると答えた団体の比率は全体の四六％、政策の実施成功経験を答えた団体は七一％、政策阻止成功経験を答えた団体は五一％に上っている。こうした団体は「一般的にいって我が国ではさまざまな団体の活動はどの程度政治の在り方に影響を及ぼしているとお考えですか」といった設問に対しては、六四％の団体がかなり以上の影響力を持っていると答えている。団体の主観的認知によるかぎり、日本の団体は自らの政策領域においては少なくともかなりの力を持っていると考えている。それは市民政治団体ではやや低く（かなり以上の影響力が三七％）、行政関係・専門家団体でやや高い（同六七％）といったばらつきは見られるものの、権力エリート・モデルなどが想定する状況よりはずっと差が小さいように思われる。政策実施成功や阻止の経験も比率は高く、特に影響力の小さいと答えた団体の多い労働や市民では「阻止経験あり」と答えた団体の比率が四分の三を越えている。

この主観的影響力認知については『戦後日本の圧力団体』で詳しい分析を行ったので詳細は省き、その主要な発見のみを記しておこう。そこでは我々は①個々の団体の影響力認知が団体の組織としてのリソースと関係するか、それとも、②接触活動や協議活動などの政策決定アクターとの相互作用が団体の正統化を導き、影響力を高めるという相互作用正統化仮説か、③そもそも自民党に近い団体とそうでない団体との間にバイアスの構造化がありその間に影響力の差が生じるようになっているバイアス構造仮説か、さらに④各団体分類での組織の組織即ち頂上にそびえる団体が圧倒的な影響力を持つといった頂上団体統合化仮説が成立するのか、をさまざまな側面から検討したのである。

その結果、①組織リソース仮説に関しては、規模や会員数、財政といったリソースは一般には最大のクラス以外は影響力と有意な関連が薄く（常勤職員数といった組織力は比較的有意性が高い）、このような組織リソースによる影響力の差はあまり決定的とはいえないことが明らかになった。②相互作用正統化仮説に関しては、局長以上の行政機関との接触頻度を行政から相談を受ける程度という一種の正統性の変数と掛け合わせるとどのレベルにおいても影響力との間に有意な連関がみられる。正統性を表す変数として行政や政党への信頼度に置き換えて行った分析でも、とりわけ行政との相互作用、信頼度、認知影響力の関係が明白となった。③自民党との関係に基づくバイアスの構造化や行政とのよりフォーマルな行政関係を結ぶことからくる構造化は、確かに存在するが、それは影響力変数とは有意な連関を持っていないようであった。④頂上団体統合化仮説に関しては、経済団体においては高いレベルの行政との接触や高いレベルの与党幹部との接触がありまた影響力も高く、他方で行政機関や政党との緊張も高く、自立性、統合性を備えており影響力も強いことが確認できた。しかし他の分野とりわけ労働においてはそのような頂上団体の統合度や緊張といった自立性の程度もほとんど窺えず、影響力もほとんど他の団体と変わらないのであった。このように頂上団体統合化仮説に関しては、部分的にのみそれが当てはまるということが確認できたのである（村松他、一九八六、第五章）。

諸政策への官僚の影響力（官僚調査）と団体の関連政策の影響力（団体調査）は反比例の関係にあるように思われ、このようなクロス・アクターのサーベイを積み重ねていくことによって団体の影響力の程度をより正しく把握することができるようになるであろう。

二　利益集団政治における三つのネットワーク

この団体調査の分析から明らかになったもう一つの重要な点は、利益団体が政策に影響を与えるに際して利用する政治的アクターとのネットワークが三種類存在するのではないかということである。即ち自民党との関係を最も重視する自民党ネットワーク、社会党などの野党とのネットワークを最も重視す

図 12-1 各ランクにしめる三団体類型の構成比

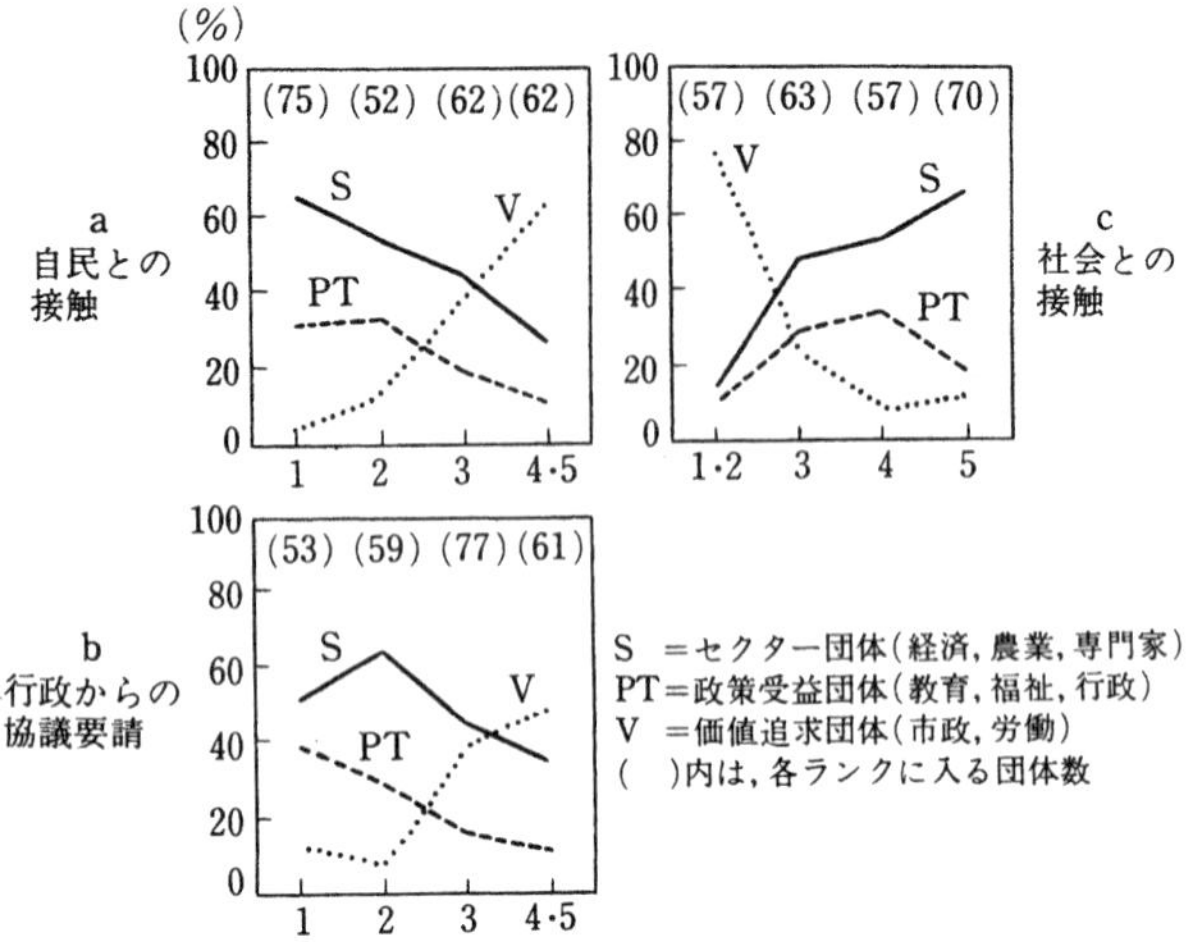

(注) 「接触」「協議要請」については, 1；たびたび, 2；かなり, 3；ある程度, 4；あまりない, 5；ない.
(資料) 団体調査 Q23, Q25, Q20.

る野党ネットワーク、そして行政機関との接触を最も重視する行政ネットワーク、の三つである。前節で述べたように日本の利益集団政治には自民党への支持や行政機関との公的関係をめぐって一定の構造的バイアスが存在するし、頂上団体の間でも経済の統合性の強さに対しその他セクターの統合度の弱さという傾きが存在する。それらは実は今述べた三つのネットワークの存在と密接に関係しているのである。

図12-1は我々が調査した八団体分類をそれぞれ類似の傾向を示すもの同士を束にし、経済・農業・専門家団体をセクター団体、教育・福祉・行政団体を政策受益団体、市民政治・労働団体を価値追求団体と仮に分けて、そのそれぞれと自民党との接触、社会党との接触、行政からの協議要請の程度を図示したものである。セクター団体においては自民党への接触頻度の

高い団体が多いこと、それとは反対に価値追求団体では社会党との接触頻度の高い団体が多いこと、さらに政策受益団体は一方で自民党との接触頻度の高い団体も多いがより行政からの協議要請頻度の高さで目立っていることなどが確認できる（詳細は辻中、一九八六c参照）。

このように三つの類型は行動パターンが異なるのだが、より詳しく見てゆけば自民党との接触と行政協議要請という変数は実は極めて関係の強い変数であることがわかる。自民党との接触頻度が高いと答えた団体の内六五％が行政からの協議要請を受ける頻度も高いと答えており、また逆に行政協議の要請頻度が高いと答えた団体の内七三％が自民党との接触頻度も高いと答えている。既に政策過程における利益団体をみるときに検討したように、自民党は予算に対して団体の利益を媒介する際、極めて重要な働きをする。そのことによってかつては議員は行政機関へのロビイスト的役割を果すと述べられたものが、今では逆に政策決定の中心は自民党に移りつつあるのではないか、という議論すら生まれるに至っている。集団の行政による統合と自民党による統合はかなり大きな部分で重合しているのかもしれない。自民党と利益団体との関係については別の角度から光を当ててみることにしよう。

三　自民党長期政権と利益集団政治

自民党は七〇年代の中葉から支持率を盛り返し、八〇年および八六年の同日選挙で大勝を納めることによって現在では一党優位政党制を欲しいままにしている。しかし、七〇年代中葉までは、石川真澄（一九八四、第Ⅱ部1）やフラナガンら（1984, p. 83）が指摘するような政党支持の生態学的再編成によって、即ち工業化に伴う都市化によって有権者が農村から都市に流出し、極めて深刻な長期低落傾向にあった。

これに対応するために自民党は、巨大な社会変動に応じて叢生する多様な利益集団を吸引し、支持団体に編入することに努めたのである。それはまた社会変動に対する情報の収集という重要な機能をも果たした。佐藤・松崎（一九八六、第五章）による一二二五の自民党友好団体に対する設立年の分析は、一九四〇年代から七〇年代末まで一貫して自民党が友好団体を吸引し続けたことを例証している。ただしここで分析されている友好団体の大部分は我々が政治団体として分析したものであり、中小企業や零細企業を中心とする行政との結びつきも深い雑多な業界団体であることが多く、大企業セクターや労働、市民団体などはほとんど含まれていない。

もう一つの自民党の利益団体に対する接近もしくは情報収集の機能の増大を示す例として彼らは税制改正要望団体の急増を挙げている。これについては第十章で分析したように、自民党の税制調査会に招集された団体は数の上でも三倍近くになり、分野の点でも文化やソフト産業にまで広がっているが、労働団体には労働組合の全国センターは無論のこと一般の労組も含まれていないし、消費者や市民団体の多くもそこに招集されていない。

自民党の包括政党としての性格の強化、そして政調各部会を中心とする政策形成能力の上昇、官僚に対する影響力の増大は、結果として多くの利益集団・団体を吸引し、日本の政治過程の構造すら変化させたといえるであろう。このことをもう少し別の角度から検討してみよう。即ち各都道府県において存

表 12-1　政治・経済・文化団体（団体全事業所）*7と他の変数の相関

	1951	1969	1981	1986
自民党得票率*1	▲0. 22119	0. 19165	0. 33464	0. 27573
行政投資額*2	—	▲0. 02121	0. 62665	0. 61456
完全失業率*3	0. 13769	0. 02071	0. 15387	
税収*4	0. 31730	▲0. 20414	▲0. 12989	▲0. 11907
第一次産業就業者*5	▲0. 32839	0. 38469	0. 44328	0. 50361
第二次産業就業者	0. 34140	▲0. 42127	▲0. 44609	▲0. 32236
第三次産業就業者	0. 29057	▲0. 13088	▲0. 08772	▲0. 14572
情報サービス事業所*6			0. 26441	0. 20896
協同組合			0. 66715	0. 70427
国家事務			0. 71026	0. 73797
公務			0. 62719	0. 67889

（注）＊1　衆議院選挙 1952，69，80，86 年．
＊2　自治省『行政投資実績』各年版（地方財政協会）．
＊3　労働省『労働力調査年報』．
＊4　都道府県別地方税収，自治省『地方財政統計年報』．
＊5　『国勢調査』1950，70，80，85 年．
＊6　『事業所統計』以下同じ．
＊7　『事業所統計』．

在する事業所統計における政治・経済・文化団体およびその下位項目としての経済団体、「その他」の団体の一万人当たりの数を算出し、それと各都道府県での自民党得票率や一万人当たりの行政投資額、税収、さらに第一次、第二次、第三次産業人口との関係や他の事業所分類との相関関係を検討したものである。これは基底レベルにおける団体の組織化がどのような社会的、政治的要因と対応するのかということをみたものである。

一万人当たりの団体数が一九五一年には東京都が第三位で二・一四であったのに対し、現在はそれが一一位、三・九七となり、第一位は島根県五・七二（第二位鳥取県、第三位長野県）に譲っているということからも、この間にかなりの変動があったことが推測される（付表参照）。まず表12－1に注目してみよう。第一次産業から第三次産業までの比率と団体数の関連にはドラスティックな変化が起こっている。かつては団体数は第二次産業と相関関係にあり、第一次産業とは負の相関関係にあった。しかしその関係は六九年には逆転し、第一次産業とは正の関係、第二次産業とはかなり強い負の関係に変化したのである。そして第一次産業との正の相関はますます強くなっており、現在では第三次産業とも負の相関関係に立至っている。県別の税収との比較をみても一九五一年には税収の多い県ほど団体が多いことを示していたが、一九六九年以降ではそれが逆転し負の相関になっている。即ち税収の少ない県ほど団体が多くなっているのである。団体数は今では協同組合数や公務事業所の数と強く相関し、情報サービス事業所数とはあまり相関しない。こうした人口当たりの値の変化は確かにこの間の著しい人口移動の影響を受けているが、それだけでは十分説明できないと思われる。

相関値の変化は農村部においてこの間の団体の組織化が都市以上に急速に進められたということを示す。これはまさに自民党が生態学的再編によって都市部において窮地に陥った目減りを少しでも減らすために農村部の強化に努めたことを物語っている。そしてそれは団体数と自民党得票率、行政投資額との相関をみるときまさに明快である。一九五一年には自民党得票率と団体数との関係は負であったものが六九年にはそれが正に転化し、八一年には〇・三三とかなりの相関を示している。自民党と予算との関連を裏付けるように、行政投資額と団体数との関係も六九年までは負であったものが八一年には〇・六三と強い正の相関になっている。図12－2は八六年における県別の一万人当たりの団体数と自民党の得票率を表す散布図である。自民党一党優位体制の決定が実は基底レベルにおける利益集団の組織化と

図 12-2　政治・経済・文化団体と自民得票率の相関（各県別）

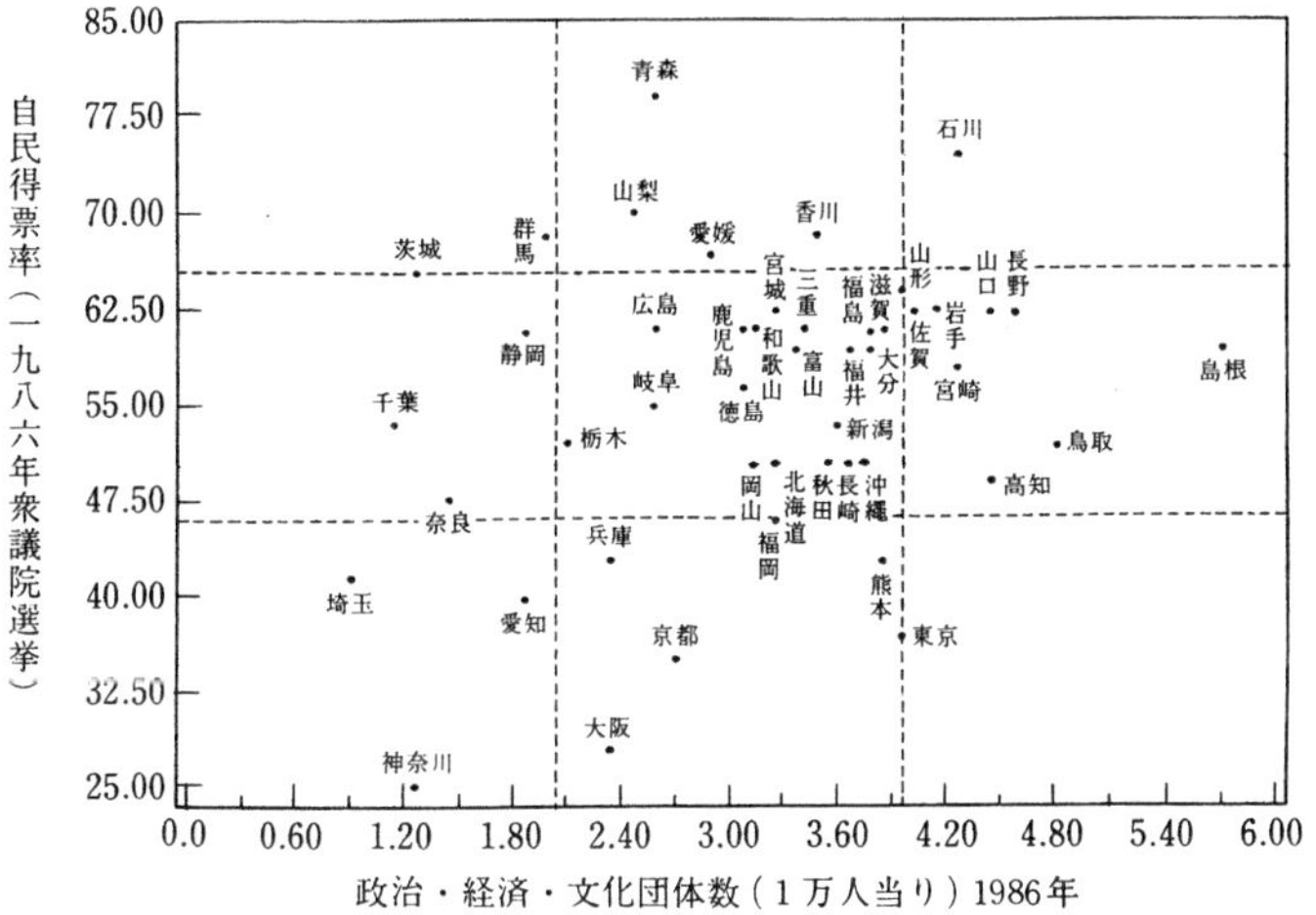

Correlation(R) = 0.27573. Significance = 0.03033.

密接な関係があったことがほぼ実証されたといえるかもしれない。それは自民党の努力であると同時に、都市的団体の進出に対する農村部における人々の対抗的組織化の努力でもあったのであろう。

しかし自民党にとってこうした傾向が一貫して続いているとみることもできない。八一年と八六年を比較すれば得票率との相関は低下し、勢いに翳りがみられる。政治変動は、社会変動、利益集団状況の変動に遅れて生じることから、このことは注目されてよい。自民党もまたいつまでも農村組織化に依存しえないと同時に、脱工業化期における新しい利益団体との緊密な関係を確立し終わったわけではないことを示しているように思われる。

四　日本政治のモデルと政治課題

以上のような分析を踏まえて、日本政治のモデルとしてどのようなものが適当か、そして今後二一世紀に対して日本政治が抱える課題とそれはどう関係するかについて考えておくことにしよう。

本書では利益団体と自民党や行政との関係、新しい団体の噴出とその持つ意味などに力点を置いて分析を行ったため、労働組合や市民運動の問題に充分な力を割くことはできなかった。歴史的な検討で明らかになったように、労働や市民のセクターは歴史的に大きなハンディを負って戦後を迎え、そのため充分な頂上団体を発達させることができず、分裂の歴史に苛まれている。別の書物で筆者が分析するように労働運動は基本的には工業化に対応した社会の組織化の動きであり、脱工業化を迎えた現在、そして国内志向性を持つ労働団体にとっては扱いにくい国際化という問題がすべての争点と関連する現在においては、組織の原理的再編が要請されているのである。野党、とりわけ社会党を中心とするネットワークは、労働団体も市民団体も基本的に工業化に対応した対抗工業化団体であったという性格から、現在は理論的にも相当程度弱体であると考えざるをえない。これは運動に参加する人々の数、集団組織化の状況だけではなく、情報の面で大きなハンディを背負っているからである。今後、人（とくに若年層）と情報のリクルートを確保するためには、野党ネットワークは大手術を必要とする。

他方で自民党と行政のネットワークは着々と組織化されてきた。新しい団体の中核をなす財団もたいていは行政機関と企業のイニシアティブによって設立されることが多いから、ますます企業、自民党、官僚制が優位な政治体制が続くと予想されるかもしれない。しかし保守ブロックにとっても将来は実は安泰ではない。例えば財界と呼ばれる経済団体の中央組織がやはり工業化型の団体であり、再編が叫ばれながらも人材不足や組織の硬直化によって手つかずのままである。行政改革過程における財界の政治化はその強さの現れではなく実は弱さの現れである可能性もある。古くからの自民党の顧客の農協もしかりである。

財界の主導性を示した臨調過程に注目するか、財界からの自立性を強めている大企業に注目するかによって、経済界の統合の問題への評価は分かれる。また同様に新しい労働セクターの中央団体である連合に注目するか、連合と総評（統一労組懇）との対立や企業労組レベルでの労働組合の分立に注目するか、さらには企業での労使協調・融合自体に注目するかによって、同様に日本の政治体制の見方が異なってくる。既存の利益団体は一方で八〇年代の政治化の深まりの中で統合や政治へのアクセントを強めると同時に、個々のセクター内部では既に述べたような新しい団体の比重が高まり、多元化が進んでいく。

我々が少なくとも確実なものとして言えるのは、かつての日本の政治学の正統説である権力エリート・モデルやそれに対する理念として注目された参加民主主義モデルが想定するような状況、即ち団体の影響力を低く考える視点は、日本政治のモデルを考える上で適切ではないということである。利益団体自由主義や多元主義、そしてネオ・コーポラティズムというモデルが新しい政治モデルとして注目されてきた所以である。これまでの利益集団研究を総括したアメリカの政治学者マックファーランド（1987）は、この二群のモデルを対立するものではなく相互に変換可能なものとして捉え、両者を総合するものとして三元政治モデルを提出している。即ち産業の各セクターに中心を置く業界・専門家団体と、それに対抗する労働団体・消費者団体などの市民運動、そしてその両者を媒介することによって自立性を保つ政府・行政権力の三つからなるモデルである。三者の関係は一定のパターンで推移する。こうした動態的モデルこそ貴重である。

どのような日本政治のモデルを構想するにせよ忘れてはならないことは、序章から述べてきたような四つの軸での社会変動とそれに応じるための政策的課題が現在の我々に突きつけられているということである。どのような利益団体配置がこの四つの課題に応える民衆からの応答性と実質的合理性を担保できるかという問題である。アメリカにおいて豊かな社会と共に噴出した財団が、六〇年代に市民団体、環境団体、福祉団体などを助成し、利益集団政治における均衡を保つ上で重要な働きをしたことは既に述べた。日本においてはこのような財団が企業と官僚制のイニシアティブによって誕生したことによって、対抗権力のバランサーとして働くかどうかには疑問が残る。しかしながら一旦成立した新しい財団、とりわけ助成財団がそのなかで数多くの担い手を育て、そしてそれを貫く思想がフィランソロフィー（篤志にもとづく民間活動）である以上、こうした財団が社会においてさまざまな社会集団と有機的に結びつく可能性は存在する。例えばそれは、一二〇万存在するという社会活動団体かもしれないし、意義を増しているシンクタンクや大学、マスメディア、企業内知識部門、さらに消費者や市民・住民運動、福祉ボランティア集団、さらにはサラリーマン運動に転化した労働組合かもしれない。少なくとも売上税過程で見られたような既成団体間の「せめぎあい」だけでは、国際化、脱工業化、ゼロ・サム化そして高齢化といった課題に応える解を見出すことは難しい。

何らかの柔らかい知的な中間大衆を結ぶネットワークが求められている。近年急速にネットワーキングという言葉が広まっているのは、日本の利益集団政治が新しいもうひとつのベクトルを求めていることの表現に違いない。

付表　日本の政治・経済・文化団体の県別分布（1951,69,81,86年）

	a 1951年 団体数	b 1950年 人口(万)	c a/b	d 1969年 団体数	e 1970年 人口	f d/e	g 1981年 団体数	h 1980年 人口	i g/h	j 1986年 団体数	k 1985年 人口	l j/k
全　国	10,218	8,411	1.21	17,129	10,467	1.64	29,381	11,706	2.51	33,668	12,104	2.78
北海道	456	430	1.06	940	518	1.81	1,692	558	3.03	1,857	568	3.27
青　森	94	128	0.73	197	143	1.38	397	152	2.61	394	152	2.59
岩　手	71	135	0.53	266	137	1.94	443	142	3.12	592	143	4.14
宮　城	196	166	1.18	304	182	1.67	549	208	2.64	707	218	3.24
秋　田	110	131	0.84	290	124	2.34	369	126	2.93	445	125	3.56
山　形	181	136	1.33	336	123	2.73	471	125	3.77	502	126	3.98
福　島	174	206	0.84	418	195	2.14	622	204	3.05	786	208	3.78
茨　城	91	204	0.45	219	214	1.02	300	256	1.17	349	273	1.28
栃　木	109	155	0.70	252	158	1.59	365	179	2.04	396	187	2.12
群　馬	128	160	0.80	267	166	1.61	348	185	1.88	382	192	1.99
埼　玉	156	215	0.73	168	387	0.43	397	542	0.73	521	586	0.89
千　葉	82	214	0.38	224	337	0.66	441	474	0.93	602	515	1.17
東　京	1,343	628	2.14	2,315	1,141	2.03	4,072	1,162	3.50	4,701	1,183	3.97
神奈川	332	249	1.33	437	547	0.80	814	692	1.18	931	743	1.25
新　潟	215	246	0.87	528	236	2.24	762	245	3.11	893	248	3.60
富　山	106	101	1.05	160	103	1.55	306	110	2.78	375	112	3.35
石　川	142	96	1.48	334	100	3.34	429	112	3.83	493	115	4.29
福　井	51	75	0.68	220	74	2.97	292	79	3.70	295	81	3.64
山　梨	51	81	0.63	130	76	1.71	167	80	2.09	205	83	2.47
長　野	397	206	1.93	633	196	3.23	866	208	4.16	960	214	4.49
岐　阜	525	154	3.41	244	176	1.39	454	196	2.32	526	203	2.59
静　岡	329	247	1.33	401	309	1.30	601	345	1.74	659	357	1.85
愛　知	517	339	1.53	539	539	1.00	1,090	622	1.75	1,213	646	1.88
三　重	129	146	0.88	272	154	1.77	465	169	2.75	601	176	3.43
滋　賀	104	86	1.21	205	89	2.30	423	108	3.92	443	116	3.82
京　都	180	183	0.98	432	225	1.92	627	253	2.48	700	259	2.70
大　阪	486	386	1.26	924	762	1.21	1,664	847	1.96	2,021	867	2.33
兵　庫	339	331	1.02	565	467	1.21	1,166	514	2.27	1,237	528	2.34
奈　良	141	76	1.86	58	93	0.62	163	121	1.35	186	130	1.43
和歌山	41	98	0.42	131	104	1.26	233	109	2.14	340	109	3.12
鳥　取	108	60	1.80	200	57	3.51	234	60	3.90	298	62	4.81
島　根	152	91	1.67	241	77	3.13	414	78	5.31	452	79	5.72
岡　山	359	166	2.16	233	171	1.36	489	187	2.61	596	192	3.10
広　島	310	208	1.49	434	244	1.78	691	274	2.52	723	282	2.56
山　口	191	154	1.24	302	151	2.00	584	159	3.67	706	160	4.41
徳　島	107	88	1.22	129	79	1.63	193	83	2.33	254	83	3.06
香　川	93	95	0.98	194	91	2.13	299	100	2.99	357	102	3.50
愛　媛	154	152	1.01	221	142	1.56	456	151	3.02	444	153	2.90
高　知	79	87	0.91	156	79	1.97	342	83	4.12	375	84	4.46
福　岡	597	353	1.69	810	403	2.01	1,325	455	2.91	1,532	472	3.25
佐　賀	127	95	1.34	185	84	2.20	337	87	3.87	354	88	4.02
長　崎	145	165	0.88	301	157	1.92	530	159	3.33	582	159	3.66
熊　本	194	183	1.06	347	170	2.04	678	179	3.79	703	184	3.82
大　分	67	125	0.54	311	116	2.68	417	123	3.39	475	125	3.80
宮　崎	127	109	1.17	318	105	3.03	473	115	4.11	506	118	4.29
鹿児島	132	180	0.73	358	173	2.07	487	178	2.74	552	181	3.05
沖　縄	—	—		455	95	4.79	444	111	4.00	438	118	3.71

文献案内

以下、本書の執筆にあたって引用・参照したものを中心にあげた。

邦文図書・論文

雨宮孝子（一九八七）「公益法人の現状と課題」『法学研究』六〇巻二号
阿利莫二（一九六〇）「地方六団体」年報政治学『日本の圧力団体』（日本政治学会編、岩波書店）
イーストン、D（一九七六）山川雄巳訳『政治体系』（ぺりかん社）
石川真澄（一九七八）『戦後政治構造史』（日本評論社）
石川真澄（一九八四）『データ戦後政治史』（岩波書店）
石田雄（一九六一）『現代組織論』（岩波書店）
石田雄（一九七八）『現代政治の組織と象徴』（みすず書房）
石田雄（一九八三）『近代日本の政治文化と言語象徴』（東京大学出版会）
石田徹（一九八五）「「多元主義以後」の理論的地平㈠」『龍谷法学』一八巻二号。
伊藤光利（一九八一）「利益集団をめぐる政治理論」高坂正堯編『高度産業国家の利益政治過程と政策―日本』
伊藤光利（一九八七）「利益団体と政策領域」名古屋市立大学『人文社会研究』三一巻
伊藤光利（一九八八ａ）「大企業労使連合の形成」『レヴァイアサン』第二号（木鐸社）
伊藤光利（一九八八ｂ）「日本の政治」川端正久・的場敏博編『現代政治』（法律文化社）
猪口孝（一九八三）『現代日本政治経済の構図』（東洋経済新報社）
猪口孝（一九八五）『国際関係の政治経済学』（東京大学出版会）
猪口孝（一九八八）『国家と社会』（東京大学出版会）
今村奈良臣（一九七八）『補助金と農業・農村』（家の光協会）
犬童一男（一九七七）「第三部　Ⅲ　圧力団体」杣正男編『国政選挙と政党政治　総合分析一九四五年～一九七六年』（政府広報センター）

ヴァッセンベルグ（一九八六）「ネオ・コーポラティズムと管理の追求」『現代コーポラティズムII』（木鐸社）
ヴァーバ、ナイ、キム（一九八一）三宅一郎・蒲島郁夫・小田健訳『政治参加と平等』（東京大学出版会）
ウィルソン、J・Q（一九八三）日高達夫訳『アメリカ政治組織論』（自由国民社）
ウィレンスキー、H・L（一九八一）「民主主義的協調主義、コンセンサス及び社会政策」OECD編『福祉国家の危機』（ぎょうせい）
内田健三・金指正雄・福岡政行編（一九八八）『税制改革をめぐる政治力学』（中央公論社）
内田満（一九八〇）『アメリカ圧力団体の研究』（三一書房）
内田満編（一九八六）『政治過程』講座政治学III（三嶺書房）
内田満（一九八八）『現代アメリカ圧力団体』（三嶺書房）
大石兵太郎（一九三七）『政治学汎論』（南効社）
大嶽秀夫（一九七九a）『現代日本の政治権力経済権力』（三一書房）
大嶽秀夫（一九七九b）「日本政治の研究における比較の方法(上)(中)(下)」『UP』七七、七八、八〇号
大嶽秀夫編（一九八四）『日本政治の争点』（三一書房）
大西健夫編（一九八二）『現代のドイツ　職場と社会生活』（三修社）
大橋豊彦（一九八七）「公益法人機能の活性化の方向」『行政管理研究』三七号
大山郁夫（一九四七）『大山郁夫全集　第一巻―第四巻』（中央公論社）
岡義武編（一九五三）『現代日本の政治過程』（岩波書店）
岡沢憲芙（一九八八）『政党』（東京大学出版会）
オルソン（一九八三）依田博・森脇俊雅訳『集合行為論』（ミネルヴァ書房）
上林良一（一九七六）『圧力団体論』（有斐閣）
関西経済連合会（一九七八）『関西財界外史（戦後篇）』（関西経済連合会）
神原勝（一九八六）『転換期の政治過程』（総合労働研究所）
木代泰之（一九八五）『自民党税制調査会』（東洋経済新報社）

キャンベル、ジョン（一九七七）小島昭・佐藤和義訳『予算ぶんどり』（サイマル出版会）
行政管理研究センター（一九八八）『行政改革は日本を変えたか』（行政管理研究センター）
経済企画庁国民生活局国民生活政策課編（一九八五）『社会参加活動の実態と課題』（大蔵省印刷局）
経済団体連合会（一九六二）『経済団体連合会前史』（経済団体連合会）
経済団体連合会（一九六三）『経済団体連合会十年史』上下（経済団体連合会）
経済団体連合会（一九六九）『経団連の二十年』（経済団体連合会）
ケインズ、J・M（一九二六、八一）「自由放任の終焉」宮崎義一訳『説得論集』（東洋経済新報社）
現代総合研究集団（一九八七）『二一世紀の労働組合運動』（現代総合研究集団）
小林俊治（一九七六）『企業の政治献金』（日本経済新聞社）
小林直樹（一九八四）『立法学研究』（三省堂）
小宮隆太郎編（一九八四）『日本の産業政策』（東京大学出版会）
ゴールドソープ（一九八七）稲上・下平・武川・平岡訳『収斂の終焉』（有信堂）
阪野智一（一九八八）「圧力団体」依田博他『政治』（有斐閣）
阪野亘編（一九七六）『行動論政治学』（世界思想社）
阪野亘（一九八二）『政治学原論講義要綱』（晃洋書房）
佐藤誠三郎・松崎哲久（一九八六）『自民党政権』（中央公論社）
佐藤立夫（一九五〇）『職能代表制度論』（実業之日本社）
佐藤満（一九八八）「アメリカの利益政治」川端正久・的場博編『現代政治』（法律文化社）
佐貫利雄（一九八三）『成長する都市　衰退する都市』（時事通信社）
椎名重明編（一九八五）『団体主義』（東京大学出版会）
仕事編纂委員会編（一九八八）『団体の仕事』（日本経済評論社）
清水慎三編（一九八二）『戦後労働組合運動史論』（日本評論社）
白鳥令編（一九七九）『革新勢力』（東洋経済新報社）
シャットシュナイダー、E・E（一九七二）内山秀夫訳

『半主権人民』(而立書房)
シュミッター、P、レームブルッフ、G（一九八四、八六）山口定監訳、高橋・辻中・坪郷・藪野・阪野・河越訳『現代コーポラティズムⅠ・Ⅱ』(木鐸社)
ジョンソン、チャーマーズ（一九八二）矢野俊比古訳『通産省と日本の奇跡』(TBSブリタニカ)
新藤宗幸（一九八六）『現代政治と行政改革』(岩波書店)
全国農協中央会編（一九八六）『アメリカ農業の政治力』(富民協会)
総合研究開発機構（一九八七）『事典一九九〇年代日本の課題』(三省堂)
総務庁行政監察局（一九八五）『公益法人の現状と問題点』(大蔵省印刷局)
曽根泰教研究会編（一九八五）『審議会の基礎研究』
曽根泰教研究会編（一九八七）『日本における外国ロビー』
高木郁朗編（一九八八）『二一世紀を展望した労働組合』(労働経済社)
田口富久治（一九六一）『日本の革新勢力』(弘文堂)
田口富久治（一九六七）『現代政治とイデオロギー』(青木書店)
田口富久治（一九六九）『社会集団の政治機能』(未来社)
館龍一郎編（一九八三）『ソフトノミックス』(日本経済新聞社)
田中實・若山佳子・雨宮孝子（一九八六）「アメリカにおける民間公益活動」『公益法人』一五巻三号
辻清明（一九五〇）「社会集団の政治機能」『近代国家論第三部　機能』(弘文堂)
辻清明編（一九六六）『資料・戦後二十年史　一(政治)』(日本評論社)
辻中豊（一九八一）「利益集団の分析枠組―新段階の諸アプローチを中心に」大阪大学法学会『阪大法学』第一一六―一一七合併号
辻中豊（一九八三）「利益媒介構造の分析枠組とデータ・ソース―コーポラティズム化と日本の労働政治の考察のために」北九州大学『法政論集』第一一巻一号
辻中豊（一九八四a）「A・レイプハルトと多極社会のデモクラシー」白鳥令・曽根泰教編『現代世界の民主主義理論』(新評論社)
辻中豊（一九八四b）「日本における利益団体の形成と

組織状況」北九州大学『法政論集』第一二巻一号
辻中豊（一九八五ａ）「北九州「保中連合」市政の成立と展開―企業選挙と利益団体の「くみこみ」」『ジュリスト』総合特集第三八号『選挙』
辻中豊（一九八五ｂ）「ベントリー政治過程論の成立・挫折・転回」安部博純・石川捷治編『危機の政治学』（昭和堂）
辻中豊（一九八五ｃ）「社会変容と政策過程の対応―私的諮問機関政治の展開」北九州大学『法政論集』第一三巻一号
辻中豊（一九八六ａ）「労働団体―窮地にたつ「労働」の政策決定の現在」中野実編『日本型政策決定』（東洋経済新報社）
辻中豊（一九八六ｂ）「現代政治のコーポラティズム化―労働と保守政権の二つの「戦略」の交錯」『講座政治学Ⅲ　政治過程』（三嶺書房）
辻中豊（一九八六ｃ）「利益団体の視角からみた戦前・戦後・現在」北九州大学『法政論集』一四巻一号
辻中豊（一九八七）「労働界の再編と八六年体制の意味」『レヴァイアサン』一号
デスラー、Ｉ・Ｍ（一九八六）『貿易摩擦とアメリカ議会』宮里政玄監訳（日本経済新聞社）
ドーア、Ｒ（一九八七）『イギリスの工場　日本の工場』山之内靖・永易浩一訳（筑摩書房）
東京大学新聞研究所編（一九八五）『日本のシンクタンク』（東京大学出版会）
徳山二郎（一九七〇）『企業の対政府活動』（サイマル出版会）
富田信男・曽根泰教編（一九八三）『世界政治のなかの日本政治』（有斐閣）
富永健一（一九八八）『日本産業社会の転機』（東京大学出版会）
永井陽之助（一九六〇）「圧力政治の日本的構造」『年報政治学『日本の圧力団体』（日本政治学会編、岩波書店）
中島あかね（一九八五）「一九七〇年代後半以降の我が国の市民運動について」『関西大学法学論集』第三五巻第二号
中野実（一九八四）『現代国家と集団の理論』（早稲田大学出版部）
中邨章・竹下譲（一九八四）『日本の政策過程』（梓出版社）
日経連三十年史刊行会（一九八一）『日経連三十年史』

（日経連三十年史刊行会）
日本近現代史辞典編集委員会（一九七八）『日本近現代史辞典』（東洋経済新報社）
日本経営史研究所（一九七八）『経済団体連合会三十年史』（経済団体連合会）
日本経済新聞社編（一九八三）『自民党政調会』（日本経済新聞社）
日本現代史研究会（一九八八）『戦後体制の形成』（大月書店）
日本工業倶楽部五十年史編纂委員会（一九七二）『日本工業倶楽部五十年史』（日本工業倶楽部）
日本国際交流センター（一九八三）『アメリカの議会日本の国会』（サイマル出版会）
日本人研究会（一九七五）『日本人研究二　支持政党別日本人集団』（至誠堂）
日本政治学会編（一九七七）年報政治学『五五年体制の形成と崩壊』（岩波書店）
日本青年奉仕協会（一九八八）『交響するネットワーキング、日本のボランティア'88』（LGC総合研究所）
バーカー、A（一九六八）『現代政治の考察』足立忠夫訳（日本評論社）
間宏（一九八一）『日本の使用者団体と労使関係』（日本労働協会）
橋本満（一九八〇）「団体所属」中久郎編『国会議員の構成と変化』（政府広報センター）
橋本徹・古田精司・本間正明編（一九八六）『公益法人の活動と税制　日本とアメリカの財団・社団』（清文社）
広瀬道貞（一九八一）『補助金と政権党』（朝日新聞社）
林雄二郎・山岡吉典（一九八四）『日本の財団』（中央公論社）
福井治弘（一九六九）『自由民主党と政策決定』（福村出版）
福田菊（一九八八）『国連とNGO』（三省堂）
ベル、ダニエル（一九七五）内田忠夫他訳『脱工業社会の到来・上下』（ダイヤモンド社）
ペンペル・恒川（一九八四）「労働なきコーポラティズムか―日本の奇妙な姿」『現代コーポラティズムⅠ』（木鐸社）
本所次郎（一九八五）『経団連』（東洋経済新報社）
升味準之輔（一九八三）『戦後政治上下　一九四五―五五年』（東京大学出版会）

升味準之輔（一九八五）『現代政治上下　一九五五年以後』（東京大学出版会）
松崎哲久（一九八八）『「アメリカ政治を読む」』（かんき出版）
松下圭一（一九六〇）「労働組合の政治活動」年報政治学『日本の圧力団体』（日本政治学会編、岩波書店）
松下圭一（一九六二）『現代日本の政治的構成』（東京大学出版会）
松下圭一（一九六九）『現代政治の条件』（中央公論社）
松下政経塾第八期生（一九八八）『売上税にみる政策決定過程』
真渕勝（一九八一）「再分配の政治過程」高坂正堯編『高度産業国家の利益政治過程と政策―日本』
丸山真男（一九六四）『現代政治の思想と行動』（未来社）
三宅一郎・山川雄巳編（一九八二）『アメリカのデモクラシー』（有斐閣）
三宅一郎編著（一九八一）『合理的選択の政治学』（ミネルヴァ書房）
三宅一郎（一九八五）『政党支持の分析』（創文社）
三宅・山口・村松・進藤（一九八五）『日本政治の座標』（有斐閣）
三宅・綿貫・島・蒲島（一九八五）『平等をめぐるエリートと対抗エリート』（創文社）
ミルズ、C・W（一九六九）鵜飼信成・綿貫譲治訳『パワー・エリート　上・下』（東京大学出版会）
村上泰亮（一九八四）『新中間大衆の時代』（中央公論社）
村川一郎（一九七九）『政策決定過程』（教育社）
村川一郎（一九八五）『日本の政策決定過程』（ぎょうせい）
村松岐夫（一九八一）『戦後日本の官僚制』（東洋経済新報社）
村松岐夫・伊藤光利・辻中豊（一九八六）『戦後日本の圧力団体』（東洋経済新報社）
村松岐夫（一九八八）『地方自治』（東京大学出版会）
森脇俊雅（一九八五）「集合行為問題について―オルソン以後の議論を中心に」関西学院大学法政学会『法と政治』第三六巻第二号
山川雄巳（一九八〇）『政策過程論』（蒼林社）
山口定（一九八二）『現代ヨーロッパ政治史・上下』（福村出版）

山口定（一九八八）「日本における団体政治の特質の解明のために―村松岐夫・伊藤光利・辻中豊『戦後日本の圧力団体』に寄せて」大阪市立大学『法学雑誌』三四巻三―四号
ヤング、O・R（一九七二）江川潤訳『現代政治学の方法』（福村出版）
由井常彦（一九六四）『中小企業政策の史的展開』（東洋経済新報社）
ユシーム、M（一九八六）松井和夫・岩城博司監訳『インナー・サークル』（東洋経済新報社）
リード、T・R（一九八七）草野厚訳『誰も知らないアメリカ議会』（東洋経済新報社）
ロウィ、Th・J（一九八一）村松岐夫監訳『自由主義の終焉』（木鐸社）
ローズ、R（一九八四）犬童一男訳『現代イギリスの政治I II』（岩波書店）
渡辺久丸（一九八〇）『現代日本の立法過程』（法律文化社）
綿貫譲治（一九七六）『日本政治の分析視角』（中央公論社）
綿貫譲治（一九七九）「高度成長と経済大国化の政治過程」『五五年体制の形成と崩壊』（岩波書店）

邦文ディレクトリー

経済企画庁国民生活局（一九八七）『消費者団体の概要』（大蔵省印刷局）
自治省選挙部（一九八三、一九八七）『政治団体名簿』（大蔵省印刷局）
国際障害者年日米推進協議会（一九八二）『障害者関係団体名鑑』（国際障害者年日本推進協議会）
公益法人協会（一九八八）『日本の企業財団'88』（公益法人協会）
公益法人協会（一九八二）『日本の民間公益活動』（公益法人協会）
公益法人協会（一九六五）『日本の助成型財団要覧―一九八五年版』（公益法人協会）
民間助成資金研究会（一九八七）『民間助成資金ハンドブック』（ぎょうせい）
助成財団資料センター（一九八七）『助成団体要覧　民間助成金ガイド一九八八』（助成財団資料センター）
助成団体資料センター（一九八八）『日本の助成団体の現状』（助成団体資料センター）

日外アソシエーツ（一九八二）『企業・団体情報事典'82』（日外アソシエーツ）
労働新聞社出版部（一九八六）『労働省職員録六二年度版』（労働新聞社）
建設省建設経済局（一九八六）『建設産業団体要覧六一年度版』（清文社）
通商産業省産業政策局総務課（一九八六）『通商産業省関係公益法人便覧一九八七年版』（通商産業調査会）
運輸省運輸政策局政策課（一九八六）『運輸省関係公益法人便覧六一年版』（運輸経済研究センター）
郵政省（一九八六）『全国公益法人名鑑'86年版』（逓信研究会）
行政管理庁（現総務庁）（各年）『特殊法人総覧』（行政管理研究センター）
国際交流基金（一九八五）『わが国の国際文化交流団体一覧』（はる書房）
車輛競技公益資金記念財団（一九八四）『アジアにおける民間公益活動団体の実態調査報告書』第一編本論、第二編ディレクトリー（一九八四）
時事新報社（一九二八―一九三九）『時事年鑑』（時事新報社）
同盟通信社（一九四〇―一九四四）『同盟時事年鑑』（同盟通信社）
経済団体連合会（一九八六）『団体要覧』（経済団体連合会）
ミカミマーケティングインスティテュート（一九八七）『全国各種団体名鑑』

邦文資料集

協同組合経営研究所（一九八六）『協同組合白書』（柏書房）
総理府統計局編（一九八三）『昭和五六年度　事業所統計調査報告　第五巻　解説編』（総理府統計局）
高橋亀吉編（一九三二）『明治三十九年　昭和七年　財政経済三十五年誌　年誌年表篇』（国書刊行会）
労働運動研究会（一九八八）『資料労働戦線統一　総評・同盟から「連合」へ』（労働教育センター）
古賀良一編（一九八〇）『北九州地方社会労働史年表』（西日本新聞社）
宮崎義一（一九八二）『企業集団におけるパワー度の測定』（京都大学経済研究所）
宮崎義一（一九八三）『一九八〇年度企業集団表の作製

とパワー度の測定』(京都大学経済研究所)
(財)余暇開発センター（一九八五）『「日米欧価値観調査」7ヵ国データ・ブック』(余暇開発センター)

欧文図書・論文

Almond, Gabriel (1983) "Review Articles : Corporatism, Pluralism, and Professional Memory," *World Politics*, Vol. 35, No. 2.

Ball, Alan R. & Millard, Frances (1986) *Pressure Politics in Industrial Societies; A Comparative Introduction*, Macmillan Education.

Barker, Anthony, ed. (1982) *Quangos in Britain; Government and the Networks of Public Policy-Making*, The Macmillan Press.

Bauer, Raymond A., Ithiel de Sola Pool, & Dexter, Lewis Anthony (1963) *American Business and Public Policy; The Politics of Foreign Trade*, Atherton Press.

Beer, Samuel H. (1965, 3rd 1982) *Modern British Politics, Parties and Pressure Groups in the Collectivist Age*, Faber and Faber.

Bentley, Arthur F. (1908, new ed. 1967) *The Process of Government*, Odegard, Peter H., ed., The Belknap Press of Harvard University Press.

Bentley, Arthur F. (1969) *Makers, Users, and Masters*, Syracuse University Press.

Berger, Suzanne D., ed. (1981) *Organizing Interests in Western Europe; Pluralism, Corporatism, and the Transformation of Politics*, Cambridge University Press.

Berry, Jeffrey M. (1977) *Lobbying for the People*, Princeton University Press.

Bianchi, Robert (1984) *Interest Groups and Political Development in Turkey*, Priceton University Press.

Campbell J. C. (1977) *Contemporary Japanese Budget Politics*, University of California Press.

Cawson, Alan (1982) *Corporatism and Welfare; Social Policy and State Intervention in Britain*, University of Sussex.

Cawson, Alan, ed. (1985) *Organized Interests and the State; Studies in Meso-Corporatism*, Sage Publications.

Chubb, John E. (1983) *Interest Group and the Bureaucracy; The Politics of Energy*, Stanford University Press.

Cigler, Allan J. & Loomis, Burdett A., eds. (1983, 2nd

1986) *Interest Group Politics*, Congressional Quarterly.

Congressional Quarterly Inc. (3rd 1979, 4th 1982, 5th 1987) *The Washington Lobby*, Congressional Quarterly.

Conway, M. Margaret (1986) "PACs and Congressional Elections in the 1980s," in Cigler & Loomis (1986).

Czada, R. (1985) "Convergence Lost? Policy Innovations and Interest Politics in Liberal Democracies," paper presented at European Consortium for Political Research Joint Sussions, Barcelona, March.

Dahl, Robert A. (1982) *Dilemmas of Pluralist Democracy; Autonomy vs. Control*, Yale University Press.

Davies, Malcolm (1985) *Politics of Pressure*, British Broadcasting Corporation.

Eckstein, Harry (1960) *Pressure Group Politics; The Case of the British Medical Association*, George Allen & Unwin.

Ehrmann, Henry W. (1967) *Interest Groups on Four Continents*, University of Pittsburgh Press.

Eidlin, Fred (1983) *Constitutional Democracy; Essays in Comparative Politics*, Westview Press.

Etzioni, Amitai (1984) *Capital Corruption; The New Attack on American Democracy*, Harcourt Brace.

Destler, I. M. (1986) *American Trade Politics; System under Stress*, The Twentieth Century Fund.

Fukui, Haruhiro (1977) "Studies in Policymaking: A Review of the Literature," in Pempel, T. J., ed., *Policymaking in Contemporary Japan*, Cornell University Press.

Garson, G. David (1978) *Group Theories of Politics*, Sage Publications.

Goldthorpe, John H., ed. (1984) *Order and Conflict in Contemporary Capitalism*, Clarendon Press.

Grant, Wyn, ed. (1985) *The Political Economy of Corporatism*, Macmillan Publishers.

Greenstone, David (1975) "Group Theories," *Micropolitical Theory*, Handbook of Political Science, Vol 2, Addison-Wesley.

Greenstone, David (1969) *Labor in American Politics*, The University of Chicago Press.

Herring, Pendleton, PH. D. (1967) *Group Representation before Congress*, Russell & Russell.

Johnson, Chalmers (1978) *Japan's Public Policy Compa-*

nies, AEI-Hoover Policy Studies.

Katzenstein, Peter J. (1984) *Corporatism and Change; Austria, Switzerland, and the Politics of Industry*, Cornell University Press.

Katzenstein, Peter J. (1978) *Between Power and Plenty; Foreign Economic Policies of Advanced Industrial States*, The University of Wisconsin Press.

Key, V.O, Jr. (1942, 5th 1964) *Politics, Parties, & Pressure Groups*, Thomas Y. Crowell.

Kikkawa, T. (1988) "Functions of Japanese Trade Associations before World War II: The Case of Cartel Organizations," in *Trade Associations in Business History*, University of Tokyo Press.

Kimber, Richard & Richardson, J. J., eds. (1974) *Pressure Groups in Britain*, Ruwman and Littlefield.

Knoke, David (1986 a) "Associations and Interest Groups," *Annual Review of Sociology*, Vol. 12.

Knoke, David & Burleigh, Frank (1986 b) "Collective Action in Economic Policy Domains," paper for APSR meeting August 28–31.

Latham, Earl (1965) *The Group Basis of Politics; A Study in Basing-Point Legislation*, Octagon Books.

Lehmbruch, Gerhard & Hayward, Jack, eds. (1983) "Special Issue; Interest Intermediation in Capitalist and Socialist Systems," *International Political Science Review*, Vol. 4, No. 2.

Lowi, Theodore J. (1972) "Four Systems of Policy, Politics, and Choice," *Public Administration Review*.

Malloy, James M., ed. (1977) *Authoritarianism and Corporatism in Latin America*, University of Pittsburgh Press.

McConnell, Grant (1966) *Private Power and American Democracy*, Random House.

Mckean, Margaret A. (1981) *Environmental Protest and Citizen Politics in Japan*, University of California Press.

McFarland, Andrew S. (1987) "Interest Groups and Theories of Power in America," *British Journal of Political Science*, Vol. 17.

Milbrath, Lester W. (1963) *The Washington Lobbyists*, Northwestern University, Rand MacNally & Company.

Moe, Terry M. (1980) *The Organization of Interests;*

Incentives and the Internal Dynamics of Political Interest Groups, The University of Chicago Press.

Manoïlesco, Mihaïl (1934) *Le Siècle du Corporatisme; doctrine du Corporatisme intégral et pur*, Librairie Félix Alcan, Paris.

Offe, Claus (1981) "The Attribution of Public Status to Interest Groups: Observation on the West German Case," in Berger, Suzanne D., ed., *Orgcnizing Interests in Western Europe*, Cambridge University Press.

Offe, Claus (1985) *Disorganized Capitclism; Comtemporary Transformations of Work and Politics*, Keane, John, ed., Polity Press.

Olson, Mancur (1971) *The Logic of Collective Action; Public Goods and the Theory of Groups*, 2nd, Harvard University Press.

Olson, Mancur (1982) *The Rise and Decline of Nations; Economic Growth, Stagflation, and Social Rigidities*, Yale University Press.

Pempel, T. J. & Tsunekawa, Keiichi (1979) "Corporatism without Labor? The Japanese Anomaly," in Schmitter, C. Philippe & Lehmbruch, Gerhard, eds. (1979).

Pempel, T. J. (1977) *Policy Making in Contemporary Japan*, Cornell University Press.

Pempel, T. J. (1982) *Policy and Politics in Japan, Creative Conservatism*, Temple University Press.

Peterson, M. A. & Walker, J. L. (1986) "Interest Group Response to Partisan Change," in Cigler & Loomis (1986).

Presthus, Robert (1974) *Elites in the Policy Process*, Cambridge University Press.

Richardson, J. J. & Jordan, A. G. (1979) *Governing under Pressure; The Policy Process in a Post-Parliamentary Democracy*, Martin Robertson.

Richardson, B. M. & Flanagan, S. C. (1984) *Politics in Japan*, Little Brown.

Salisbury, Robert H. (1970) *Interest Group Politics in America*, Washington University, Harper & Row Publishers.

Salisbury, Robert H. (1975) "Interest Groups," *Nongovernmental Politics*, Handbook of Political Science, Vol. 4, Addision Wesley.

Salisbury, Robert H. (1984) "Interest Representation: The Dominance of Institutions," *The Amevican Political*

Science Review, Vol. 78, No. 1.

Salisbury, Robert, H. (1986) "Washington Lobbyist: A Collective Portrait," in Cigler & Loomis (1986).

Salisbury et al. (1987) "Who Works with Whom? Interest Group Alliances and Opposition," *The American Political Science Review*, Vol. 81, No. 4.

Schattschneider, E. E. (1960) *The Semisovereign People, A Realist's View of Democracy in America*, The Dryden Press.

Schlozman, Kay Lehman & Tierney, John T. (1986) *Organized Interests and American Democracy*, Boston College, Harper & Row Publishers.

Schmitter, Phillippe C. (1971) *Interest Conflict and Political Change in Brazil*, Stanford University Press.

Schmitter, Philippe C. (1977) *Corporatism and Policy-Making in Contemporary Western Europe*, Sage Publications.

Schmitter, Philippe C. & Lehmbruch, Gerhard, eds. (1979) *Trends toward Corporatist Intermediation*, Sage Publications.

Schmitter, Philippe C. & Lehmbruch, Gerhard, eds. (1982) *Patterns of Corporatist Policy-Making*, Sage Publications.

Sidjanski, Dusan (1974) "Interest Groups in Switzerland," *The Annals of the American Academy of Political and Social Science*, Vol. 413.

Streeck, Wolfgang & Schmitter, Philippe C., eds. (1985) *Private Interest Government; Beyond Market and State*, Sage Publications.

Truman, David B. (1951) *The Governmental Process; Political Interests and Public Opinion*, Alfred A. Knopf.

Tsujinaka, Yutaka (1988) "What Kind of Political Process Will Appear in the 21st Century?," *Tsukuba Hosei*, No. 11.

Vogel, Ezra F., ed. (1975) *Modern Japanese Organization and Decision-Making*, University of California Press.

Walker, Jack L. (1983) "The Origins and Maintenance of Interest Group in America," *The American Political Science Review*, Vol 77, No. 2.

Wiarda, Howard J. (1981) *Corporatism and National Development in Latin America*, Westview Press.

Willetts, Peter, ed. (1982) *Pressure Groups in the Global*

System; The Transnational Relations of Issue-Orientated Non-Governmental Organizations, Frances Pinter.

Wilson, Graham K. (1985) *Business and Politics; A Comparative Introduction*, Macmillan Publishers.

Wilson, Graham K. (1977) *Special Interests & Policy Making; Agricultural Policies and Politics in Britain and the United States of America, 1956–1970*, John Wiley & Sons.

Wilson, Graham K. (1979) *Unions in American National Politics*, Macmillan Press.

Wilson, James Q. (1973) *Political Organizations*, Basic Books.

Wilson, James Q. (1980) *The Politics of Regulation*, Basic Books.

Wolfe, Alan (1977) *The Limits Legitimacy; Political Contradictions of Contemporary Capitalism*, The Free Press.

Wootton, Graham (1970) *Interest-Groups*, Prentice-Hall, Inc., Englewood Cliffs, New Jersey.

Wootton, Graham (1975) *Pressure Groups in Britain 1720–1970; An Essay in Interpretation with Original Documents*, Allen Lane Penguin Books.

Yamamura, Kozo & Yasuba, Yasukichi (1987) *The Political Economy of Japan ; Vol. 1, The Domestic Transformation*, Stanford University Press.

Yamazaki, Hiroaki & Miyamoto, Matao (1988) *Trade Associations in Business History*, University of Tokyo Press.

Zeigler, L. Harmon & Peak, G. Wayne (1972) *Interest Groups in American Society*, 2nd ed., Prentice-Hall.

欧文ディレクトリー

Congressional Quarterly (1986–1987) Washington Information Directory.

The Greenwood Encyclopedia of American Institutions (1980–continuing) Greenwood Press.

Encyclopedia of Associations (each year) Gale Research Company.

Directory of Associations in Canada (7th ed. 1986–1987) Micromedia Limited, Toronto.

Directory of British Associations (8th ed. 1986) CBD Research Ltd.

Washington Representatives (1986) Columbia Books.

Political Action for Business, The PAC Handbook (1980) Fraser/Associates.

Historicol Statistics of the United States; Colonial Times to 1970 (1975) Bureau of the Census.

Statistical Abstract of the United States (each year) Bureau of the Census.

Yearbook of International Organizations (22nd ed. 1987) K. G. Saur.

索　引

ア 行

アーモンド (G. A. Almond)　28, 34
アミカス・ブリーフ　204
アメリカ　5, 9, 20, 21, 53, 54, 86, 105, 106, 143, 187
アメリカ革新主義者　32
アメリカ財団の設立年　89
アメリカ政治・市民行動団体の事典　110
アメリカ団体百科事典　94, 95
アメリカにおける日本ロビー　191
アメリカ農事局連盟　108
アメリカの政党　125
アメリカの団体活動の標的　120
アメリカの団体間の競合・協力　123
アメリカの団体の戦術　118
アメリカの団体の要求　113
アメリカの団体のリソース　117
アメリカの非営利団体・財団　88, 91
アメリカの利益集団政治の変容　93
アメリカ PAC の推移　137
圧力団体　16, 129
圧力団体分析　34
天下り　126
雨宮孝子　84
イギリス　20, 21, 51, 193
イシール・デ・ソラ・プール (Ithiel de Sola Pool)　35
イーストン (David Easton)　8, 34, 48
イスラエル・ロビー　193
イタリア・ロビー　193
石川真澄　215
石田雄　37
伊藤光利　22, 115
稲山嘉寛　164, 204
猪口孝　143
ヴァーバ (Sidney Verba)　21
ウィルソン (J. Q. Wilson)　35
ウォーカー (Jack L. Walker)　42, 55, 97, 98
ウットン (Graham Wootton)　30, 51
宇佐見忠信　165
内田満　38
運輸省　82, 84, 144
AFL・CIO　108, 114, 138
英国産業同盟　207
オーストリア　21
オランダ　21
オルソン (Mancur Olson)　40, 43, 46, 57
大型間接税反対中央連絡会議　174, 183
大蔵省　84, 150, 152, 167, 176-78
大嶽秀夫　38
大山郁夫　36
岡義武　37

カ 行

カーター政権　99, 100
カナダ　20, 21, 143, 193
カーネギー財団　90
カリフォルニア州環境投資協議会 (CIEC)　203, 205, 207
ガルブレイス (John Kenneth Galbraith)　35, 88
階級　29, 31, 41
価値推進団体　41, 62
金杉秀信　165
亀井正夫　163
環境衛生組合法　57
環境衛生同業組合連絡会　77
関経連　100, 162, 163
官公労　165, 171, 209
韓国ロビー　193
官僚制によって仕切られた多元主義　143
官僚調査　143, 151
官僚の機能的代表　134

キィ（V. O. Key, Jr.）　34, 35, 45
キャンベル（J. C. Campbell）　147
企業コーポラティズム　140
企業財団　82, 83
業界団体　72, 76
共産党　131, 134
行革フォーラム　165
行革国民会議　165
行革審　155, 162, 163, 170
行革推進会議　165
行革推進五人委員会　162, 171-72
行政改革　156
行政機関と団体の関係　66
行政ネットワーク　214
金属労協　77, 186
グループ・アプローチ　8, 9, 33
軍恩連　133
ケインズ（John M. Keynes）　32
経済同友会　106, 107, 162
経済四団体　174, 182
経団連（経済団体連合会）　7, 13, 15, 41, 74-77, 79, 106, 107, 112, 132, 162-64, 182, 189, 200-08
権威主義的コーポラティズム　39
健康保険組合連合会　113
建設省　82, 84, 133, 144, 166, 167
憲法行動のためのアメリカ人組織（ACC）　114
権力エリート・モデル　211, 221
コーポラティスト　32, 47
コーポラティズム　31, 36, 40, 86, 104, 140, 221
コモンコーズ　93, 109
コモンズ（John Rogers Commons）　35
コレクティビズム　31
公益法人協会　81
工業化以後　78
工業化のインパクト　50
工業組合中央会　57, 73
後発国型の近代化　5
厚生省　150, 169
公務員共闘　165
公明党　126, 131
公労協　165
国際関係団体　198
国勢調査　18, 25, 68, 69, 76
国鉄　133, 156, 163, 166
国鉄再建監理委員会　155, 163
国民政治協会　130-32
国会　175, 180, 185
国家官僚制　29, 36
国家コーポラティズム　74, 140
国家への「組み込み」政策　71
「顧客」関係（clientela）　47, 125

サ　行

財界の献金比重の低下　132
財政制度審議会　151
財団法人　80, 81, 85
斎藤英四郎　163
佐藤誠三郎　216
産業構造審議会　150
産業報国会　73, 75
三元権力理論　35, 221
三頭制モデル　37
シグラー（Allan J. Cigler）　93
システム転換　2, 154, 173
シャットシュナイダー（E. E. Schattshneider）　34
シュロッツマン（Kay Lehman Schlozman）　40, 97
ジョンソン（Chalmers Johnson）　140
歯科医師会　133
事業者団体届け出数　17
事業所統計での団体　17, 18, 23, 68, 70, 76, 79, 80
仕事編纂委員会　25
自治省　176
自治労　165
私的諮問機関　149, 151
自動車工業会　168, 193
自動車労連　13, 186

篠原一　37
市民議会監視グループ　138
自民党　66, 126, 130, 133, 155, 157, 166-68, 174, 177, 182, 184, 186, 210, 212-14, 216-21
自民党税制調査会　158, 175-82, 184
自民税調業界団体の意見聴取のための懇談会出席団体　185
自民税調に要望を送る団体　178
自民税調の業界団体との懇談会　158, 184
自民党と行政のネットワーク　220
自民党と団体との関係　130
自民党に献金する企業・業界　130
自民党に献金をした政治団体　130
自民党ネットワーク　213
自民党友好団体　216
社会活動団体調査　56
社会経済評議会　140, 149
社会主義的多元性　39
社会的亀裂　29, 31
社会的コーポラティズム　78
社会党　126, 131, 133, 210
社会党に対する団体からの献金　131
社会民主主義政党　140
社団法人　81
自由国民会議　130
自由法曹団　134
集団　15
主婦連　15, 113, 183
主務官庁　145
春闘共闘会議　77
商業組合中央会　73
商店街振興組合連合会　13, 57, 77
消費者団体調査　22
消費者団体連絡会　22, 80
商法会議所　71
商務省　142
助成財団　83
審議会　149, 151
新産別　107, 131
スイス　51
生協　41
政策構想フォーラム　183
政策受益団体　43
政策推進労組会議　166
政治・経済・文化団体（団体事業所）と他の変数の相関　217
政治献金　129
政治団体　128
税制改革　173
税制国民会議　175
政党「家族」関係（parentela）　47, 125
政党政治と利益団体　59
政党との接触　126
政府税制調査会　175-79, 183, 184
政府税調と自民税調の関係　178
政府税調に要望を寄せた団体　177
政和協会　131
石油ショック　1, 173
瀬島龍三　163
全国青色申告会総連合　174
全国建設労働組合総連合　168, 169
全国小売酒販政治連盟　130
全国商工団体連絡会　168, 169
全国私立大学教授会連合　109
全国中小企業団体総連合　174
全国中小企業団体連合会　169
全国農業協同組合中央会（農協中央会）13, 75, 112
全国農民組合　108
全国米穀販売購買組合連合会　73
全国保険医団体連合会　169
『戦後日本の圧力団体』　viii, 43, 212
全私学連合　109
潜在集団　15, 34
全社協　169, 171
戦前と戦後の連続と断絶　62, 63
ゼンセン同盟　13, 183
全電通　13, 131
全日本農民組合　134
全米建設協会　13

全米産業審議会（CB）　107
全米自動車労組（UAW）　108
全米商業会議所（CCUS）　114, 138
全米製造業者協会（NAM）　107
全民労協　112, 164-66, 183
全郵政　131
ソールズベリー（Robert H. Sailsbury）　14, 40, 43, 46
ソ連ロビー　193
創価学会　131
相互作用正統化仮説　212
総評（日本労働組合総評議会）　7, 13, 15, 75-77, 107, 131-33, 161, 164-66, 176, 182, 209, 221
総務庁　81, 156
総理府　150
組織政党の発達の程度　29
組織リソース仮説　212
「その他」の非営利団体　80

タ　行
ダール（Robert A. Dahl）　34, 48
ダールダー（Hans Daalder）　32
大衆民主政　29, 30
大政翼賛会　73
第二次・第三次行革審　155
第二次臨時行政調査会（臨調）　154-56, 158, 159, 161-65, 167-72
大日本農会　71
高橋亀吉　72
多極共存型民主政　32
田口富久治　37
多元化　152, 221
多元主義　91, 221
多元的国家論　31
脱工業化　93, 213
団体　15
団体形成に関する均衡化仮説　45
団体形成のパターン　61
団体指導者の学歴　24
団体指導者の出身階層　25
団体指導者の出身地　23
団体数と自民党得票率・行政投資額との相関　218
団体設立年の規定力　65
団体ディレクトリーの分析　82
団体調査　viii, 56, 63, 110, 121, 191, 211, 213
団体による議員評価（レイティング）　111, 137, 138
団体の対抗組織化　45, 52, 53, 219
団体の地域的分布　23
チェーンストア協会　13
チームスターズ・ユニオン　108
知事会　113
地方六団体　109
中小企業団体中央会　77
中小企業団体法　57
中小企業団体連盟　75
中立労連　107, 133, 166
頂上団体統合化仮説　213
ツァーダ（R. Czada）　105
通産省　82, 144, 152, 176
辻清明　37
恒川恵市　71, 211
ティアニー（John T. Tierney）　40, 97
デクスター（Lewis Anthoney Dexter）　35
デスラー（I. M. Destler）　113
デュルケム（Emile Durkheim）　31
帝国教育会　71
帝国鉄道協会　71
電電公社　156, 163, 166
トヨタ自動車販売ロビー　193
トルーマン（David Truman）　34, 35, 44, 45, 48
トルコ　51
同盟（日本労働組合総同盟）　77, 107, 132, 133, 164-66, 176, 182
道路整備促進期成同盟会全国協議会（道全協）　166
特殊法人　76, 78

土光敏夫　163, 165
都市銀行協会　13
富永健一　2

ナ　行
ナイジェリア　21
ナショナル・グレンジ　108
中曽根康弘　139, 174, 176, 181, 204
中野実　38
永井陽之助　37
永野重雄　151
日教組　165
日経連　106, 107, 162
日本　5, 9, 20, 21, 53, 86, 105, 143, 187
日本医師会　41, 113, 133
日本遺族会　133
日本株式会社論　140, 197
日本経済連盟会　72
日本建設業団体連合会　13
日本工業倶楽部　71
日本歯科医師政治連盟　130
日本商工会議所（日商）　72, 75, 106, 107, 162, 182
日本電子工業会　193, 203
日本における外国ロビー　196
日本の国際友好団体　199
日本の政党　125
日本の団体活動の標的　120
日本の利益団体　4
ネーダー（Ralph Nader）　93, 109
ネットワーク理論　39
ノーク（David Knoke）　40
農協　41, 74, 221
農協中央会ワシントン連絡事務所　190
農業会議所　75
農水省　133, 150, 152

ハ　行
バイアス構造仮説　212
バイアンキ（Robert Bianchi）　52
バウアー（Raymond A. Bauer）　35
バーカー（Ernest Barker）　30, 31
バッセンベルグ（Arthur F. P. Wassenberg）　28
間宏　71
発展志向型国家　197
PAC（政治活動委員会）　93, 98, 100, 106, 107, 109, 128, 134, 136, 138
ビーア（Samuel H. Beer）　32
ピーターソン（M. A. Peterson）　98
ビッグ・セブン（アメリカ地方自治体連合体）　109
ビジネス・ラウンド・テーブル　107
広瀬通貞　133
フォード財団　91
ブッシュ（George Bush）　205
ブラジル　51, 52, 193
フラナガン（Scott C. Flanagan）　115, 215
フランス　193
フランス電子工業連盟東京事務所　190
プレッサス（Robert Presthus）　40, 141, 143
福祉国家　5
部落解放同盟　134
ベリー（Jeffrey M. Berry）　40
ベル（Daniel Bell）　88
ベントリー（Arthur F. Bentley）　v, 14, 33-35
ペンペル（T. J. Pempel）　71, 211
米国商業会議所　107
ポリアーキー　34
紡績連合会　71
保革伯仲　179

マ　行
マスコミ　211
マッキーバー（Robert M. MacIver）　31, 45
マックファーランド（Andrew S. McFarland）　35
マッコネル（Grant McConnel）　34

マノイレスコ（Mihail Manoilesco）　32
槇枝元文　165
升味準之輔　37
松崎哲久　216
松下圭一　37
丸山真男　37, 133
丸山康雄　165
ミルブレイス（Lester W. Milbrath）　35
水上達三　151
三宅一郎　21, 211
宮崎輝　163
宮崎義一　150
民社党　126, 131, 133, 186
民主主義モデル　221
民主商工会　168
民主的行動のためのアメリカ人組織（ADA）　114, 138
村松岐夫　22, 38
盛田昭夫　205
両角良彦　151
文部省　150

ヤ　行

ヤング（Oran Young）　8
野鳥の会　41, 80
野党　180, 182, 186, 213
野党ネットワーク　214, 220
山下勇　163
山中貞則　182
ユニタリー・タックス問題へのロビイング　200
ユシーム（Michael Useem）　149
郵政省　82, 84, 144
豊かな社会　86
ヨーロッパ　5, 9, 30, 53, 104
予算に働きかける団体　144, 146

ラ　行

リーガン（Donald T. Regan）　142, 203-05
リースマン（David Riesman）　35
リチャードソン（Bradley M. Richardson）　115
利益　15
利益集団　v, vi, 4, 6, 174
利益集団研究の三つの波　28
利益集団・団体の分類　41
利益団体　4, 16
利益団体間の連合と対立　121
利益団体自由主義　100, 105, 221
利益団体の影響力　210
利益団体のリソース　116
臨教審　155, 158
臨調過程各時期への利益団体の働きかけのパターン　159
臨調過程への参加団体　158
ルーミス（Burdett A. Loomis）　93
レイサム（Earl Latham）　34
レイプハルト（Arendt Lijphart）　32
レーガン政権　99, 100, 139, 142, 203-05
レームブルフ（Gerhard Lehmbruch）　32
連合（全日本民間労働組合総連合）　13, 15, 107, 112, 164, 166, 182, 186, 221
ローウィ（Theodore J. Lowi）　34, 43, 115, 143
ロックフェラー財団　90
ロビー，ロビイスト　16, 27, 118, 134, 135, 193
労働組合の献金額減少　132
労働省（日本）　84, 144, 150, 152
労働省（米国）　142
労働なきコーポラティズム　140, 211

ワ　行

ワシントンの圧力団体　98
WWUT 問題協議会（ユー協）　203
WWUT 問題に関連するアクター　202

著者略歴

1954年　大阪府東大阪市に生まれる.
1976年　大阪大学法学部卒業.
1981年　北九州大学法学部講師.
現　在　筑波大学社会科学系助教授.

主要著訳書・論文

『戦後日本の圧力団体』(共著，東洋経済新報社，1986年)
「ベントリー政治過程論の成立・挫折・転回」『危機の政治学』(昭和堂，1985年) 所収
「現代日本政治のコーポラティズム化」『政治過程』(三嶺書房，1986年) 所収
「労働界の再編と八六年体制の意味」『レヴァイアサン』創刊号 (木鐸社，1987年)
シュミッター，レームブルッフ『現代コーポラティズム』I・II (共訳，木鐸社，1984年，86年)
ロウィ，Th. J.『自由主義の終焉』(共訳，木鐸社，1981年)

利益集団　　現代政治学叢書 14

1988年10月25日　初　版
1996年 4 月20日　第4刷

[検印廃止]

著　者　辻中《つじなか》　豊《ゆたか》

発行所　財団法人　東京大学出版会

代表者　西尾　勝

113 東京都文京区本郷 7-3-1 東大構内
電話 03-3811-8814・振替 00160-6-59964

印刷所　株式会社理想社
製本所　矢嶋製本株式会社

ISBN 4-13-032104-8　Printed in Japan

オンデマンド版はコダック社のDigiMasterシステムにより作製されています。これは乾式電子写真方式のデジタル印刷機を採用しており、品質の経年変化についての充分なデータはありません。そのため高湿下で強い圧力を加えた場合など、トナーの癒着・剥落・磨耗等の品質変化の可能性もあります。

利益集団 現代政治学叢書14 (オンデマンド版)

2013年2月5日　発行　①

著者　辻中 豊
発行者　一般財団法人 東京大学出版会
代表者　渡辺 浩
〒113-8654
東京都文京区本郷7-3-1 東大構内
TEL03-3811-8814 FAX03-3812-6958
URL http://www.utp.or.jp/
印刷・製本　大日本印刷株式会社
URL http://www.dnp.co.jp/

ISBN978-4-13-009077-3
Printed in Japan